Solara Korf

TRAUM ODER

WIRKLICHKEIT

Biografischer Roman

D1703226

Druck: epubli – ein Service der neopubli GmbH, Berlin

Die Autorin:

*Die aus dem Ostseeraum Deutschlands
stammende Frau mit berufspädagogischem Hintergrund
ist im Jahr 1970 geboren.
Nachdem sie an ihrem idyllischen Heimatort
den gewöhnlichen und auch
den weniger gewöhnlichen Augenblicken
des Lebens entgegengeblickt hat,
erfüllt sie sich einen langgehegten Wunsch
mit der Veröffentlichung eines
autobiografischen Romans.*

Inhalt

Prolog

Eine Reise in ein anderes Land, für eine längere Zeit oder sogar für immer, ist verbunden mit dem Kennenlernen einer anderen Kultur, sowie der jeweils anderen Sprache. Zu Beginn der Reise ist alles sehr aufregend, neu und wahnsinnig faszinierend. Das fremde Land ist wunderbar anders und beim Entdecken dieser besonderen Kultur bringt jeder Tag ein neues atemberaubendes Abenteuer mit sich. Voller Euphorie begibt man sich mit großem Einsatz und mitunter auch großen Erwartungen in diese andere Kultur. Doch diese erste Phase mit dem Hochgefühl geht relativ schnell und nahtlos in die nächste über. Erste Probleme und Irritationen tauchen auf und eine gewisse Desorientierung macht sich immer breiter. Missverständnisse wachsen, aber man durchschaut und versteht diese derzeit noch nicht. Mit den bislang erfolgreichen Handlungsmustern aus der eigenen Kultur können die Probleme nicht gelöst werden. Sie lassen die Schwierigkeiten damit nur noch mehr und größer werden. Die eigene Kultur bietet keine Hilfe und die andere ist sehr verwirrend, was die Krise durch zunehmende Orientierungslosigkeit wachsen lässt. In dieser Phase macht sich dann die Frustration, verbunden mit Unverständnis, Unbehagen und großen Ärgernissen richtig breit. Es treten depressive Verstimmungen und Ohnmachtsgefühle auf. Heimweh gesellt sich unweigerlich dazu. Es fällt schwer überhaupt noch positive Entwicklungen in der Fremde sehen zu können. Der Abbruch des Aufenthaltes in der anderen Kultur und die Rückkehr in die eigenen Kreise werden in Erwägung gezogen. Aber es ist andererseits auch schon schwierig das Ausland zu verlassen. Es erscheint immer noch sehr faszinierend und es hat einen gefesselt. Doch das Hin und Her, die starke Anziehung der anderen Kultur und die Verzweiflung durch die auftretenden Probleme machen nicht nur mürbe, sondern schaden zunehmend der psychischen, seelischen und körperlichen Gesundheit.

In der nächsten Phase erkennt man dann das ganze kulturelle Ausmaß. Man weiß inzwischen die Probleme der neuen Kultur gut abzuschätzen. Doch wohin man selbst wirklich gehört, ist nicht klar abzusehen. Die Unterschiede treten immer mehr ins Bewusstsein und machen eine intensive Auseinandersetzung damit unausweichlich. Ohne den wunderschönen Klang schaut man sich nun die Sprache der anderen Kultur genauer an. Die Worte zu verstehen ist schwer möglich, da es keine übereinstimmende Bedeutung gibt. Wenn das Wort Nachtisch auch so übersetzt wird, aber tatsächlich dieses Gericht vor dem Hauptgang serviert wird, versteht man das natürlich nicht. Weil das jedoch nicht das schlechteste Übel ist, nimmt man dies erst mal gern so an. Vielerlei weitere Bedeutungen sind nicht nachvollziehbar. Manches lässt nur Ungewissheit zurück, anderes auch schon heftiges Unbehagen. Doch wenn dann aus dem Wort Schaf, der Wolf dahinter steckt, ein Magnet letzten Endes ein ohne Ladung bestehendes Neutron ist, der Taster eine Verbindung unwillkürlich an und aus schaltet und das Wort Vertrauen mit Hexerei gewürzt erscheint, versteht man irgendwann nichts mehr von dieser fremden Kultur. Jegliche Anstrengung etwas zu durchschauen, läuft ins Leere und die Ahnung macht sich breit, dass auch die eigenen Vorstellungen hier niemals verständlich gemacht werden können. Die Rückkehr in die Heimat wäre das Vernünftigste.

Kapitel 1: Der Traum

Der Gedanke, den Traummann über eine Partnerseite im Internet kennenzulernen, bereitet mir schon seit längerem ein wenig Unbehagen. Doch ich bleibe weiterhin im Netz aktiv und verbringe etwas Zeit mit dem Kontaktieren potenzieller Partner. Immer wieder knüpfe ich flüchtige Schreibbekanntschaften. Sogar einige Treffen hatte ich inzwischen hinter mir. Doch es scheint sich rückblickend wirklich nicht so einfach zu gestalten einen passenden Mann dabei zu finden.

Nun sitze ich mit dem Handy in der Hand auf meinem Sofa und schaue mich auf dieser Internetseite um, als mir jemand dort eine Nachricht schreibt. Ich lese eine kurze Begrüßung und grüße daraufhin zurück. Dann schaue ich mir sein Profil, welches er dort hinterlegt hatte, oberflächlich an. Sehr viele und aussagekräftige Informationen und Bilder gibt es darin zu entdecken. Warum ist er mir zuvor nur nie aufgefallen, denn er ist schon seit neun Jahren auf dieser Seite, wie ich in seinen Angaben erkennen kann.

Er: 21.09.17/ 21:15 Uhr:

> „Vielleicht können wir uns mal treffen und uns näher kennenlernen ☺. Was hältst du davon?"

Ich: 21.09.17/ 21:21 Uhr:

> „Vielleicht können wir uns erst mal hier etwas kennenlernen. Was suchst du hier für Bekanntschaften?"

Er: 21.09.2017/ 21:26 Uhr:

> „Grundsätzlich nach einer festen Beziehung. Wäre aber auch schon mit viel weniger zufrieden. Eis essen, gemeinsam Kultur erleben oder so was. Einfach ist es ja nicht etwas Passendes zu finden."

Ich lese noch einmal sein Profil genauer. Er ist 47 Jahre alt und beschreibt sich selbst als gepflegt, zuverlässig, fürsorglich, sachlich und ruhig. Unehrlichkeit, Egoismus sowie Intoleranz kann er nicht leiden. Seine Tochter scheint ihm sehr wichtig zu sein. Zu seinen Beziehungsansprüchen gehören Vertrauen, Treue, Respekt, Offenheit und positives Denken, lese ich in seinem Profiltext. Die verschiedenen Bilder von ihm geben sehr viel preis, da sie ihn in den unterschiedlichsten Situationen zeigen. Sein Aussehen erscheint mir durchschnittlich und es gibt nichts am Äußeren, was ihn besonders interessant für mich machen würde. Auf den Bildern wirkt er jedoch sehr unterschiedlich. Auf einem macht er eher den Eindruck von sensibel und schüchtern und auf einem weiteren hat er ein schelmisches Grinsen im Gesicht. Insgesamt bin ich jedoch nicht abgeneigt, ihn weiter kennenlernen zu wollen.

Ich: 21.09.2017/ 21:35 Uhr:

> „Das ist nicht so einfach in unserem Alter das passende Gegenstück zu finden. Wie lange bist du Single? Warst du verheiratet? Ich bin geschieden. Wie ist dein richtiger Name? Liebe Grüße Frida ☺.“

Leider antwortet er dann an dem Abend nicht mehr, sondern erst wieder am nächsten Tag. Thore ist sein Name, erfahre ich nun. Er war nie verheiratet und ist seit zwei Jahren Single, schreibt er mir. Ein paar Tage später macht er den Vorschlag, dass wir uns zu einer längeren Radtour treffen können. Für mich ist es keine Option, beim ersten Treffen solch eine Unternehmung zu planen. Mir erscheint dieses Vorhaben als sehr unpassend. Was sollte ich tun, wenn er mir missfällt oder sich sogar unangemessen benimmt? Also lehne ich diese Art von Begegnung ab und schlage ihm vor, dass wir uns auf einen Kaffee treffen könnten.

Irgendwie findet mit Thore jedoch keine zielführende Kommunikation statt. Sich mit ihm überhaupt zu verabreden, klappt vorerst nicht. Auf eine sehr nüchterne Weise führen wir unseren Schriftwechsel auf dieser Internetseite über viele Tage fort. Seine Nachrichten sind nicht nur kurz und sachlich, sondern auch ohne verständliche Aussagen über seine Absichten und Vorstellungen zum Thema Beziehung oder über das Leben insgesamt. Auf mich wirkt sein Geschriebenes, in dem er kaum auf meine Worte eingeht, sogar etwas provokant. Thore scheint ein ewig Suchender zu sein, weil er diese Internetseite schon seit Jahren benutzte, um Kontakte zu knüpfen. Scheinbar meldete er sich dort auch nicht ab, wenn er in einer Beziehung steckte. Mich macht das alles nicht sehr zuversichtlich. Vielleicht sucht er hier auch nur jemand für sexuelle Vergnügungen oder er ist sehr anspruchsvoll. Beide Varianten sind keine guten Optionen für eine nach meinen Vorstellungen gut gelingende Partnerschaft. Thores beständiges Schreiben und sein scheinbar großes Interesse an mir, lassen mich jedoch weiterhin in dieser Konversation verbleiben.

Er: 19.10.2017/ 20:09 Uhr:

> „Bin über die Ferien im Urlaub bei der Familie in Hessen. Können uns danach erst wieder zu einem Treffen verabreden. Gruß Thore."

Ich: 19.10.2017/ 20:32 Uhr:

> „Dann wünsche ich dir eine schöne Zeit im Urlaub und wenn du wieder da bist, melde dich einfach. Liebe Grüße Frida."

Während seiner Urlaubswoche schreibt er natürlich nicht. Ich bekomme bei dieser langgezogenen Unterhaltung auf der Internetplattform immer wieder mal das Gefühl, dass er doch kein echtes Interesse an einem Kennenlernen hat. Aus meiner Sicht hätten wir ein Treffen schon längst vereinbaren können. So bin ich eigentlich nicht darauf eingestellt, dass er mir nach dem Urlaub überhaupt noch wieder schreiben würde.

Er: 29.10.2017/ 13:21 Uhr:

> „Jetzt sind wir wieder gut gelandet. Waren noch 2 Nächte in Hannover, Zoo anschauen und lecker Frühstücksbuffet genießen. Herrliches Wetter heute!"

In einer weiteren Nachricht steht, ohne weiteren Kommentar seine Handynummer. Er schreibt wieder nur, dass er sich mit mir treffen möchte. Ganz schön hartnäckig, denke ich. Seine Nummer speichere ich in meinem Handy ab. Ich nutze sie dann zwei Tage später und schreibe ihm etwas über WhatsApp. Da sich auf der Internetseite unsere karge Konversation auf etwa eine Nachricht täglich oder noch weniger beschränkte, hoffe ich nun, dass wir hier eine etwas bessere und intensivere Unterhaltung führen können. Doch es scheint ähnlich zu werden. Er antwortet in großen Zeitabständen und um unser erstes Treffen ohne Missverständnisse besser vereinbaren zu können, denke ich nun über einen Anruf bei ihm nach. Auch auf WhatsApp schreibt Thore nur kurze Sachinformationen, mit denen ich nicht sehr viel anfangen kann. Sie geben wieder nichts vom Zwischenmenschlichen preis.

Ich entscheide mich dann, einfach einen spontanen Anruf bei ihm zu machen. Das Klingelzeichen ist zu hören und mit ein wenig Spannung warte ich, ob sich jemand meldet. Nach zwei oder dreimal Klingeln höre ich eine sehr angenehme Stimme am anderen Ende. Die männlich klangvolle und klare Stimme mit einer ruhigen und bedachten Sprechweise gefällt mir sehr. Die Worte sind sachlich und informieren mich darüber, dass er gerade sehr mit Laub fegen beschäftigt ist. Mein Anliegen, unser bevorstehendes Treffen mit ihm abzusprechen, bringe ich klar zum Ausdruck. Ich schlage ihm einen

6

Spaziergang an der Ostsee vor. Thore äußert sein Einverständnis und bei diesem kurzen Gespräch verbleiben wir, dass wir Ort und genaue Zeit zu unserem Treffen über WhatsApp schreiben werden. Ich wünsche ihm frohes Schaffen bei seinem Tun, verbunden mit einem Gefühl zur unpassenden Zeit angerufen zu haben. Er verabschiedet sich nun auch von mir. Es fühlt sich für mich ähnlich an, als wenn ich gerade mit dem Heizungsmonteur einen Wartungstermin vereinbart hatte. Genaueres zum Treff, bezüglich Ort und Zeit, schreiben wir dann tatsächlich später über WhatsApp.

An einem Sonntag mitten im November treffen wir uns nachmittags am schönen Ostseestrand. Vor und auch zum Zeitpunkt des Zusammentreffens mit Thore bin ich in keinster Weise aufgeregt, sondern freue mich einfach darauf, einen Spaziergang bei wunderschönem Wetter in Gesellschaft machen zu können. Zu diesem Zeitpunkt weiß ich jedoch noch nicht, dass sich meine Gelassenheit bald ändern wird.

Ich bleibe noch kurz im Auto sitzen und überlege, ob ich ein Parkticket hole oder noch mal Ausschau halte nach einem kostenfreien Parkplatz. Die vereinbarte Zeit ist jedoch nah und nun sehe ich Thore auch schon aus der Seitenstraße zu Fuß ankommen. Er steuert auf unseren Treffpunkt, das Café zu. Darum steige ich sofort aus und gehe zu ihm, ohne nun ein Parkticket gelöst zu haben. Es liegen wenige Meter zwischen uns und als ich bei ihm ankomme, begrüßen wir uns locker und freundlich. Er wirkt sehr gefasst und ich empfinde ihn sofort als angenehm und stilvoll. Sein Aussehen, ähnlich wie auf den Bildern, ist eher durchschnittlich. Thore ist groß und sein dunkles, schon etwas grau durchzogenes Haar erscheint mir nicht von der Haarschneidemaschine geschnitten zu sein. Das gefällt mir, weil es den Eindruck erweckt, dass er in dieser Hinsicht nicht gleichgültig zu sein scheint. Nach unserer kurzen Begrüßung mit einem Handschlag und einem Blick in die Augen teile ich ihm mein momentanes Anliegen mit: „Ich muss noch mal zu meinem Auto gehen und einen Parkzettel hineinzulegen." Daraufhin schlägt er vor, dass ich mein Auto in der Seitenstraße parke, damit ich mir die Kosten für das Ticket erspare. Auch er hatte in einer etwas entfernteren Seitenstraße geparkt, erzählt er mir.

Ich gehe nun rasch zum Auto und fahre es vom Parkplatz. Thore steht am Straßenrand und schaut mir zu, wie ich auf dem freien Platz neben ihm einparke. Das Klischee: „Frauen und Einparken", kommt mir komischerweise sofort in den Kopf, obwohl ich selbst damit kein Problem habe. Beim Aussteigen sage ich dann zu ihm: „Passt doch so oder?". Nach seinem zustimmenden Kopfnicken beende ich meinen einfältigen Gedanken, bezüglich des Einparkens.

Thore erscheint mir im anfänglichen Gesprächsverlauf etwas ruhig und zurückhaltend, denn er sagt nur wenig. Ich bekomme jedoch irgendwie den Eindruck, dass er mich förmlich durchleuchtet, um mich abzuchecken. Er schaut mich immer wieder an, aber eher flüchtig. Ich finde das nicht unangenehm, sondern deute es eher als Interesse an mir. Das Café, vor dem wir uns trafen, gefällt uns beiden nicht und so entscheiden wir uns später ein anderes aufzusuchen. Doch zuvor wollen wir nun einfach ein Stück gehen.

Unser Spaziergang führt uns durch einen sehr schönen Park und beim nebeneinander hergehen gibt es nun kaum ein direktes gegenseitiges Anschauen mehr. Nach sehr kurzer Zeit wird unsere Unterhaltung immer fließender und lockerer. Abwechselnd reden wir über die verschiedensten Themen. Thore erwähnt sehr früh, dass ihm seine Familie sehr wichtig ist. Dazu gehören seine Mutter, seine jüngere Schwester mit Mann und ihre beiden Kinder. Besonders hervor hebt er natürlich seine dreieinhalb Jahre alte Tochter. Sie lebt hauptsächlich bei ihrer Mutter, ist jedoch regelmäßig an den Wochenenden und auch zwischendurch bei ihm zu Hause. Auch dass sein Kind ein Hinderungsgrund für eine neue Beziehung darstellen könnte, weil Frauen sie womöglich nicht akzeptieren würden, äußert er mir gegenüber. Wir reden dann sehr viel über unsere Einstellungen in Bezug auf Beziehung und auch kurz über unsere vorherigen Erfahrungen dies bezüglich. Inzwischen ist Thore nicht mehr so ruhig und zurückhaltend, wie in den ersten Minuten unseres Zusammenseins. Er spricht erstaunlich offen über seine Vorstellungen zum Führen einer Beziehung. Diese ähneln meinen sehr und so wächst mit zunehmender Vertrautheit auch mein Interesse an ihm. Thore scheint all das, was in seinem Profil im Internet zu lesen ist, wirklich sehr wichtig zu sein. Seine Aussagen beziehen sich immer mal wieder auf solche Angaben.

Ganz viele Erlebnisse aus unserem Leben und alles, was Menschen eben beschäftigt, erzählen wir uns gegenseitig und ich fühle mich immer wohler neben ihm zu gehen und mich dabei mit ihm zu unterhalten. Vielleicht sind diese ähnlichen Einstellungen, die er mir gegenüber äußert der Grund dafür, dass unser Gespräch zunehmend vertrauter wird. Wir verstehen uns so prächtig, dass ich nicht merke, wie die Zeit verrinnt. Es sind inzwischen schon fast zwei Stunden vergangen und uns überkommt der Gedanke ein Café aufzusuchen. Eine Pause vom Spaziergang würde mir sehr gelegen kommen. Leider hat nun dieses auf unserem Weg liegende Café wegen einer Winterpause geschlossen und Thore ist darüber sehr enttäuscht. Nach seinen Worten zu urteilen, kennt er es sehr gut und verbindet damit auch nur positive Erfahrungen. Uns bleibt jedoch nichts anderes übrig, als weiterzugehen, um ein anderes Café zu finden, welches gerade nicht geschlossen hat.

Natürlich nimmt auch der berufliche Bereich in unserer Unterhaltung einen Platz ein. Ich erzähle ihm, dass ich im letzten Jahr meinen Arbeitsplatz als Erzieherin gewechselt hatte. Als Grund dafür gebe ich kurz Auskunft über Probleme im Kollektiv und darüber, dass seit mehreren Jahren Überstunden zu leisten ein unbefriedigender Zustand für mich war. Über meine gesamte berufliche Laufbahn spreche ich kurz. Das Thema Arbeit stellt sich dann jedoch als unbehaglicher Gesprächsstoff für Thore heraus. Er selbst ist scheinbar etwas länger schon arbeitslos und seine Auskünfte über diese Situation fallen sehr karg aus. Ich erfahre hauptsächlich sein Unbehagen zu diesem Thema und dass auch die Arbeitslosigkeit ein Problem für eine Beziehung darstellen könnte. Ich versuche nicht zu sehr auf dieses wohl problembehaftete Thema einzugehen. Es gibt ja genug anderes zum Erzählen. Mir fehlt es im Moment nur ein wenig an Verständnis dafür, warum für ihn Arbeitslosigkeit und ein kleines Kind so starke Beziehungskiller zu sein scheinen. Sind es eventuell auch nur Ausreden, um sich nicht für eine Partnerin festlegen zu müssen? Das könnte auf alle Fälle im Zusammenhang stehen mit seiner ewigen Suche nach der passenden Frau.

Direkt am Strand finden wir dann tatsächlich ein schönes kleines und gemütliches Café, was geöffnet hat. Wir essen Kuchen, Thore trinkt dazu Sanddorn-Punsch und ich Kaffee. Während wir an diesem recht kleinen Tisch uns gegenüber sitzen, überkommt mich der komische Gedanke, Thores Körpersprache mit meinem aus der Weiterbildung erworbenen Wissen zu deuten. Er sieht mich offen an und wirkt dabei sehr gefasst und interessiert. Seine blau-grauen Augen wirken auf mich trotz seines direkten ständigen Ansehens warm und vertrauensvoll und keinesfalls durchleuchtend oder aufdringlich.

Seine Körperhaltung ist eher normal, sodass ich auf allgemeines Wohlgefühl schließen kann.

Unsere Unterhaltung führen wir im Café nahtlos weiter. Die Themen sind so vielfältig, dass ich mir sicher nicht alle darin enthaltenen Informationen merken kann. Zwischendurch gehe ich zur Toilette. Nach meiner Rückkehr, bleiben wir noch einen kurzen Moment sitzen und beginnen dann aufzubrechen. Nun geht Thore zur Toilette. Währenddessen bezahle ich die Rechnung bei der Wirtin. Seine Überraschung darüber, als er wieder zurückkehrt, ist ihm ins Gesicht geschrieben. Ob er es jedoch als negativ oder positiv ansieht, kann ich zu dem Zeitpunkt nicht einschätzen. Ich denke aber eher, dass er positiv überrascht war.

Mit unserem Spaziergang waren wir inzwischen schon am anderen Ende des Ostseeortes angekommen. Wegen der Dunkelheit entscheiden wir, auf unserem Rückweg nicht am Wasser entlangzugehen. Wir benutzen den beleuchteten Weg am Deich. Für mich ist dieser Nachmittag so schön, dass ich während des Zusammenseins mit Thore alles um mich herum vergesse. Die Laternen, die den Weg erhellen, in Verbindung mit den Dünen und dem Meeresrauschen, machen den Spaziergang außerdem sehr romantisch. Ich achte darauf, wie sich unsere Schatten im Licht der Laterne verändern und auch auf Thores Schritte, die gut auf meine abgestimmt erscheinen. Unsere Unterhaltung wird nun auch von kurzen Pausen, in denen ich dieser romantischen Stimmung nachhänge, begleitet. Zu meiner Äußerung dazu gibt es jedoch keine Reaktion von ihm.

Nach etwa vier Stunden Fußmarsch inklusive der kleinen Pause, kommen wir zurück zur Straße, in der ich mein Auto geparkt hatte. Laut meiner App im Handy beträgt die Strecke, die wir an diesem Tag zurückgelegt haben insgesamt sechs Kilometer. Für mich ist das enorm viel, denn ich bin solche langen Spaziergänge nicht gewohnt. Mich hatte jedoch zu keinem Zeitpunkt Unlust oder Schwäche aufgesucht. Auch das Wetter hält sich mit Trockenheit genau bis zu dem Zeitpunkt, als wir an meinem Auto ankommen.

Nun fängt es an zu regnen und keiner von uns beiden sagt irgendetwas, um unser Treffen beenden zu wollen. Wir haben jedoch auch keinen Plan, wohin wir nun gehen und was wir eventuell machen könnten. So stellen wir uns unter einen Dachüberstand, um uns vor dem Regen zu schützen und führen unsere Unterhaltung dort fort. Thore macht manchmal den Eindruck, als sei er auch sehr vertieft in unser Gespräch. Hin und wieder macht er kaum eine Pause bei seinen Erzählungen, was den Eindruck hinterlässt, dass ihm das, was er sagt sehr wichtig ist. Auch er scheint immer mehr an mir Gefallen zu finden. Unsere vielseitigen Gespräche sind so schön und ich fühle mich immer wohler in seiner Nähe. Zwischendurch frage ich dann jedoch: „Wohin wollen wir jetzt? Wollen wir noch was essen gehen oder willst du nach Hause?" Thore gibt mir keine Antwort. Er weiß auch nicht so recht was er machen möchte. Wir reden weiter, ohne diesen Fragen eine Lösung zu geben.

Nach einer Weile schlage ich vor, zu meinem Auto zu gehen, denn vielleicht könnten wir unser Treffen nun beenden. Genug Zeit hatten wir miteinander verbracht, um entscheiden zu können, ob wir uns noch weiterhin treffen wollen oder nicht. Thore geht auf die Möglichkeit, sich nun zu verabschieden nicht ein und schaut sich mein Auto sehr interessiert an. Vielleicht gefällt es ihm, denn er selbst fährt dieselbe Automarke, wie ich. Mit seinen sehr offenen Gesprächen hatte Thore scheinbar genug Vertrauen bei mir aufgebaut, sodass ich ihn dazu einlade sich mit mir ins Auto zu setzen. Auch innen schaut er sich alles ganz genau an. Ich schalte leise Musik an. Wir unterhalten uns weiter über Musik und andere Dinge, die wir mögen.

So viele Fakten an diesem einen Nachmittag von Thore zu hören, überfordert mich etwas. Mein Bedenken, all die Einzelheiten später wieder zusammenzubekommen wächst. Ich habe den Eindruck, dass er sehr gern redet, denn im Auto übernimmt er dann irgendwie komplett die Unterhaltung und wird noch redseliger, als er es ohnehin schon war. Das gibt mir sehr stark ein Gefühl von Vertrauen, was er mir gegenüber zu haben scheint und auch eindeutiges Interesse daran, mich weiterhin kennenlernen zu wollen. Bei mir trägt all das dazu bei, dass mein Interesse an ihm und auch die Spannung steigen. Bald treten seine Sachinformationen für mich immer mehr in den Hintergrund und ich werde von seiner sehr angenehmen Stimme abgelenkt, um im Dämmerlicht der Straßenbeleuchtung seine Gesichtszüge zu studieren. Seinen Ausführungen nur noch zum Teil folgend, spüre ich ohne Vorwarnung, wie seine warme Hand sich auf meinen Oberschenkel legt. Ach du meine Güte, was ist nur mit mir los? Seine Hände sind beide bei ihm, wo sie sein sollten. Warum ich nur auf so etwas komme, weiß ich nicht. Wir unterhalten uns ganz normal und es gibt keine Anregungen oder sonst irgendetwas Animierendes für solche Fantasien. Im Moment bin ich zwar über mich erschrocken, denke jedoch nicht weiter über diese wundersamen Gedanken nach.

Mit seinen Händen streicht Thore sich des Öfteren durchs Haar und er kratzt sich gelegentlich etwas nervös an immer derselben Stelle seines Kopfes. Ich beobachte ihn und lausche weiter seiner beruhigenden und sehr angenehmen Stimme. Sie hört sich so schön an, dass ich ihn wirklich sehr gern weiterreden lasse. Wenn ich ab und zu mal zu ihm herübersehe, kann ich die Konturen seines Gesichtes gut erkennen und ich verfolge die Bewegungen seiner Lippen. Seine Worte treten immer wieder in den Hintergrund und werden dann von meinem Gedanken überdeckt, seine Lippen küssen zu wollen. Was ist nun schon wieder los mit mir? Was hat er bloß an sich?

Thore möchte gern pünktlich zum Tatort schauen zu Hause sein. Darum beginnen wir nun unser inzwischen schon fast fünf Stunden andauerndes Treffen zu beenden. Ich bekunde, dass der Nachmittag schön war und Thore erwidert meine Aussage positiv. Darüber freue ich mich sehr und bin äußerst zuversichtlich, dass wir uns noch ein weiteres Mal treffen werden.

Auf der Fahrt nach Hause denke ich an diese seltsamen magischen Momente im Auto. Was haben sie nur zu bedeuten? Ich besitze zwar viel Fantasie und Märchen mag ich auch, aber erlebt hatte ich so etwas im echten Leben noch nie. Ich versuche realistisch herauszufinden, ob es mit ihm tatsächlich etwas werden könnte in Richtung Beziehung. Nach unseren sehr ähnlichen Vorstellungen zu urteilen, könnte es tatsächlich richtig gut passen.

Thore schreibt mir noch am selben Abend eine Nachricht. Ihm hatte der Nachmittag sehr gefallen und er möchte mich gern wiedertreffen. Die Aussichten scheinen also wirklich ganz gut, dass nun auch gegenseitiges Interesse vorhanden ist. Doch irgendwie kommt es dann alles anders, als in meiner Vorstellung.

Ich habe in den nächsten Tagen versucht das Gesagte, die magischen Momenten und die gesamte Wirkung von Thore auf mich zu verarbeiten und zu ordnen. Einerseits ist da die Freude über ein so angenehmes Zusammentreffen und die Hoffnung auf ein Wiedersehen mit ihm. Andererseits überfordert mich seine sehr starke Anziehung komplett und ich verstehe die Ursache dafür nicht. Thore schreibt an den nachfolgenden Tagen weiterhin sachliche Nachrichten, wie ich es bisher von ihm gewohnt war. Das wirkt auf mich unverständlich, denn ich hatte eher den Eindruck, dass auch er bereit ist, sich weiter auf ein Kennenlernen einzulassen. Vielleicht bin ich auch nur zu emotional von ihm angesprochen und er eben nicht, was seine weitere Sachlichkeit erklären könnte. In den darauffolgenden Tagen erfahre ich dann auch nichts, was seine Magie mit Vertrauen würzen könnte. Er schreibt nicht nur sehr faktisch, sondern teilt mir dann mit, dass er am Abend nach unserem Treffen schön mit seiner Ex essen war. Das ist doch das, was Frau sich von dem Neuen wünscht, dass er seine Ex trifft. Ich bekomme immer mehr das Gefühl, dass wir unterschiedliche Vorstellungen und Erwartungen voneinander haben. Was er will, kann ich trotz seiner klaren Mitteilungen bei unserem Treffen jedoch nicht erkennen und einschätzen. Seine informativen Vorstellungen, was Zwischenmenschliches angeht passen einfach nicht zum weiteren Verlauf unseres Kennenlernens. Nicht nur, dass seine Nachrichten weiterhin selten und dazu in aller Sachlichkeit erfolgen, bringen sie mich irgendwie durcheinander. Diese Ungereimtheiten sorgen dafür, dass ich ein weiteres Treffen nicht Zustandekommen lasse. Doch warum vergesse ich das Gehörte und Erlebte nicht so leicht und vor allem diese magischen Momente nicht? Was soll ich mit dem guten Eindruck, den er bei unserem Treffen hinterlassen hatte anfangen? Dann schreibt Thore, dass sein Auto kaputt ist und ob ich auch zu ihm kommen würde für ein weiteres Treffen. Er geht weder auf meine Nachfragen bezüglich seiner Ex-Freundin ein, noch gibt er für mich eine klärende Erläuterung dazu ab. Mein Unbehagen wächst.

Das Schreiben über WhatsApp gestaltet sich in keinster Weise nach meinen Vorstellungen, denn er antwortet weiterhin in etwas größeren Abständen, wie es auf der Internetseite auch schon war. Dadurch gibt es keine durchgängige Unterhaltung mit ihm. Obwohl er sein Handy scheinbar in der Hand hält, wenn man nach dem Onlinestatus geht und er die Nachrichten von mir auch liest, antwortet er fast immer erst sehr viel später. Manchmal nach Stunden oder auch erst am darauffolgenden Tag. An ein Telefongespräch scheint er auch wenig Interesse zu haben.

Nachdem ich mein Unverständnis über seinen Schreibstil bei ihm kundgegeben hatte, bekomme ich diese Antwort:

Er 25.11./ 10:02:

„Du, ich sitze nicht ständig am Smartphone. Zumal auch nur im WLAN-Bereich meiner Mutter nutzbar. Sicherer ist SMS, die erreicht mich immer, da am Mann. Ich hatte auch noch was zu tun. Du scheinst mir nicht ausgelastet. Also bis Sonntag, ich schlage 13.00 Uhr vor. Kannst mich von zu Hause abholen, Steinstraße 20 oder schlage was anderes vor. Kann überall hinkommen, Hafen, Zentrum oder so."

Ich 13:09:

„Was wollen wir denn unternehmen?"

Er 14:16:

„Habe noch keinen Plan. Können spazieren gehen, Café, Kirchenkonzert... Wetter soll ja eher blöd werden. Uns wird schon was einfallen."

Zum Glück scheint Thore keine Ahnung zu haben, dass ich von ihm hin- und hergerissen bin. Er scheint seine Überzeugung beizubehalten, dass er sich mit mir weiter auf seine Weise verabreden kann. Doch ich weiß nicht, wie ich ihn einordnen soll und bin sehr verunsichert. Er hat jedoch etwas an sich, was ihn äußerst interessant für mich zu machen scheint.

Thore hatte den Beruf des Elektrikers erlernt und wohl nicht allzu lange in dieser Tätigkeit gearbeitet, wie ich es verstanden hatte. Später schloss er dann ein Studium in Betriebswirtschaft ab und auch in diesem Berufszweig fand er keinen festen Stand. Über fast zwei Jahre gab es in einem Callcenter eine Anstellung für ihn, erzählte er mir. Diese vom Arbeitsamt zugewiesene Tätigkeit sah er wohl teilweise als Nötigung an, aber sprach dann auch davon, dass sie ihm Spaß gemacht hatte. Er berichtete sogar etwas wehmütig, dass er dort langfristig leider nicht übernommen werden konnte. Es ist schwer für mich ihn in dieser Hinsicht zu verstehen.

Während unseres Treffens sprach Thore davon, dass seine längste und letzte Beziehung etwa knapp drei Jahre gehalten hatte. Damit ist die Beziehung zur Mutter seiner Tochter gemeint. In dieser Zeit lebte er mit dieser Frau zusammen in ihrem Haus, damit sie sich gemeinsam um das Kind kümmern konnten. Als dann die Erziehungszeit, nach einem guten Jahr zu Ende ging, trennten sie sich. Diese Trennung ist jetzt fast zwei Jahre her und alle anderen Beziehungen dauerten nur wenige Monate oder Wochen. Er erklärte dies mit seinen sehr hohen Ansprüchen. Diese Fakten lassen mich ein wenig auf irgendwelche Beziehungsprobleme seinerseits schließen. Von seinen hohen Ansprüchen bemerkte ich selbst nichts. Ich hatte bei unserem Treffen eher das Gefühl, dass ich ihm genüge. Er äußerte nichts, was seinem Anspruch womöglich nicht gerecht werden könnte.

Auch wenn ich mich scheinbar in diesen Mann verguckt hatte, versuche ich nun diese mir zur Verfügung stehenden Fakten zu betrachten. Sie erscheinen nicht so klar und wem soll ich Vertrauen schenken? Meinen widersprüchlichen Gefühlen, die unser

Zusammensein hinterlassen hatte oder den Fakten, die ich nicht nachvollziehen konnte? So versuche ich nun den für mich sicher erscheinenden Weg zu wählen. Mit dieser Nachricht beginne ich Thore nun zaghaft wieder loszuwerden.

Ich 17:34:

> „Lieber Thore, in den letzten Tagen war unsere Unterhaltung hier nicht sehr schön. Ich hatte mir das Kennenlernen etwas anders vorgestellt. Erfahren durfte ich von dir unter anderem, dass du dich mit Ex-Freundinnen triffst. Gestern, als ich auf der Partnerseite mein Profil gelöscht habe, sah ich dich dort online. Dazu braucht man genauso Internet, wie für das Schreiben bei WhatsApp. Es scheint so, als ob du nicht bereit bist, dich auf jemanden einzulassen und eine Beziehung zu führen. Das ist für mich Grund genug, es lieber sein zu lassen. Ich werde mich nicht mehr mit dir treffen. Mit dieser Entscheidung habe ich es mir nicht einfach gemacht und es hat auch nichts mit deiner Arbeitslosigkeit oder deiner Tochter zu tun. Ich wünsche dir viel Erfolg und Glück bei deiner weiteren Partnersuche."

Er 18:47:

> „Ich bin sowas von bereit für eine Beziehung."

Auch diese kurze Antwort stimmt mich nicht ernsthaft um. Nun hoffe ich, dass Thore einfach wieder aus meinem Kopf verschwindet und er sich nicht mehr bei mir meldet, wenn ich selbst ihm nichts mehr schreibe. Doch so richtig scheint er meine letzte Nachricht nicht zu akzeptieren. Thore lässt nicht locker und schreibt immer wieder irgendetwas. In seinen Nachrichten lese ich eher belanglose Dinge und er bezieht sich auf nichts, was etwas mit uns zu tun hatte. Ich antworte ihm nur sehr selten und immer wieder mit dem Hintergedanken im Kopf, nicht weiter mit ihm in Kontakt bleiben zu wollen. Später lösche ich sogar seine Nachrichten und auch bald seine Nummer. So lässt Thore es dann auch bald sein, mir zu schreiben, da er keine Antworten mehr bekommt. Ich habe es scheinbar geschafft.

Thore schwirrt mir jedoch weiterhin im Kopf herum. Ich weiß nicht so genau, was ich mit meinen Gefühlen anfangen soll, die mich einfach überrollt hatten bei unserem Treffen und auch beim Lesen seiner Nachrichten. Nun kam, wegen meiner eigenen Unsicherheit, keine weitere Begegnung mit ihm mehr zustande. Dabei hätte ich ihn wirklich so gern wieder gesehen. Vielleicht könnte ich doch etwas mehr Klarheit bekommen, wenn wir uns noch besser kennenlernen würden. Meine überempfindliche Reaktion auf das Thema Ex-Freundin kenne ich so nicht von mir und auch nicht das Unbehagen, was seine Erzählungen über die verflossenen Frauenbekanntschaften mir bereiten. Mit Eifersucht hatte ich bisher nie etwas zu tun. Auch die Tatsache, dass er schon seit neun Jahren sein Profil auf dieser Internetplattform hat, lässt mich vermuten, dass er nicht besonders beziehungsfähig ist. Ich habe bei unserem Treffen meine Einstellung zum Ausdruck gegeben, dass ich es eher nicht ansprechend finde, wenn jemand sich so lange als Single präsentiert. Das lässt vermuten, dass er weiterhin mit anderen Frauen schrieb, während er in einer Beziehung steckte. Er reagiert ganz unschuldig mit den Worten: „Warum soll ich mich jedes Mal abmelden". Ich antworte darauf: „Dann bist du ja insgeheim weiter auf der Suche. So kann eine Beziehung auch nicht richtig gelingen, wenn du dich nicht auf eine Frau einlassen willst." Dazu bekomme ich keine Antwort oder eine Erklärung.

Ich selbst frage mich: Ist Thore so was wie ein Casanova, der ganz unschuldig vielen Frauen den Kopf verdreht? Ob er auch auf andere

Frauen solch eine Wirkung hat, wie auf mich? Welche Gründe gibt es dafür, dass er mich so durcheinander bringt? Ich kann all das nicht nachvollziehen und in einer schlaflosen Nacht schreibe ich einen Brief an Thore, den ich auch tatsächlich abschicke.

Lieber Thore,

vor etwa zwei Wochen trafen wir uns und haben einen wunderschönen Nachmittag miteinander verbracht. Wir fanden so viele Themen, die uns gemeinsam interessierten und hatten ein sehr gutes Verständnis füreinander. Jemanden im Internet zu daten hat uns beiden scheinbar bisher wenig Erfolg gebracht. Meist bringt so was Enttäuschungen und Absagen mit sich. Du warst, denke ich auch enttäuscht, als ich schrieb, ich möchte mich nicht mehr mit dir treffen. In meinem Inneren sieht es allerdings ganz anders aus. Als wir uns an diesem wunderschönen Sonntag voneinander verabschiedeten, wünschte ich mir sehr, dich wiederzusehen. Zu meiner Freude wolltest du das auch. Die Nachrichten an den darauffolgenden Tagen haben mich dann sehr verwirrt und schon bald lief bei mir ein Gedankenkarussell auf Hochtouren. Leider ist mein Ausweg dann meist Rückzug und Abgrenzung. So in etwa hatte ich dir davon schon erzählt. Heute möchte ich mutig sein und es mal ganz anders machen, auch wenn ich damit rechnen muss, dass ich hiermit lediglich zu deiner Belustigung beitrage. Mutig sein, nicht nur diesen Brief zu schreiben, sondern eventuell tatsächlich sich auf jemanden einzulassen. Mit Absagen kann auch ich inzwischen gut umgehen. „Auf was einlassen?", bringt für mich die meisten Ängste mit sich. Du fragtest mich nach meiner Absage, ob ich mir eine Beziehung ohne Verpflichtungen vorstellen kann, oder so ähnlich. Du meintest sexueller Natur. Ich glaube, du hast damit nur Abstriche gemacht. Ich

finde, in jeder Beziehung ist es gut verantwortungsvoll miteinander umzugehen. Wenn Verpflichtungen verhandelbar bleiben, gibt es auch keinen Druck in der Beziehung. Mit Gefühlen ist das schon komplizierter. Sie kommen oder auch nicht und sie gehen oder bleiben. Wie man Beziehung gestaltet, ist eine Sache an der mindestens zwei mitwirken. Ob man aber Beziehung leben möchte, ist viel entscheidender. Das bedeutet etwas zu ändern im eigenen Leben. Manchmal auch aus der Komfortzone herauszukommen, Einstellungen und Vorstellungen zu entlassen von dem, wie jemand sein sollte. Über all solche Dinge mache ich mir Gedanken und bin erschrocken, was eine Begegnung mit dir in mir bewegt.
Liebe Grüße Frida.

Bei unserem Treffen hatten wir auch unsere Nachnamen ausgetauscht. Somit steht mir seine Adresse nun komplett zur Verfügung, um am Montagmorgen den Brief in den Briefkasten einwerfen zu können. Nach meiner Berechnung sollte Thore ihn am darauffolgenden Mittwoch erhalten. Dieser Brief, den ich erstaunlicherweise nur zweimal schreiben muss, bis er nach meiner Vorstellung war, lässt für mich selbst jedoch nichts besser werden. Mit dem Einschlafen klappt es immer noch nicht, denn alles kreist in meinem Inneren um ihn und um das Thema Beziehung. Da ich immer wieder schaue, ob Thore auf der Internetseite online zu sehen ist, stelle ich fest, dass er ab genau dem Mittwoch nicht mehr täglich dort zu finden ist, an dem er meinen Brief bekommen sollte. Den Online-Status kann man dort auch sehen, ohne dass man selbst ein Profil auf dieser Seite führt. Man benötigt nur den Benutzernamen des Teilnehmers. Natürlich bringe ich sein verändertes Verhalten sofort mit meinem Brief in Verbindung. Doch die Ungewissheit wächst, denn

er reagiert nicht darauf. Schreibt er mir womöglich auch einen Brief?
Als ich dann nach fünf Tagen die sehnsüchtig erwartete Antwort
erhalte, schreibe ich in mein Tagebuch:

08. Dezember 2017/ 22.00 Uhr:

*„Heute möchte ich das Thema Thore abschließen und ihn endlich
aus meinem Kopf verbannen. Auf meinen Brief bekam ich keine
Antwort. Er schrieb mir nicht zurück und er rief mich auch nicht an.
Es gab nur eine kurze WhatsApp-Nachricht am Sonntag, diese
lautete: „Danke für deinen sehr lieben Brief. Ich wünsche dir eine
schöne Adventszeit." Ich antworte darauf: „Danke, wünsche ich dir
auch." Dann löschte ich wieder die Nachrichten und auch seine
Nummer. Ich bin sehr enttäuscht. Thores Reaktion auf meinen Brief
ist zwar nett. Doch das ist mir zu wenig. Auch wenn er mit dem Brief
vielleicht überfordert war, hatte ich erwartet, dass er irgendwie auf
das Geschriebene eingehen würde. Irgendeine Reaktion, ob nun
zustimmend oder ablehnend, hatte ich erwartet. Wieder kann ich
keine Emotionen von ihm erkennen. Er scheint nicht genug echtes
Interesse an mir zu haben. Sicher hatte ich seine Worte und sein
Verhalten nicht richtig verstanden oder zu viel hineininterpretiert.
Thore erscheint mir irgendwie sehr eigenwillig."*

Ein langer Urlaub und der Besuch meiner Kinder stehen vor der Tür.
Die Vorfreude auf Backen, Basteln und andere vorweihnachtliche
Dinge lassen meine Gedanken an Thore fast verschwinden. Ich
schlafe nachts auch wieder ganz normal. Doch nach ein paar Tagen
ohne Konversation, bekomme ich doch wieder eine Nachricht von
ihm. Er schickt mir ein Weihnachtsvideo, welches er sehr lustig findet.
Ich reagiere darauf mit einem weiteren Weihnachtsvideo und teile

auch mit, dass ich an solch einer Konversation nicht sehr interessiert bin. Mich überkommt nun das Gefühl, dass ich ihn doch so schnell nicht loswerde und seine Hartnäckigkeit an mir dranzubleiben beeindruckt mich auf seltsame Weise. Ich versuche jedoch die Unterhaltung nicht in Gang zu halten und glänze mit Desinteresse. Dann nach wieder ein paar Tagen, am 14. Dezember bekomme ich ein weiteres Weihnachtsvideo von ihm gesendet. Ich bin auch jetzt wieder nicht sehr begeistert über diesen Blödsinn und schreibe ihm dies nun auch klar und deutlich. Bezüglich des lustigen Videos, schreibt er dann, dass er mit seiner Tochter Lene sehr viel lacht. Er teilt mir außerdem mit, dass er sich noch ein neues Auto besorgen muss für die Weihnachtsfahrt zu seiner Schwester nach Hessen. Doch was bitte schön hat das mit mir zu tun? Ich hatte ihm einen Brief geschrieben und mich schon ein wenig nackig gemacht. Er ignoriert all das und das fühlt sich nicht gut an. Wieder wünsche ich mir, dass er endlich aus meinem Kopf verschwinden würde. So folgen das weitere Löschen seiner Nachrichten und nun auch das Blockieren seiner Nummer am Morgen des 15. Dezembers.

Viele Gedanken um das Thema Beziehung kreisen über die Feiertage in meinem Kopf umher. Dabei geht es mir keineswegs nur darum, die Begegnung mit Thore zu verstehen. Ich lese gerade ein Fachbuch, welches ich von einer Kollegin bekommen hatte. Darin geht es um das Thema Bindung und Beziehung aus pädagogischer Sicht. Die Individualisierung der Menschen in unserer heutigen Gesellschaft bildet dabei einen großen Hintergrund. Es wird deutlich gemacht, warum Singledasein und häufige Trennungen immer mehr unsere Gesellschaft prägen. Auch dass Onlineportale lediglich dazu beitragen, dass Menschen sich begegnen aber eine Beziehung dann selbst gestaltet werden sollte, scheint ein immer größer werdendes

Problem zu sein. Wie im Kaufrausch schaut man sich auf diesen Portalen um und hofft auf ein günstiges Schnäppchen. Dieses sollte so funktionieren, wie jeder es nach seinem Geschmack gerne hätte. Wenn sie oder er doch nicht so gut passen, wird eben weiter gesucht. Dies hatte ich mehrfach auch so empfunden, während ich dieses Internetportal besuchte.

Ich stelle mir selbst die Frage: Wie glücklich bin ich als Single? Einen Partner hatte ich mir von Zeit zu Zeit immer mal gewünscht, doch allein klappte es auch sehr gut in meinem Leben. Ich hatte mein berufliches und soziales Umfeld und genügend Interessen, denen ich nachging. Mein Wunsch in einer längeren Beziehung auch glücklich zu sein, gestaltete sich jedoch immer etwas schwierig. Thore scheint ähnliche Erfahrungen gemacht zu haben, lassen mich seine Erzählungen vermuten. Wir haben so viele Gemeinsamkeiten und verstehen uns so gut. Warum gab es nun plötzlich diese Irritationen? Vielleicht hat Thore eingefrorene Gefühle in mir geweckt und ich kann damit nur nicht gut umgehen. Viele solcher wirren Gedanken verbunden mit keiner vernünftigen Lösung, gehen mir immer wieder durch den Kopf und geben keine Ruhe.

Kapitel 2: Der Traum

Das Jahr 2018 hat begonnen und nach der Neujahrsparty bei mir Zuhause fahren meine Kinder auch schon wieder weg. Die lange Zeit mit ihnen war wunderschön und somit fallen mir der Abschied und auch das darauf folgende Alleinsein schwer. Die Gedanken an Thore kommen vage zurück und ich frage mich, ob auch er den Jahreswechsel gut verbracht hatte. Da liegt es für mich nahe, aus der Laune heraus zu testen, was nach so langer Zeit passiert, wenn ich seine Nummer bei WhatsApp wieder freigebe. Ihm einfach selbst zu schreiben, kommt mir dabei nicht in den Sinn. Ich rechne nicht ernsthaft mit einer Nachricht von ihm und finde es darum schon etwas absurd, am dritten Tag nach meiner Freigabe seiner Nummer doch tatsächlich etwas von ihm zu lesen.

Er 05.01./ 12:01:

„Alles gut bei dir?"

Ich 16:53:

„Ja, bei dir auch?"

Er 18:34:

„Nur, weil du nicht mehr da warst. Bei mir na ja, wenn ich meine Kleine habe, geht es mir gut. Habe gerade wieder abgegeben. Nächste Woche hab ich sie von Mittwoch bis Sonntag. Weihnachten war wieder schön bei meiner Schwester mit Bescherung, Gans, Grünkohl, Weihnachtszirkus, Buffet, Bowlen, Ausflüge, Silvester draußen mit Nachbarn bei Feuerschale, Musik, Raketen. Lene hielt auch durch. Habe mir alten Benz gekauft, fuhr super darunter. Liebe Grüße Thore."

Ich 19:44:

„Schön zu lesen, dass du schöne Feiertage hattest. Nun sind sie wieder zu Ende und der Alltag ist wieder da. Liebe Grüße."

Er 20:04:

„Ja und deine waren auch schön?"

Ich 20:05:

„Ja ☺."

Er 20:06:

„Okay, kein Kommentar ist auch eine Aussage."

Ich 20:09:

„Wolltest du mehr wissen? Ich bin gerade etwas schreibfaul, entschuldige."

Er 20:22:

„Na guck mal morgen, ob es dann leichter fällt."

Ich 20:36:

„Was interessiert dich denn?"

Er 06.01./ 09:53:

„Na alles, wie Weihnachten war, Weihnachtsmarkt, zwischen den Jahren, Silvester, Kinder, Liebhaber, neue Vorsätze..."

Ich 10:35:

„Oh, das ist ja viel. Ich hatte ja schon vor Weihnachten Urlaub. Da haben wir viele schöne Sachen gemacht. Vor allem viel gegessen. Weihnachtsmarkt war sehr schön. Vor Weihnachten war ich mit den Kindern viel unterwegs und Silvester haben wir bei mir zu Hause gefeiert. Wir waren alle mal wieder Singstars ☺. Mit dem Liebhaber lasse ich es vorerst sein. Was hast du dir denn vorgenommen?"

Er 11:07:

„Ich habe lieber nichts vorgenommen, aber was Partnerschaftliches wäre schon schön."

Ich 12:06:

„Das ist ja etwas, was du dir wünschst. Vielleicht klappt es ja in diesem Jahr und du findest die Richtige."

Ich finde es schon komisch, warum er mir all diese sachlichen Dinge von sich schreibt und auch immer wieder den Kontakt zu mir aufnimmt. Ob es Interesse an meiner Person ist, oder ob er nur jemanden zum unterhalten sucht? Vielleicht sollte ich mich mit ihm ein weiteres Mal für einen gemeinsamen Spaziergang treffen. Wir hatten uns ja super unterhalten und auch gut verstanden. Wenn ich versuche den nötigen Abstand zu bewahren und meine Emotionen im Zaum halte, sollte nichts dagegen sprechen.

An diesem schönen Sonntagvormittag warte ich dann auf eine weitere Nachricht von Thore. Es scheint jedoch so, als wenn sie nicht kommen soll. So ziehe ich mich warm an, um allein einen Spaziergang am Strand zu machen. Bei dem schönen klaren Winterwetter nehme ich mir vor, mit der Kamera ein paar Naturfotos zu machen. Fertig angezogen, mit dem Autoschlüssel in der Hand, schaue ich noch mal auf mein Handy. Ich hatte ein wenig gehofft, dass ich nicht allein den Spaziergang am Wasser machen werde. Meine Gedanken scheinen von Thore erhört worden zu sein, denn er schreibt genau passend dazu seine erste Nachricht an diesem Tag.

Er 07.01./ 11:26:

>   „Aber immer alleine machen und selber kuscheln ist doch auch
>   nicht schön. Heute ist tolles Spazierwetter."

Ich 11:28:

>   „Ich will gerade zum Strand fahren. Wie lange brauchst du? Ich
>   würde auf dich warten."

Er 11:29:

>   „Wohl erst gegen eins."

Ich 11:29:

>   „Kannst du am Strand sein?"

Er 11:30:

„Ja gerne, schlag was vor."

Ich 11:32:

„Ich stehe zwar schon angezogen in der Tür, aber ziehe mich dann noch mal aus. Wollen wir zur Ostseeklinik beim Ferienhaus oder woanders hin? Würdest du es zu um eins schaffen?"

Er 11:34:

„Ja, ist okay, schaffe ich. Können ja dann noch sehen."

Ich 11:35:

„Bei der Klinik treffen ist auch okay?"

Er 11:41:

„Können auch beim Einkaufszentrum treffen, wegen der Parkgebühr."

Ich 11:51:

„In Ordnung, machen wir so."

Meine Freude ist groß, über das so schnell vereinbarte Treffen mit ihm und ich bin wahnsinnig gespannt, wie nun dieses Zusammensein mit ihm wird. Für mich dauert die Fahrt zu unserem Treffpunkt etwa eine halbe Stunde und bei Thore etwas länger. Darum habe ich noch genug Zeit, um mir was Schöneres anzuziehen und auch eine ordentliche Frisur zu zaubern.

Mein schulterlanges Haar hatte ich vor wenigen Tagen nachgefärbt. So sehen diese heute schön dunkelbraun aus und verraten nichts von ihrem eigentlichen Grau. Mit ein wenig Lippenstift aufgelegt, mache ich mich dann auf den Weg. Der Gedanke, dass es wieder solche magischen Momente geben könnte, kommt mir jetzt in den Sinn. Ich bemerke auch ein Kribbeln in meinem Bauch. Um zuvor noch Geld vom Automaten holen zu können, fahre ich überpünktlich los.

So warte ich letzten Endes am verabredeten Treffpunkt auf ihn. Immer wieder nehme ich mir ganz fest vor, all die eventuell auftretenden emotionalen Irritationen nicht so ernst zu nehmen. Thore kommt pünktlich mit seinem neu erworbenen alten Benz auf den Parkplatz gefahren und hält direkt neben meinem Auto an. Ich begutachte ihn, als er aussteigt und auch das sehr alte Auto sehe ich mir ein wenig verwundert an. Nach der kurzen Begrüßung frage ich ihn: „Willst du umziehen?" Dabei zeige ich auf den großen Wäschebeutel, der im Kofferraum zu sehen ist. Thore sagt daraufhin: „Das kommt ins Ferienhaus. Wir können das doch gemeinsam dort hinbringen?" Ich stimme zu und freue mich über sein Vertrauen, mir das Ferienhaus, von dem er viel erzählt hatte, schon bei unserem zweiten Treffen zeigen zu wollen.

Auf mich wirkt Thore irgendwie nicht so gelassen, wie bei unserem ersten gemeinsamen Nachmittag. Er sieht aus, als wäre er gerade aufgestanden und hätte sich in Eile rasiert und geduscht. Ich überlege, ob ich ihn mit dieser plötzlichen Unternehmung doch etwas überfordert hatte. Im weiteren Gesprächsverlauf empfinde ich ihn allerdings so wie bei unserem ersten Treffen. Thore spricht schnell wieder offen, sachlich und sehr gefasst mit mir.

Um zum Ferienhaus zu fahren, benutzen wir sein Auto und ich lasse meines auf dem Parkplatz zurück. Für mich ist es nicht immer einfach Beifahrer zu sein, denn manchmal habe ich viele Ängste und wenig Vertrauen in die Fahrkünste des Anderen. Bei Thore bin ich gespannt, ob ich mich in seinem Auto wohl und sicher fühle und steige relativ unvoreingenommen bei ihm ein. Während der Fahrt erzählt er die ganze Zeit über und ich frage mich, ob Thore so viel Redebedarf hat oder ob er ein wenig aufgeregt ist. Vielleicht geht es ihm ja so ähnlich wie mir. Doch ich erhalte weitere erstklassige

Sachinformationen von ihm. Er erzählt mir von den Leuten, die alle auf dem Weg zum Ferienhaus wohnen. Auch wie es früher dort mal war und was sonst so mit der Umgebung in Verbindung steht, erfahre ich in einem ausgiebigen Redeschwall. Mein Interesse an diesen Informationen hält sich sehr in Grenzen und ich merke mir sehr wenig von seinen Worten. Es sind kaum emotionale Regungen von Thore darin enthalten. Ich kann nicht einschätzen, warum er mir diese Dinge erzählt und auch nicht, was ihm daran so wichtig ist.

Nachdem wir beim Ferienhaus angekommen sind, machen wir eine umfangreiche Grundstücksbegehung. Um das kleine Grundstück herum wachsen verschiedene Hecken und Büsche. Mehrere kleine und ein etwas größeres Blumenbeet sehe ich. Zu dieser Jahreszeit ist nicht genau zu erkennen, was dort eventuell im Frühjahr mal erblühen wird. Unter einem größeren Baum ist eine Sandkiste für Thores Tochter Lene liebevoll angelegt. Es scheint ihm sehr wichtig zu sein, mir alles genau zu zeigen und es auch mit den dazu gehörenden wichtigsten Informationen zu verpacken. Vielleicht ist es einfach sein Stolz, der beim Erzählen seinen Enthusiasmus fördert, denke ich mit ein paar kleineren Fragezeichen in meinem Kopf. Das Häuschen ist schlicht gebaut und komplett mit Holz verkleidet. Holz mag Thore scheinbar sehr, denn er betont es immer wieder. Auch welches Holz hier verbaut wurde, erzählt er mir. Das gesamte Anwesen macht auf mich einen sehr gemütlichen und praktischen Eindruck und entspricht sehr meinem Geschmack. Eine Aussichtsplattform hinter dem Haus ermöglicht einen Blick über den Deich auf die Ostsee. Ich finde das so faszinierend, dass ich dort ein wenig ausharre.

Da die Unterhaltung mit Thore wieder hervorragend sachlich ist, werde ich immer gespannter und neugieriger etwas herauszufinden, was seine Gefühlswelt sagt und natürlich auch, wie er zu mir steht.

Dass ihm diese ganzen materiellen Dinge so wichtig sind und er sie mir auf so eigenwillige Art und Weise erzählt, finde ich etwas seltsam. Vielleicht hat das etwas mit Statusdarstellung zu tun oder es sollte einfach gut auf mich wirken. Seine Wertevorstellung könnte jedoch eine ganz andere als meine sein, denke ich.

Nachdem wir unseren Rundgang beenden, versucht Thore nun die Tür des Ferienhauses zu schließen. Er kämpft einige Minuten mit dieser und nachdem es glücklicherweise geklappt hatte, fahren wir mit dem Auto weiter an der Küste entlang. Ich fühle mich tatsächlich mit seinem Fahrstil sehr wohl, denn er erscheint mir als ein sicher Fahrer.

Wir halten dann das nächste Mal in dem Ort, in welchem ich mit meinem früheren Ehemann vor langer Zeit einen Garten mit kleinem Häuschen hatte. Unsere Reise führt uns direkt daran vorbei und sicher interessiert sich Thore auch dafür, denke ich. Wir spazieren kurz durch die Kleingartenanlage, doch tatsächlich erkenne ich dann kein Interesse bei ihm. Er sagt zu all dem nichts, aber schaut sich alles, was ich ihm zeige ohne Widerspruch an. Hier gibt es nun nach fast zwanzig Jahren nicht mehr viel von früher. Nur die Obstbäume und die Gehwegplatten, die zum Gartenhaus führen, sind noch dieselben. Unseren Aufenthalt dort in den Gärten beenden wir nach sehr kurzer Zeit und setzen unsere kleine Reise mit dem Auto fort. Nach einem Spaziergang am Wasser, entscheiden wir uns dann unsere Unterhaltung lieber in einem gemütlichen Café weiterzuführen. Der Wind ist sehr eisig und es ist wirklich ungemütlich draußen. In dem etwas gehobenen Café kann Thore sich schwer entscheiden, welchen Tisch wir nehmen wollen. Auch bei der späteren Auswahl des richtigen Tortenstückes braucht er eine Weile. Mit ein wenig zustimmender Unterstützung von mir, entscheidet er sich dann doch für die Schwarzwälder Kirschtorte und ich wähle ein Stück Schokotorte. Nachdem dann jeder seine Torte aufgegessen hat, holt Thore eine kleine einfache Kamera heraus und wir schauen uns zusammen die Fotos darauf an. Er überlässt sie mir auch sehr schnell alleine, um die Bilder darauf besser ansehen zu können. Auf der Kamera sind Fotos von ihm und der ganzen Familie zu sehen. Dass Thore mir all diese Bilder schon so früh offen zeigt, empfinde ich in dem Moment wieder als Zeichen von Vertrauen mir gegenüber. Auf der Kamera gibt es sehr viele Fotos von ihm, die teilweise auch etwas unvorteilhaft sind. Es scheint ihm nichts auszumachen, sich so zu präsentieren wie er wirklich ist. Ich zeige ihm daraufhin auch einige ausgewählte Bilder von meinem Handy.

Thore hat immer wieder davon gesprochen, wie wichtig es für ihn ist, dass er in einer Beziehung dem anderen vertrauen kann. Mein gewonnener Eindruck von seinem doch sehr schnell gefundenen Vertrauen zu mir, wird dann jedoch von einer anderen Erscheinung infrage gestellt. Im Café zeigt Thore durch sein Auftreten und seine Körpersprache ganz viel Verschlossenheit und Ablehnung mir gegenüber. Sein Oberkörper ist immer ein wenig von mir weg gewandt, während er in seinem gemütlichen Sessel sitzt. Ich frage mich, ob er sich mit mir nicht wohlfühlt. Mich irritieren diese unterschiedlichen Verhaltensweisen sehr. Einerseits spricht er offen und überlässt mir seine Kamera, aber andererseits sehe ich seine eher distanzierte Körperhaltung.

Thore bezahlt dieses Mal die Rechnung und weil wir den Kassenzettel mit dem Code für die Schranke brauchen werden, stecke ich den Bon in meine Jackentasche. Ich schlage dann auf dem Parkplatz vor, dass ich den Pin in die Tastatur der Schranke eintippe, damit sie sich öffnet, während er das Auto dort hindurch fährt und sage neckisch zu ihm: „Lass mich aber nicht hier stehen." Es gibt daraufhin keine Reaktion von ihm. Thore war dann kurz zerstreut, weil er dachte, sein Auto schließt sich nicht auf und die Türen seien eingefroren. Doch als er merkt, dass er den Schlüssel nur falsch benutzt hatte, ist es ihm sichtlich sehr peinlich.

Diese Gefühlsregung lässt mich hoffen, dass ich ihn ein wenig aus seiner sachlichen Verfassung gebracht hatte. Ich wünsche mir, dass er nicht nur mehr Interesse an mir, sondern auch emotionale Reaktionen zu irgendetwas zeigt. Es gibt keine Anzeichen von Flirten, kein zufälliges Berühren oder etwas Ähnliches. Alles bleibt auf der sachlichen Ebene. Selbst über Beziehungsangelegenheiten spricht Thore sehr abgeklärt. Seine Äußerungen geben mir jedoch keinen Zweifel daran, dass er alles Gesagte auch ganz genau so meint. Es geht ihm nicht nur um Vertrauen, sondern auch um Harmonie und Treue in seiner Vorstellung von Zweisamkeit. Seine Einstellungen finde ich sehr passend zu meinen und ich frage mich so manches Mal, ob er Gedanken lesen kann. Seine konkreten Ausführungen, die sachlich und auch konsequent wirken, scheinen auf mich sehr anziehend zu sein. Vielleicht ist es aber auch seine stille Akzeptanz mir gegenüber und seine gut formulierten Vorstellungen, die mich so verblüffend auf eine gute Partie mit ihm hoffen lassen. Zu meinen Äußerungen, in unseren Unterhaltungen, bekomme ich keine Ablehnung oder einen Widerspruch von ihm und nehme an, dass er meine Vorstellungen einfach akzeptiert. Seine Sachinformationen geben mir allerdings immer wieder genug Raum für mein eigenes emotionales Kopfkino. Da werden viele Vorstellungen und Möglichkeiten in mir geweckt und ich kann immer weniger einschätzen, wie er emotional zu mir steht. Ich weiß nicht, ob er etwas an mir gut oder schlecht findet. Äußerungen auf mich zugeschnitten gibt es von Thore nicht.

Nachdem wir das mit der Schranke hinbekommen haben, fahren wir an diesem Nachmittag noch ein wenig umher und gehen dann ein weiteres Mal für einen kurzen Spaziergang hinaus in die Kälte. Zum Glück entscheiden wir uns dieses Mal schnell, in einem Restaurant noch etwas zu Abend zu essen. Dort sind wir die einzigen Gäste und haben das Glück, den letzten Saisontag das wunderbare Essen genießen zu können. Ab morgen gehen auch hier die Lichter über die Winterzeit aus.

Thore steigt mit mir zusammen aus, nachdem er neben meinem Auto auf dem Parkplatz angehalten hatte. Mit seinem Eiskratzer in der Hand hilft er sofort dabei, mein vereistes Auto freizubekommen. Doch auch im Inneren des Fahrzeuges hat die Frontscheibe eine dünne Eisschicht. Darum setze ich mich hinein und stelle Lüftung und Heizung an. Thore bleibt bei mir am Auto stehen und schaut ins Innere des Wagens. Er scheint sich nicht so sicher zu sein, ob er mich nun alleine lassen kann. Ich deute dies als Unsicherheit oder Sorge um mich. Darum sage ich: „Die Scheibe ist bestimmt gleich frei. Dann kann ich auch fahren. Du musst nicht unbedingt warten." Er scheint dies zu akzeptieren und wir verabschieden uns mit einem Händedruck und ohne Umarmung voneinander.

Es ist inzwischen schon gegen 21.00 Uhr an diesem Abend. Wegen eines Wiedersehens habe ich in unserer Unterhaltung klare Richtlinien angemeldet und die lauten etwa so: „Wir können uns ja immer zum Spazierengehen treffen. Das funktioniert ja ganz gut.", oder auch diese: „Am besten ist es, wenn wir gar nicht schreiben. Dann gibt es auch keine Missverständnisse." Thores sehr sachlichen Nachrichten und meine Interpretationsversuche zu diesen, gestalten unsere Unterhaltungen bei WhatsApp wenig vorteilhaft. In

Gesprächen, wenn wir zusammen sind, gibt es wiederum keine Missverständnisse, stelle ich fest. Auch an diesem Nachmittag beeindruckt mich Thore wieder sehr positiv. Die Zeit mit ihm ist so unglaublich schnell vergangen und auch mit dem wunderbaren Gefühl verbunden, im hier und jetzt zu sein. Thore wirkt auf mich sehr vertraut und ich bin nach diesem Treffen noch mehr von ihm fasziniert.

Am nächsten Morgen schreibe ich ihm.

Ich 08.01./ 7:48:

> „Guten Morgen, danke für den wieder mal schönen Sonntag. Ich habe gestern noch bis Mitternacht mit meiner Tochter telefoniert und bin jetzt hundemüde. Lass es dir gut gehen!"

Er 9:21:

> „Ich bin auch gleich eingeschlafen auf der Couch. Fand es auch wieder schön. Bis zum nächsten Mal. Gehe jetzt gratulieren im Haus zum 80. Geburtstag. Dann wechsele ich Räder am Auto. Muss den Passat fotografieren zum Verkauf. Schöne Woche."

Seinen mindestens vierzehn Jahre alten, reparaturbedürftigen Passat will Thore verkaufen. Er hatte mir davon erzählt und auch darüber gesprochen, dass er sich einen guten Preis dafür vorstellte. Wie hoch er jedoch sein sollte, sagte er mir nicht.

Ich 15:37:

> „Ich wünsche dir auch eine schöne Woche!"

Eine schöne Woche bedeutet, dass man sich womöglich so lange nichts mehr schreiben möchte. Ich finde das natürlich nicht so schön, aber ich kann ja niemanden dazu zwingen mit mir zu schreiben oder in Kontakt zu bleiben. Thore meldet sich tatsächlich fünf Tage lang nicht und ich denke, dass er sich womöglich auch nur an all meine Abstand weisenden Worte hält. Gewünscht habe ich mir jedoch, dass er ein wenig mehr Interesse zeigen würde und etwas tut, um mich weiter kennenzulernen. Es sieht leider kein bisschen danach aus.

Er 13.01./ 10:00:

Ein Bild von seiner Tochter Lene.

Mit erwartungsvollem Blick sitzt sie auf einer Holztruhe. Sie trägt ein Kleid mit blau-weißen Streifen, geschmückt mit einem Herz aus Glitzerpailletten. In der Hand hält sie eine CD oder DVD.

Mir fällt unsere Unterhaltung am Tag unseres letzten Treffens ein. Da fragte ich ihn, ob er sich auch vorstellen kann, dass wir drei, Lene er und ich mal etwas gemeinsam unternehmen. Thore meinte dazu: „Das ist mir noch zu früh", womit er natürlich recht hatte. Ich wollte lediglich wissen, inwiefern er davon überhaupt Vorstellungen hatte und wie diese aussehen würden. Leider konnte ich nichts zu meiner Zufriedenheit zu diesem Thema von ihm erfahren. Scheint eher so, als wenn er noch keine Vorstellungen dazu hatte. Nach seinen Erzählungen zu urteilen, gab es nach der Beziehung mit Lenes Mutter keine andere Frau in seinem Leben.

Dieses Bild von Lene schickt Thore mir nun ohne einen Kommentar dazu. Was soll ich damit anfangen? Lediglich weiß ich, dass das Kleid ihr Lieblingskleid ist, denn das hatte Thore mir auch erzählt. Um nun herauszufinden, was es mit dem Bild tatsächlich auf sich hat, frage ich ein wenig nach.

Ich 10:42:

„Habt ihr Fotoshooting gemacht? Mit Lieblingskleid ☺?"

Ich 10:53:

„Wollt ihr einen Film ansehen oder was hält Lene in den Händen? Ich will nachher noch zu meinen Eltern. Es ist heute Sauna geplant. Mein Neffe ist mit der ganzen Familie da. Ich

bin schon gespannt, wie groß seine beiden Kinder geworden
sind."

Er 11:10:

„Musik CD ist das. Singt gerne Weihnachtslieder. Kaufen jetzt
Neujahrskarpfen. Dann Spielplatz."

Ich 11:16:

„Viel Spaß wünsche ich euch beiden."

Die Informationen sind wieder sehr sachlich und kurz, als ob er keine
Zeit hat zum Schreiben. Seine Tochter hat Thore an jedem zweiten
Wochenende, so wie an diesem auch.

Er 14.01./ 10:31:

„Wie war Sauna, heiß? Würde ich auch mal gerne wieder
machen ☺. Zur Abkühlung dann in den kalten Bodden ☺.
Nachher gibt es lecker Karpfen. Lene hat schon gebadet.
Gestern Abend waren wir noch zum Tannenbaum abbrennen.
Bei dir heute wieder Strand?"

Ich 12:24:

„Ja, ich will gleich los. So schönes Wetter wieder mal. Das mit
der Sauna lässt sich wohl mal einrichten, irgendwann später
mal."

Nun mache ich mich auf den Weg, um bei schönstem Winterwetter
mit ganz viel Sonne einen Spaziergang am Strand zu machen. Thore
weiß von meinen Erzählungen her, dass ich es immer spannend
finde, wenn ich einen Strandübergang überquere und dann endlich
das Wasser hinter der Düne erblicke. Darum halte ich diesen Anblick
mit meinem Handy fest.

Ich 15:49:

Bild vom Strandübergang.

„So schön sah es heute aus."

Ich 15:50:

"Wenn du Lust hast, können wir in der Woche mal in die Schwimmhalle. Ich habe Dienst bis 13.00 Uhr, also nachmittags Zeit."

Er 19:26:

"Habe auch einiges zu erledigen. Aber können wir machen. Wo denn? Habe Lene jetzt immer Mittwoch und alle zwei Wochenenden."

Ich 20:47:

"Jeden Mittwoch ist sie bei dir? Wenn du Lust und Zeit hast, schlage ich Dienstag oder Donnerstag vor."

Er 15.01./ 10:40:

"Dann lieber Donnerstag. Ja, jeden Mittwoch und bringe sie Donnerstag zur Kita. Auch schön, abends keinen Druck zu haben."

Ich 14:19:

"Können diesen Donnerstag ja festhalten und dann Mittwoch noch mal schauen, ob du alles geschafft hast und zu welcher Zeit wir uns dann treffen wollen. Hatte schon jemand Interesse dein Auto zu kaufen?"

Er 17:12:

"Habe es heute schätzen lassen. Die wollten nur 25 € geben. **Morgen schaut sich ihn einer an, dem ich meinen vorherigen** auch verkauft habe, der dann sicher nach Afrika ging. Hoffentlich klappt's."

Ich 18:02:

"Viel Erfolg wünsche ich dir."

Er 17.01./ 14:13:

"Bleibt es bei morgen und wann? Schwimmbad oder auch

Sauna? Muss man was mitbringen? Mit Lene bin ich da auch gern. Sie fragt schon immer, wann wir wieder gehen. Auto hat wieder nicht richtig geklappt. Er rief vorher an und wollte nur 50 Euro geben. Verschenken will ich ihn aber auch nicht. Wenn ich Platz hätte, würde ich ihn ausschlachten. Wollte ich schon immer mal machen. Kumpel hat schon mehrere alte Skodas zerlegt."

Ich 14:29:

„Mit dem Ausschlachten, hat man da nicht zum Schluss so viel Müll übrig? Morgen können wir uns gern um 13.30 Uhr bei der Schwimmhalle treffen. Ich fahre dann gleich nach der Arbeit dorthin. Ist das in Ordnung?"

Ich 18:21:

„Ich würde auch lieber ins Schwimmbad gehen ☺."

Er 18:37:

„Okay, dann bis morgen."

An diesem Donnerstag schneit es dicke Flocken und die Temperatur ist um null Grad. Also besteht Glättegefahr und Thore meldet sich dann per SMS, dass er erst etwas später kommen wird. Ich nutze die Zeit und trinke in der Eingangshalle des Schwimmbades einen Kaffee.

In der Nacht zuvor hatte ich wieder sehr wenig geschlafen und hoffe, dass der Nachmittag mit Thore trotzdem schön wird. Nach den nur drei Stunden Schlaf in der Nacht, spielte ich schon kurz mit dem Gedanken das Treffen abzusagen. Um ihn jedoch nicht zu enttäuschen und auch weil ich ihn gern wiedersehen möchte, kämpfe ich nun ein wenig gegen die Müdigkeit an.

Thore kommt mit einer halben Stunde Verspätung an und erzählt, dass die anderen Autofahrer wegen des Schnees sehr langsam gefahren sind und er darum nicht pünktlich da sein konnte. Für mich ist es selbstverständlich, dass bei glatten Straßen langsamer gefahren wird. Nach einer kurzen Begrüßung, wieder ohne Umarmung, gehen wir direkt zur Kasse. Jeder bezahlt wortlos selbst seinen Eintritt und wir trennen uns an den Umkleidekabinen.

In der Schwimmhalle treffen wir uns vor dem Eingang des Badebereiches wieder. Für diesen Tag hatte ich mir nach langer Zeit mal wieder Kontaktlinsen zugelegt, um ohne Brille im Schwimmbad auch gut sehen zu können. Leider habe ich nicht eingeplant, dass mir eine Kontaktlinse herunterfallen könnte. Dadurch wurde sie unbrauchbar. Eine allein nutzt mir nichts und so stehe ich nun doch mit der Brille auf der Nase neben ihm. Thore schaut sich wieder alles an mir genau an und das wirkt seltsamerweise nicht unangenehm auf mich. Etwas unauffälliger und beiläufiger als er es tut, begutachte ich ihn natürlich auch. Thore hat eine normale schlanke Figur und sieht nicht gerade durchtrainiert aus. Ein klitzekleines rundes Bäuchlein lässt ihn gemütlich auf mich wirken. Seine eng anliegende Badehose ist für ihn vorteilhaft geschnitten und sieht gut an ihm aus. Besonders fallen mir die viele Muster auf seinem gesamten Oberkörper auf, die die vielen Leberflecken dort ergeben und ich bin davon sehr abgelenkt, weil ich diese ständig ansehen muss. Da ich ihn nicht so viel anstarren möchte, nehme ich mir vor, seine Leberflecken zu einem späteren Zeitpunkt genauer anzusehen. Er sieht jedoch mich immer wieder kurz und intensiv an. Ich fühle mich irgendwie jedoch weiterhin wohl dabei, denn es gibt in keiner Form ein Anbaggern oder irgendwelche provokative Handlungen oder Äußerungen von ihm. Ich scheine ihm so zu genügen. Seit ich vor einem halben Jahr das Rauchen aufgegeben hatte, sind es nun ein paar Kilo mehr auf der Waage. Bei meiner Körpergröße fällt das zum Glück nicht so auf, aber ich würde die Kilos natürlich gern wieder loswerden und hoffe, dass es mir im Frühjahr mit etwas mehr Bewegung gelingen wird. Wir verbringen an diesem Nachmittag die Zeit abwechselnd in den unterschiedlichen Badebereichen der Schwimmhalle. Ich merke heute nicht nur Thores sehr starke Anziehung, sondern auch, dass er etwas Erdendes an sich hat. Sicher sind es seine Sachlichkeit und sein konsequentes Auftreten, wenn er sich denn gerade selbst schlüssig darüber ist, was er möchte. Ich frage mich immer wieder, was in seinem Kopf vor sich geht. Ganz viele Signale, die auf großes Interesse an mir schließen lassen, aber auch eine gewisse Distanz und sogar Schutzhaltung kann ich hin und wieder erkennen. Auf mich wirkt er jedoch keineswegs schüchtern. Was es mit seinem Verhalten und Auftreten allerdings auf sich hat, kann ich nicht verstehen und so lässt Thore meine Neugier nur noch mehr wachsen. Die Gespräche mit ihm sind wieder sehr ausgelassen und faszinierend. Seine sachlichen Erzählungen ohne emotionale Höhepunkte, in Verbindung mit der schönen Stimme, machen es für mich bald wieder schwer, seinen Ausführungen folgen zu können. Ich muss mich zusammenreißen und ihm besser zuhören! Die Zeit in der Schwimmhalle ist gefühlt wieder viel zu schnell zu Ende und wir müssen letztendlich etwas dazu zahlen, weil wir die gebuchten drei Stunden überschritten haben.

Draußen auf dem Parkplatz äußere ich nun meinen Wunsch, nach Hause fahren zu wollen. Thore ist darüber sehr enttäuscht, denn er wäre gern mit mir zusammen noch etwas im Restaurant essen gegangen. Ich bleibe bei meinem Vorhaben, das Treffen wegen meines Schlafmangels zu beenden. Nun verabschieden wir uns voneinander und wieder kommt Thore mir nicht näher, wie es den ganzen Nachmittag auch schon war. Es gibt keine zufällige oder gewollte Berührung und auch wieder keine Umarmung. Tatsächlich traue ich mich dann, ihm einen kurzen Kuss auf die Wange zu geben. Seine Reaktion darauf ist leider kein Erwidern meines Annäherungsversuches. Thore steht wie versteinert da und sagt nichts. Ich bin sehr irritiert und dieses Gefühl hält auch nach unserer Trennung noch lange an.

Doch mein Interesse an Thore ist nun noch mehr gewachsen und es scheint so, als ob ich dieses Unbekannte an ihm unbedingt entdecken möchte. Hätte ich es lieber sein lassen sollen, ihn zu küssen? Was ist mit dem Mann verkehrt oder anders? Wer weiß, vielleicht ist er ja der verzauberte Prinz, den ich erst wach küssen muss. Doch ohne solche fantastischen Gedanken, hoffe ich einfach, dass er nur mehr Zeit als andere Männer braucht, um sich emotional zu öffnen.

Thores Interesse an mir zeichnet sich dadurch aus, meinen Wohnort bei Google Maps zu finden und nach einem Aufsitzrasenmäher für mich im Internet zu suchen. Dabei schaut er beim Hersteller Güde, den ich schon als etwas hochwertiger einstufen würde mit seinen Produkten und Preisen.

Thore ist außerdem sehr interessiert daran, wie ich wohne. Das sagte er mehrmals bei unseren Treffen und so verabreden wir uns für den kommenden Sonntag bei mir zu Hause.

Er 18.01./ 18:47:

> „Bin wieder gut angekommen, was zu erwarten war. Dann bis Sonntag, liebe Grüße."

Ich 18:50:

> „Dann bis Sonntag ☺."

Er 19:16:

> „Für 1800 € sind zwei drin. Ist das zu günstig?"

Ich 19:18:

> „Was meinst du, einen Aufsitzrasenmäher? Da kann ich mir ja gleich einen neuen kaufen!"

Er 19:20:

> „Ja? Was kostet sowas denn neu?"

Ich 19:20:

> „Zwischen 600 und 3500 Euro. Kommt ganz darauf an welche Marke."

Er 21:17:

> „Ich meinte Güde, du vielleicht MTD?"

Ich 19.01./ 05:53:

> „Genau, einen von MTD hatte ich vorher. Ist eigentlich ganz gut und robust. Mit Güde habe ich keine Erfahrungen. LG."

Er 10:25:

> „MTD war hier Sieger beim Vergleich von Zehn. Neu kostet ca. 1800 Euro. Gebraucht habe ich nicht weitere gefunden in näherer Umgebung. Ist wohl auch Saisonartikel."

Ich 13:47:

> „Ich denke mal auch, dass im Winter nicht so viele Angebote sind. Danke trotzdem fürs Schauen ☺."

Ich 21:12:

> „Mit welcher Freundin triffst du dich morgen eigentlich? Eine neue oder eine Ex?"

Er 22:03:

> „Der aus Schwerin."

Von der Ex-Freundin aus Schwerin hatte er mir inzwischen viel erzählt und ich kann mir ein vages Bild von ihrer jetzigen Freundschaft machen. Er redete davon, dass sie sich ab und zu zum Essen trafen, wenn sie wohl in seinem Wohnort zu tun hatte.

Hauptsächlich jedoch sprach er von ihren Eigenschaften als Mensch und dass er über Freundschaften zu Ex-Partnerinnen sehr froh ist. Diese kennen ihn gut und er wollte diese guten Kontakte wohl nicht verlieren. Es erscheint mir jedoch auch so, dass sie für mich keinen Grund zur Eifersucht darstellen könnte. Ganz sicher bin ich mir jedoch nicht, ob Thore womöglich auch mehrgleisig fährt.

Am Sonntagmittag, bevor er sich zu mir auf den Weg macht, schreibt er mir.

Er 21.01./ 10:52:

> „Brauchst du einen Taschenkalender mit Stift A6? Mache jetzt Frühstück."

Ich 11:11:

> „Oh nein, ich habe schon drei. Danke, dass du an mich gedacht hast. Bis nachher ☺."

Er 11:42:

> „Fahre jetzt los. Bis gleich!"

Ich 11:50:

> „Bis gleich!"

Pünktlich gegen dreizehn Uhr kommt er bei mir zu Hause an, ohne dass ich ihm eine Wegbeschreibung geben musste. Auf dem Brief, den ich an Thore vor dem Jahreswechsel geschrieben hatte, hinterließ ich meine Adresse und die nutzt er jetzt scheinbar, um zu mir zu finden. Wenigstens ist der Brief dazu gut gewesen. Meine Frage bei unserem letzten Treffen, was er dachte, als er ihn las, beantwortete er mit einem Schulterzucken. Ich finde es schon seltsam, dass er sich dazu nicht ein einziges Mal äußerte.

Hier bei mir zu Hause, ist Thore an Allem sehr interessiert und fängt auch gleich damit an, alles unverblümt zu kritisieren. Seine Kritik beginnt schon im Flur. Dort äußert er, dass ihm die Farbe der

44

Tapeten und die Decke mit den Paneelen überhaupt nicht gefallen. Auch im Bad und im Schlafzimmer bemängelt er sehr viel und ich bekomme schnell das Gefühl, dass er kein gutes Teil an meinem Haus finden wird. Da er, wie er es oft genug betonte, Holz sehr liebt, wertet er die neuen Fenster aus Kunststoff sehr stark ab. Die Innentüren müsse man auch auswechseln und die verschiedenen Modelle von Lichtschaltern und Steckdosen ebenso. Er bringt all seine Äußerungen sehr überzeugend herüber, dass ich mich davon sehr verunsichern lasse. Im Flur gefallen ihm dann doch tatsächlich die Mosaikfliesen etwas. Als gut äußert er, dass es ein Nebengebäude zum Haus gibt und die schon renovierte Wohnküche findet er auch ganz okay.

Ich hätte auch gern alles neu und renoviert, aber freue mich sehr über kleine Veränderungen, die ich bisher immer nach meinen Möglichkeiten geschafft hatte. Seine Äußerungen finde ich sehr anmaßend und sie machen mich sehr traurig. Dass er das von mir mühsam Erreichte nicht würdigt, sondern mit seiner Kritik alles ganz klein macht, verletzt mich sehr. Umso unsicherer bin ich mir darüber, wie ich reagieren soll auf solche harten Worte. Ich frage Thorc dann, ob er nicht gleich das ganze Haus abreißen würde, weil ja alles so miserabel ist. Doch er antwortet darauf nichts. In meiner Wohnküche stehend, die ihm ja etwas besser gefällt, diskutiert er dann tatsächlich mit mir darüber, ob in meinem renovierungsbedürftigen Schlafzimmer später eine Fußbodenheizung eingebaut wird oder nicht. Ich erzähle ihm, dass ich keine Fußbodenheizung geplant habe und ich das auch nicht ändern werde. Er will mir unbedingt einreden, dass sie dort hineingehört. Mich ärgern seine blöden Urteile und sein Einmischen in meine Angelegenheiten, denn das finde ich zu diesem Zeitpunkt viel zu früh. Ich frage ihn dann nach seinen unglaublichen

Äußerungen direkt, ob er vorhat bei mir einzuziehen. Daraufhin schaut er mich etwas verdutzt an und sagt aber wieder nichts. Nicht nur meinen Ärger über seine heftige Kritik gebe ich klar zum Ausdruck, sondern auch meine Enttäuschung und Demütigung, die seine Worte in mir auslösen. Thore rechtfertigt sich nun: „Ich möchte ja nur, dass du es hier schön hast." Wie er zu solchen hohen Ansprüchen kommt, obwohl er schon lange erwerbslos ist, ist mir rätselhaft. Ob er ein wenig an der Realität vorbeilebt oder ob Mutti all seine hochgesteckten materiellen Bedürfnisse bedient? Ich ahne eine komplizierte Mischung aus verschiedenen Dingen.

Irgendwann an diesem Tag fragt er mich aus heiterem Himmel: „Du suchst jemanden, der bei dir einzieht?" Seine Frage wirkt für mich schon sehr zukunftsorientiert und ich finde sie unangebracht. Vielleicht sollte er mich erst mal besser kennenlernen. So fällt meine Antwort nun auch etwas genervt und ironisch aus: „Ich kann auch bei dir einziehen und hier machen wir alles schick und vermieten das Haus dann." Thore widerspricht mir nicht und er sagt auch sonst wieder kein Wort dazu. Ich sehe in seine aufgerissenen Augen, die nun ein wenig starr schauen. Mir eine passende Antwort zu geben, scheint ihn zu überfordern. Diese Art und Weise trägt für mein Empfinden wenig dazu bei, sich besser kennenzulernen.

Ich wohne nun schon einige Jahre in diesem etwas älteren Haus und habe immer nach meinen Möglichkeiten daran etwas erneuert und verändert. Anfangs hatte ich das ziemlich große Grundstück aufwendig verschönert. Viele defekte Zäune, alte Fundamente, Steine und Baumwurzeln verschwanden. Inzwischen verschönern Rasen, Blumen, Büsche und Bäume nun das Außengelände. In den letzten Jahren wurde dann mit größerem Aufwand ein Teil des Hauses saniert. Bis hierhin war ich immer sehr zufrieden und stolz auf mein

Erreichtes. Nun kommt ein Thore daher und macht all das mit seiner Nörgelei zunichte. Er schafft es nicht nur mich sprachlos zu seinem Auftritt zu machen, sondern stimmt mich wirklich sehr traurig. Ich weiß nicht, warum ich mich nicht richtig gegen seine Angriffe zuwehr setzen kann. Es ist ihm egal, was ich ihm dazu sage und welche Emotionen und Reaktionen seine Worte bei mir bewirken. Vielleicht sollte ich ihn einfach vor die Tür setzen. Doch als wir dann beide auf dem Sofa sitzen, versuche ich ihm zu erklären, wie viel harte Arbeit das bisher erreichte mit sich brachte. Nun bietet Thore mir seine Hilfe an. Er will mit mir zusammen den alten Gänsestall abreißen und auch bei anderen Arbeiten helfen. Mal sehen, was daraus wird.

Thore erzählt dann über seine eigene Wohnsituation, nachdem ich ihn gefragt hatte. Sein Haus gehört ihm gemeinsam mit seiner Mutter und seiner Schwester. Insgesamt gibt es acht Wohnungen darin und sechs davon sind vermietet. Er selbst bewohnt die Dachgeschosswohnung und seine Mutter eine im Erdgeschoss. Die Schwester lebt jedoch mit ihrer eigenen engen Familie in Hessen. Zum Thema Wohnen diskutieren wir dann noch ein wenig über unsere sehr unterschiedlichen Wertevorstellungen. Ich verstehe immer mehr, dass Thore scheinbar durch das Vermieten der Wohnungen mit seiner Mutter finanziell gut abgesichert scheint. Womöglich ist er deshalb auch nicht bestrebt einer Arbeit nachzugehen. Als er jedoch schon mal zuvor über seine Arbeitslosigkeit erzählte, hatte ich eher den Eindruck, dass er es als Belastung ansieht, nicht ins Arbeitsleben zu finden. Ich hoffe, dass ich diese Mischung aus nicht wollen und nicht können irgendwann verstehen werde.

Immer wieder bekomme ich das Gefühl, dass sein Interesse für mich als Frau nicht sehr groß zu sein scheint. Was will er eigentlich von mir? Es gibt keine Umarmungen und keine emotionalen oder körperlichen Annäherungen. Ich werde immer ungeduldiger, denn aus meiner Sicht verstehen wir uns trotz der Unterschiede doch irgendwie recht gut. Thore dreht sich immer noch oft weg von mir und hält so eine gewisse Distanz, die zu seinen Worten und seinem Auftreten nicht passen. Sein Verhalten in Bezug auf unser Kennenlernen ist für mich neu. Ich möchte von seinen Eigenarten, Vorlieben und Gefühlen etwas erfahren und nicht hören, was er zum nächsten Sachgegenstand wohl zu sagen hätte.

Thore schlägt vor, an diesem Nachmittag noch irgendwo hinzufahren, um etwas zu unternehmen. Wir fahren mit seinem Auto in einen nahe liegenden Ort. Draußen ist es inzwischen sehr nebelig und es scheint so, als wenn auch hier alle Gaststätten Winterpause machten. Doch direkt am Hafen finden wir ein geöffnetes Café. Leider ist dort inzwischen der Kuchen ausgegangen und so bestellen wir uns was Warmes zu trinken und dazu Bratapfel. Dieser schwimmt in einer Soße aus Zuckerwasser, flüssiger Sahne und Eierlikör. Ich finde ihn nicht sehr appetitlich und auch nicht schmackhaft. Darüber verliere ich jedoch kaum ein Wort und esse nur sehr wenig davon. Thore isst wiederum alles auf, obwohl es ihm auch nicht so gut schmeckt. Er äußert dann, dass ich wohl etwas mäkelig sei. Scheinbar kann er dabei nur schwer akzeptieren, dass ich etwas vom Essen in dem Becher zurücklasse.

Als wir dann wieder bei mir zu Hause sind, schauen wir uns Bilder auf meinem Laptop an und ich erzähle ihm dazu etwas. Hauptsächlich zeige ich ihm Schnappschüsse von den Umbauarbeiten an meinem Haus und auch Bilder von Urlaubsfahrten mit meinen Kindern Sara und Frances. Am Abend essen wir den von mir vorbereiteten Braten, der zu meiner Peinlichkeit etwas nüchtern geworden ist. Ich hatte ihn wohl am Vortag zu viel gestreckt, weil er ursprünglich versalzen war. Als Beilagen gibt es Bohnen und Kartoffeln. Zu nüchterne Speisen beim ersten gemeinsamen Essen in der eigenen Wohnung zu servieren, ist nicht gerade schön, aber es passiert. Auch dass der Gast es sofort unverblümt bemängelt, wird in so einer Situation auch nicht jeder bringen, aber Thore schon. Im Kritisieren und Austeilen ist er schnell und richtig gut. Ich bin mal gespannt, ob er auch Kritik einstecken kann. Die selbst gekochte Rote Grütze war mir jedoch sehr gut gelungen und ich kann scheinbar mit dem Nachtisch bei ihm ein wenig punkten.

Nach dem Essen setzen wir uns direkt vor den Fernseher und lassen erst mal alles auf dem Esstisch stehen, um uns gemeinsam den Tatort anzusehen. Das ist ihm scheinbar sehr wichtig, diesen am Sonntagabend nicht zu verpassen. Auch die Namen von allen Schauspielern stehen in seinem Fokus. Es kommen ständige Äußerungen darüber, wie die einzelnen wichtigsten Darsteller wohl heißen mögen. Dabei testet er immer wieder, ob auch ich den Namen weiß. Mein Interesse an Prominenz ist sehr gering und leider kann ich bei seinem Wissen diesbezüglich nicht mithalten. Ich bin froh, wenn ich mir Namen von Menschen merke, mit denen ich etwas zu tun habe. Er hat nicht nur hohe Ansprüche, was Materielles betrifft, sondern auch ein großes Interesse an berühmten oder reichen Personen. Wieder diese komische Mischung aus einer Orientierung an gut betuchten Leuten und kein eigenes Engagement in ähnlicher Richtung.

Über sein eigenes Leben erfahre ich, dass die Mutter seinen Urlaub und auch sein Auto bezahlt. Auch ist es seine Mutter, die den Schriftkram für die vermieteten Wohnungen und die eigenen Häuser erledigt. Mit seinem Studium in Betriebswirtschaft müsste es doch ein

Leichtes für ihn sein, solche Dinge zu erledigen. Ich äußere diese Gedanken nicht und auch Thore verliert in keinster Weise eine entsprechende Anmerkung. Darum denke ich tatsächlich, dass er seine Mutter in dieser Hinsicht nicht unterstützt. Er hätte es mir sonst sicher längst erzählt. Des Weiteren kocht seine Mutter viel, weckt Gemüse und Obst aus dem Garten ein und ist mit einer kranken Hüfte gebeutelt. Mag sein, dass es nur die Liebe zu seiner Mutter ist, die ihn dazu bewegt sie so positiv darzustellen, doch ich frage mich auch, ob er nicht auch ein verwöhntes Muttersöhnchen sein könnte? Er selbst schätzt sich als sensibel ein. Sicher ist er das, wenn es um ihn geht. Mir gegenüber ist er so bisher nicht aufgetreten.

Wir trinken an dem Abend Wein, den Thore von seiner Reise zur Schwester mitgebracht hatte. Dazu sagt er: „Ich habe mal was zum hörig machen mitgebracht." Was das wieder soll? Ich nehme es in keinster Weise ernst. Er macht jedenfalls nicht den Eindruck, als dass ich seinen Verführungen bald erliegen könnte. Sein Auftreten bleibt weiterhin emotional bedeckt. Ich kann somit seinen Worten keinerlei ernsthafte Bedeutung geben und stecke sie eher in die Schublade des schlecht gelungenen Humors.

Draußen ist es immer noch sehr nebelig und Thore hatte meines Erachtens dann zu fortgeschrittener Stunde zu viel Wein getrunken, um noch mit dem Auto fahren zu können. Obwohl ich bei ihm keine Wirkung des Alkohols bemerke, schlage ich vor, dass er besser bei mir übernachtet. Natürlich würde er dann auch oben im Gästebett schlafen, teile ich ihm mit. Thore antwortet auf meinen Vorschlag: „Ich will aber bei dir schlafen." Ohne mit ihm zu diskutieren, stimme ich komischerweise seinem Wunsch zu. Meine Intuition sagt mir, dass ich nichts zu befürchten habe und ich hoffe sogar, dass wir uns so vielleicht etwas näher kommen. Als wir dann zusammen schlafen gehen, ist der weitere Verlauf jedoch anders als in meiner Vorstellung. Thore dreht sich um und teilt mir mit: „Wenn ich schnarche, kannst mich anstoßen." Dann kuschelt er sich in seiner Ecke vom Schlafsofa ein und schläft sofort.

Ich bleibe noch lange wach. Wieder weiß ich nicht so recht, ob es Desinteresse an mir ist oder was mir hier Unbekanntes abläuft. Thore irritiert mich weiterhin, denn so etwas habe ich noch nie erlebt und so weiß ich nicht, welche Wertung ich dem geben sollte. Vielleicht gehört das auch zu seinem Plan, mich hörig machen zu wollen, in dem er mir alles verweigert und mir immer nur kleine Happen gibt. Meine Gedanken schwirren immer wieder ohne Einklang mit meinem Bauchgefühl hin und her. Soll ich mit ihm weiter machen oder lasse ich lieber die Finger von ihm? Doch Thore hat eine sehr starke anziehende Wirkung auf mich und ich wüsste zu gern, ob es ihm auch ein wenig so geht und ob ich seine abweisenden Signale ernster nehmen sollte. In meiner Vorstellung laufen jedoch schon seit einigen Tagen sogar erotische Filme ab. Meine Fantasie treibt mit mir weiterhin komische und irritierende Spielchen. Während meiner langen wachen Zeit in dieser Nacht beobachte ich Thore beim Schlafen. Er liegt ruhig und schnarcht zum Glück nicht. Es erscheint mir, als ob er sehr tief schläft und ich kann das irgendwie nicht richtig nachvollziehen.

Gegen acht Uhr am Morgen stehe ich auf und gehe unter die Dusche. Thore regt sich etwas und scheint jedoch noch zu schlafen. Während der Wasserkocher dann lauthals sein Werk verrichtet, gehe ich zu ihm, um ihn zu wecken. Mit ein wenig körperlicher Annäherung, küsse ich ihn auf die Stirn. Als er dann wach wird, schaut er mich mit einem kühlen Blick an. Er macht jedoch sofort einen ausgeschlafenen Eindruck. Ein Erwidern meiner Zärtlichkeit mit einem Kuss auf die

Wange oder auch nur mit einer Umarmung erwarte ich wieder vergebens. Zeitnah steht Thore dann auch auf und wir essen gemeinsam Frühstück, was ich als sehr schön und harmonisch empfinde. Es gibt auf seinen Wunsch hin für uns beide ein Schokomüsli mit Quark und Äpfeln. Obwohl wir nicht allzu viel Zeit an diesem Morgen haben, verabschiede ich mich gefühlt in aller Ruhe von ihm. Irgendwie lässt mich meine Unsicherheit dann fragen: „Sehen wir uns noch einmal wieder?" Er antwortet: „Ja, nächste Woche reißen wir den Gänsestall ab." Meine Frage ist damit beantwortet und ich gebe ihm einen Abschiedskuss, den er sogar ein ganz klein wenig erwidert oder besser gesagt er nimmt ihn an, ohne wieder dabei zu erstarren. Wir fahren beide los. Ich zur Arbeit und er nach Hause.

Thores Auto machte am Tag zuvor komische Geräusche in der Hinterachse und ich möchte sicher gehen, dass er gut zu Hause angekommen ist. So schreibe ich in meiner Mittagspause eine Nachricht an ihn. Die Antwort ist dann, wie gewohnt, kurz und sachlich.

Ich 22.01./ 12:50:

> „Hat dein Auto dich gut nach Hause gebracht?"

Er 12:57:

> „Ja, alles gut geklappt. Bin über die Dörfer gefahren."

Er 23.01./ 11:15:

> „Hi, ich habe Lene zweite Ferienwoche, vom 10.2.-17.02. Also ginge auch davor was zu schaffen. Oder soll vielleicht der Eichenschrank in die Garage? Um was reinzustellen, Marmelade oder Übertöpfe?"

Wir sprachen von den Veränderungen in meinem Haus, bei denen Thore mir helfen möchte und dazu gehört das zukünftige

Schlafzimmer auszuräumen. Schon bevor wir uns begegnet waren, hatte ich damit angefangen und konnte einige der alten Schränke verkaufen. Den Rest, den ich nun nicht mehr loswerde, will ich als Sperrmüll entsorgen. Nun möchte ich Thores angebotene Hilfe gern annehmen. Dabei versuche ich seine sicher nur gut gemeinten, etwas absurden Vorstellungen zum Thema Sanieren und Renovieren nicht so verbissen zu sehen. Jeder kann ja nach seinen Vorstellungen und Möglichkeiten sein Umfeld gestalten. Ich werde das jedenfalls nach meinen eigenen tun. Im Zimmer steht nun noch ein alter Eichenschrank, den Thore zu gut findet, um ihn einfach nur zu entsorgen. Deshalb äußert er den Vorschlag, ihn in den Schuppen zu stellen. Ich mag diesen Schrank jedoch nicht, denn er ist sehr sperrig und unpraktisch. Er wird definitiv zusammen mit den anderen alten Möbelstücken auf dem Sperrmüll landen. Als Wunschtermin schreibe ich in die Antragskarte der Entsorgungsfirma einen Montag im Februar. An dem Wochenende davor meinte Thore, dass er mir dann mit dem Heraustragen der Möbel helfen würde.

In Bezug auf den geplanten Abriss der alten Gänsebehausung, denkt Thore sogar daran, den Akku meines Akkuschraubers aufzuladen. Ich hatte ihn lange nicht mehr benutzt. Über Thores Engagement bin ich sehr froh und ich werde nicht nur zuversichtlicher, dass ich tatsächlich mit seiner Hilfe rechnen kann, sondern auch hoffnungsvoller, dass sich zwischen uns eine positive Beziehung entwickeln könnte.

Thore schreibt mir immer wieder mal, was er am jeweiligen Tag mit Lene zusammen unternommen hatte. Auch dass er seine Mutter ins Krankenhaus zu der geplanten Hüftoperation brachte, teilt er mir mit.

Ich 28.01/ 15:50:

> „Dann sind heute alle weg und du bist abends allein. Bei mir gab es gestern mit den Nachbarn etwas viel Wein und Obstler.

Heute habe ich noch die Obstbäume weiter geschnitten und sitze jetzt vor dem Fernseher."

Er 19:26:

"Ja alle abgegeben. Bin nun allein. Mittwoch hole ich Lene wieder ab. Jetzt noch Stulle, gleich Tatort."

Ich 19:56:

"Wann sehen wir uns wieder?"

Er 20:14:

"In der Woche lohnt wohl nicht, oder? Vielleicht Freitag?"

Ich 20:52:

"Ich denke, dein Interesse an mir als Person hält sich in Grenzen und ich möchte nicht, dass du denkst, du müsstest mir irgendwie helfen. Vielleicht können wir mal tatsächlich miteinander reden. Nicht nur über Fakten, sondern darüber, was dich bewegt. Mir liegt sehr viel daran."

Was ich irgendwie schon erwartete, tritt nun ein und Thore antworte nichts. In meinem Kopf stecken nicht nur die Fragen, wann und ob ich ihn wiedersehe, sondern auch viele Fragen nach seiner Einstellung zu mir. Meine Ungeduld wird von ihm sehr strapaziert. Doch intuitiv versuche ich ihn dann wieder etwas zu fragen, was mir ganz sicher eine Antwort beschert. Ich wechsle einfach das Thema und schiebe die Gedanken bezüglich meiner letzten Nachricht zur Seite.

Ich 29.01./ 16:09:

"Hey, ist die Operation gut verlaufen, oder weißt du noch nichts?"

Er 16:29:

"Ist zur Beobachtung auf Intensivstation. Hat länger gedauert als gedacht. Kann morgen erst zu Besuch. Hast du deinen Entsorgungstermin schon? Ist der Akku voll?"

Ich 16:30:

> „Ich habe noch keine Antwort von der Entsorgungsfirma erhalten. Bis dahin ist der Akku wohl wieder alle."

Ich 18:53:

> „Um noch mal deine gestrige Frage zu beantworten. Diese Woche arbeite ich bis 13.00 Uhr und für mich würde sich ein Treffen immer lohnen ☺. Jetzt geht es gleich zum Chor und für die anderen Tage habe ich Einkaufen und Schwimmen geplant. Mittwoch ist in der Kita Versammlung. Wenn Freitag für dich in Ordnung ist und du noch ein wenig Interesse hast, können wir uns treffen. Was wollen wir dann machen? Zwei Flaschen Wein trinken? Was machst du so die Woche?"

Er 20:10:

> „Ich fahre morgen Mutti besuchen. Mittwoch habe ich Lene, werden auch ins Krankenhaus fahren. Könnten vielleicht auch Donnerstag treffen. Dachte nur, Freitag würde sich mehr lohnen."

Thore hatte mir oft genug vermittelt, dass ihm seine Familie sehr wichtig ist. Doch irgendwie sieht es nicht so aus, als wenn ich in seinem Leben überhaupt einen Platz finden könnte. Vielleicht braucht er auch nur noch etwas mehr Zeit, um sich emotional zu öffnen. Um etwas von möglichen weiteren Vorstellungen und Einstellungen zum Thema Beziehung zu erfahren, hatte ich so manches Mal versucht eine Unterhaltung mit ihm darüber zu beginnen. Leider ist mir das bisher nicht gelungen, ein solches Gespräch zustande kommen zu lassen. Von Thore gibt es nie eine erkenntnisreiche Aussage, die unserer Beziehung einen roten Faden verleihen würde oder den momentanen Beziehungsstand klar erkennen lässt. Bei unserem ersten Treffen hatte er mir all seine Vorstellungen, was

Beziehung angeht mitgeteilt und um nun herauszufinden, ob sich diese gemeinsamen Ansprüche auch zwischen uns gestalten lassen, funktioniert seltsamerweise nicht. Es ist keine Konversation nach meinen Vorstellungen mit ihm möglich. Für mich entstehen so immer weitere Fragen und Ungereimtheiten. Wann werde ich Antworten bekommen? Meine Ungeduld wächst und spornt mich nun sogar an, im weiteren Nachrichtenverlauf etwas mehr Gas zu geben. Ich versuche nicht nur eine Einigung über unser nächstes Treffen mit ihm hinzubekommen, sondern heize ihn noch ein wenig mit meinen Texten an.

Ich 20:12:

> „Wir können uns ja dann Freitag treffen. Was wollen wir machen? Zwei Flaschen Wein trinken? Schlafen, Kuscheln, Sex?"

Er 22:02:

> „Hört sich gut an. Weiß gar nicht, ob ich das noch kann in dieser Reihenfolge. Muss aber nicht. Vorher Stall abreißen."

Ich 22:04:

> „Das waren ja nur Vorschläge. Was möchtest du?"

Er 22:06:

> „Ja, machen wir so. Tolle Vorschläge. Gute Nacht, musst früh raus."

Ich 22:12:

> „Sex fällt definitiv aus. Wollen wir mal schön die Reihenfolge einhalten! Gute Nacht ☺."

Er 30.01./ 09:58:

> „Kein Problem, bin ich ja gewohnt. Ich helfe dir gerne beim Abreißen, ohne Zwang. Erwarte auch nichts dafür."

Ich 17:16:

„Danke, das ist sehr schön. Wie geht es deiner Mutter?"

Er 19:22:

„Soweit gut. Wird ein längerer Genesungsprozess. Ist wieder auf Normalstation."

Dann wünschen wir uns noch gegenseitig eine gute Nacht und am nächsten Tag versuche ich ihn weiter aus der Reserve zu locken. Gespannt auf seine Reaktion und voller Freude schicke ich ein Bild.

Ich 31.01./ 15:37:

Eine Strichfrau, die einen Einkaufswagen mit Herzen darin vor sich herschiebt.

„Ich gehe morgen einkaufen. Wie viel soll ich davon mitbringen ☺?"

Er 19:46:

„Reichlich wäre schon gut."

Ich 01.02./ 15:45:

„Bleibt es bei morgen, dass du zu mir kommst und wann? Ich habe ganz viel Liebe mitgebracht ♥."

Er 20:11:

„Ja, bleibt bei morgen. Also sollte ich doch duschen ☺. Bringe Apfelmus und Äpfel mit. Soll ich auch Kuchen zum Kaffee mitbringen? Und dann wird abgerissen, soll nur schneien. Hoffe, du hast einen Schlitten. Könnte auch halb zwei da sein oder etwas später?"

Ich 20:42:

„Duschen kannst du auch nach der Arbeit hier. Zum Kaffee habe ich Kuchen da. Brauchst du keinen mitzubringen! Du kannst halb zwei da sein, aber eher etwas später als früher. Sonst bin ich wieder gleich so durcheinander. Bis morgen.

Ich freue mich ☺."

Er 20:42:

„Bis morgen, freue mich auch."

Nun ist es für ihn definitiv und unmissverständlich klar, dass ich auf ihn stehe. Ich habe es ihm nun nicht nur gesagt, sondern auch noch geschrieben, dass er mich durcheinander bringt, weil ich ihn ganz toll finde. Wie es bei ihm aussieht, weiß ich leider immer noch nicht.

Er 02.02./ 13:20:

„Ich fahre jetzt los, geduscht und rasiert ☺."

Wie auch immer er das nun meint. Wir wollen arbeiten und aus meiner Sicht ergibt es wenig Sinn, sich vorher zu duschen. Hat er eine Bartrasur oder eventuell eine Intimrasur gemeint? Ich bin wirklich sehr gespannt. Jedoch zweifle ich keineswegs daran, dass unser gemeinsames Abrissprojekt wegen anderer Interessen heute nicht umgesetzt wird. Doch diese Frage, ob es eine mögliche Annäherung seinerseits geben wird, lässt mich wieder in mein eigenes Kopfkino geraten. Ich habe weder eine Vorstellung davon, wie seine Gefühlswelt aussieht, noch habe ich eine Ahnung, wie eine körperliche Annäherung seinerseits aussehen würde. Bisher kam er mir in keinster Weise näher. Nicht eine kleine, noch so zufällige Berührung gab es und auch keine Umarmungen oder gar einen Kuss. Welche Berührungen mag er gern? Küsst er gern? Wie küsst er? Viele solche Fragen kommen auf und lassen mein Kopfkino immer wieder verrücktspielen. Die Spannung steigt in mir unweigerlich an. Als Thore pünktlich bei mir ankommt, bringt er wieder etwas mit. Äpfel aus ihrem Garten, Apfelmus von seiner Mutter und eine Flasche Dornfelder von dem Weingut in Hessen. Es gibt zu meiner Überraschung heute sogar eine kurze Umarmung von ihm bei unserer Begrüßung. Wir unterhalten uns bei Kaffee und Tee noch ein wenig, bevor wir mit der Arbeit beginnen. Thore spricht von der Operation seiner Mutter, der Intensivstation und wie es ihr jetzt geht. Der Eingriff hatte etwas länger, als geplant gedauert. Nun geht es ihr wohl den Umständen entsprechend.

Gegen halb vier legen wir los und reißen den Gänsestall ab. Das geht richtig gut mit Thore zusammen. Ich räume den ganzen Müll irgendwo hin und er reißt die Wände und das Dach ab. Im etwa ein Meter hohen Gänsestall lagern verschiedene Gefäße, Briketts und Kalksäcke. Den Kalk verteile ich auf dem Rasen und die verschiedenen Gefäße sortiere ich im Nebengebäude meines Hauses ein, während Thore die Mauern abreißt und das Holzdach auseinander schraubt. Dabei unterhalten wir uns immer wieder mal und es macht sehr viel Spaß etwas gemeinsam mit ihm zu schaffen. Als es beginnt dunkel zu werden, schlage ich vor, die Arbeit zu beenden. Thore ist jedoch hartnäckig und will unbedingt noch weiter machen. Mir gefällt sein Ehrgeiz sehr. Ich freue mich über seine Hilfe und unseren schnellen gemeinsamen Erfolg. Erst gegen halb sechs beenden wir dann die Arbeit.

Wir trinken nun nochmals Kaffee und Tee und essen dazu den Quarkkuchen mit Herzchen darauf, den ich am Tag zuvor gebacken hatte. Die Herzen als ein Symbol für Liebe, die ich vom Einkaufen mitgebracht habe, wie ich es bei WhatsApp schrieb, spreche ich jetzt nochmals in einer humorvollen Weise an. Wieder bekomme ich von Thore keine Reaktion darauf.

Während wir anschließend auf der Couch herumlungern, erzählen wir ein wenig über belanglose Fakten. Ein paar meiner Fragen bekomme ich in dieser Unterhaltung auch mehr oder weniger beantwortet.

Thore erzählt mir, dass er seine Mutter ja bei früheren Krankenhausaufenthalten täglich besucht hatte. So frage ich ihn, was er ihr denn erzählt, weshalb er heute nicht zu ihr kommt. Thore antwortet, dass sie von mir weiß. Ich frage ihn dann: „Was erzählst du ihr denn so von mir?" Er antwortet: „Na was du so machst und so." Genaueres erwähnt er dabei nicht. Eine weitere Frage von mir betrifft sein Interesse an körperlicher Zuwendung. Ich frage ihn, ob er nicht so gern küsst, weil er es nie tut und er meine auch nicht erwidert. Er antwortet: „Ich bin noch nicht so weit." Innerhalb meiner 47 Lebensjahre habe ich schon einige Männer kennengelernt, aber irgendwas ist mit diesem hier anders. Ich weiß nicht, ob er tatsächlich noch Zeit braucht oder ob ich mir ernsthaft Sorgen machen muss, dass er nicht der Richtige für mich ist. Vielleicht mag er mich nicht genug oder ich bin ihm zu dick, zu dumm oder was weiß ich. Er sagt ja nie irgendetwas, was mir von seiner Einstellung zu mir verrät. Dieses Verhalten scheint ihn irgendwie noch anziehender und interessanter für mich zu machen. Alles dreht sich bei mir immer mehr um ihn.

Damit wir nicht den ganzen Abend zu Hause herumsitzen und ich auch keine Lust auf Kochen habe, empfehle ich etwas in einem Restaurant zu essen. Schon wieder schlage ich was vor und Thore macht mit. Wenigstens trifft er dann eine gute Auswahl beim Restaurant. Es ist sehr gemütlich darin. Für mich gibt es Salat mit Zander und Thore wählt ein Wildgericht mit Rosmarinkartoffeln aus. Wir kosten dann beide voneinander und alles schmeckt richtig lecker. Thore lässt sich dabei sogar von mir mit meiner Gabel etwas in seinen Mund schieben.

Nach dem Essen gehen wir eine kleine Runde durch die Gassen der Stadt und schauen uns dabei die alten Gebäude an. Thore erzählt mir von seiner Vorliebe für bestimmte architektonische Bauweisen. Auch Dinge, die er hässlich findet, äußert er wieder klar und deutlich, wie er es auch schon bei mir zu Hause getan hatte. Weil ich jedoch von Architektur wenig Ahnung habe und dieses Thema mich auch nicht interessiert, lasse ich ihm seine Meinung ohne jegliche Anmerkung. Bei mir zu Hause trinken wir dann den Wein, den er mitgebracht hatte. Eine der beiden Flaschen stelle ich jedoch in die Speisekammer. Wir schauen noch fern und unterhalten uns nebenbei. Wie auch schon beim letzten Mal beim nebeneinander liegen auf dem Sofa, legt Thore mein Bein über seine Intimzone, sodass ich wieder mal durch die Jeans spüren darf. So in etwa fühlt es sich für mich an. Es tut sich natürlich nichts in der Hose, aber ich bekomme das Gefühl, dass er mir da etwas präsentieren möchte. Mit Sexualität scheint er sicherlich keinen verklemmten Umgang zu haben. Andererseits bin ich mir aber auch sicher, dass er nicht auf Sex aus ist. Bei dieser Annäherung von ihm bleibt es jedoch auch. Eine direkte emotionale oder körperliche Zuwendung gibt es von ihm nicht. Ich hatte doch ein wenig darauf gehofft, denn mit ihm zusammen zu sein, ist wieder so schön. Gerade bin ich sehr glücklich über den erfolgreichen Nachmittag und die faszinierenden Gespräche mit ihm. Seine Mimik beim Reden, seine Augen, seine Lippen und einfach alles an ihm ist so bezaubernd.

Gegen Mitternacht gehen wir dann ins Bett und weil ich nicht weiterhin diese vielen Fragen im Kopf haben möchte und ich meine Ungeduld auch nicht länger im Zaum halten will, beginne ich ihn vorsichtig zu berühren und zu küssen. Überraschender Weise lässt er sich dann sehr schnell darauf ein und wird plötzlich sehr aktiv. Er überrennt mich mit förmlich mit seinen fordernden Küssen. Ich möchte gern etwas mehr Sinnlichkeit und versuche ihn erfolglos in diese Richtung zu lenken. Sehr schnell bin ich dann erregt und es kommt schon ein wenig einem übereinander herfallen nahe. Thores

Handlungen erscheinen mir ein wenig wie programmiert. Das Wechseln des jeweiligen Programmes erfolgt nur auf einen Hinweis von mir. Thore bemerkt selbst nicht, dass gewisse Stimulationen komplett zu viel für mich sind und mir wird schnell klar, dass er auch in sexueller Hinsicht sehr speziell ist. Meine geäußerten Wünsche berücksichtigt er irgendwie schon, aber er bleibt etwas eigenwillig und unberechenbar für mich. Trotz der für mich eher empfundenen Unbeholfenheit von Thore, erscheint es mir, dass er sehr daran interessiert ist, mich zufriedenzustellen. Diese für mich sehr ungewöhnliche, stark mechanisch und technisch perfekt wirkende Nummer, ohne Zärtlichkeit hat mich irgendwie überwältigt. Auf eine mir unbekannte Art miteinander zu schlafen, bringt meine Gefühle nun zusätzlich durcheinander. Doch warum ich so viel Vertrautheit zu Thore fühle, verstehe ich nicht so recht. Es ist doch alles so anders mit ihm. Einerseits diese Anziehung und dann wieder all die Widersprüchlichkeiten. Ich bin einerseits sehr glücklich, aber auch immer wieder kommen Zweifel in mir auf.

Am nächsten Morgen ist nichts anders zwischen uns. Thores Verhalten ist so, wie sonst auch. Es scheint ihm nichts zu bedeuten, mit mir geschlafen zu haben. Thore verhält sich weiter wie bisher und sucht keinerlei Nähe zu mir. Auch andere Zeichen von Zuneigung und vielleicht ein wenig Verbundenheit kann ich nicht erkennen.

Körperliche Nähe und Sex verbindet Menschen nun mal, aber mit Thore ist etwas gewaltig anders. Ich habe keine Ahnung was es ist, aber denke auch nicht negativ darüber. Mal schauen, wie sich alles weiterhin entwickelt.

Wir essen Frühstück, räumen zusammen das Bettzeug weg und auch den Frühstückstisch gemeinsam ab. Thore tut sich scheinbar schwer damit, einfach mal nichts zu machen und alle Viere gerade sein zu lassen. So fahren wir mit dem Auto ein wenig planlos durch die Gegend. Dieses Mal fährt Thore selbst und wir halten das erste Mal in einem kleinen Dorf, um dort das Gutshaus anzuschauen. Er kennt es scheinbar schon und weiß auch genau wem es gehört. Wieder erfahre ich ein paar Dinge vom Gutshaus und auch vom Haus daneben. Als ich ihn dann Frage, woher er das alles weiß, antwortet er: „Mit der Frau, die da wohnt, hatte ich mal was." Wieder eine Ex-Freundin, denke ich. Es gibt wohl wirklich unzählige davon.

Nicht nur Gedanken an die vielen Ex-Frauen von Thore, bewirken in mir großes Unbehagen. Auch meine Vorstellungen, die er in mir geweckt zu haben scheint, finden letzten Endes keinen Einklang mit ihm. Es ist ja nicht so, dass Thore mir etwas vormacht, was er dann nicht einhält. Ich denke nicht, dass er mich belügt. Doch meine Wünsche nach liebevollem und zärtlichem Umgang miteinander werden von ihm noch nicht einmal wahr genommen. Ich würde so gern von ihm in den Arm genommen oder liebevoll geküsst werden. Meine Bedürfnisse nach Nähe und Zusammensein mit ihm werden jedoch immer stärker und wie ich sie erfüllt bekomme, weiß ich nicht. Darüber mit ihm zu reden funktioniert nicht. Noch hoffe ich, dass er sich mir gegenüber irgendwann öffnet und meine Gefühle dann auch erwidert. Nach welchen Dingen und Maßstäben er das Zusammensein mit mir misst und warum er es auch immer wieder möchte, kann ich noch nicht richtig verstehen. Dies scheint wohl wenig mit Gefühlen zu tun zu haben.

Ich zeige ihm auf unserer Tour meinen früheren Kindergarten, in dem ich noch vor einem Jahr als Erzieherin gearbeitet hatte. Dort machen wir außerhalb des Dorfes einen kleinen Spaziergang und wegen des sehr eisigen Windes, fahren wir mit dem Auto weiter umher. Einen kurzen Stopp machen wir auch an meinem momentanen Arbeitsplatz.

Zur Bauweise des Kindergartens gibt es wieder negative
Kommentare von Thore, denen ich jedoch wenig Beachtung schenke.
Im Ort gibt es einen sehr schönen Wanderweg, der in eine Richtung
zu einer Sandkuhle führt und in der andern an einem kleinen Wald
vorbeigeht. Ich schlage vor, wegen des eisigen Windes, im Schutz
der Bäume spazieren zu gehen. Doch Thore zettelt nun eine für mich
sinnlose Diskussion darüber an, welche der beiden Richtungen wir
einschlagen wollen. Er zickt irgendwie mit mir rum, weil ich was
anderes vorschlage, wie er es sich womöglich gedacht hatte. Mir
kommt das irgendwie kindisch vor. Ich reagiere somit ein wenig
genervt mit den Worten: „Wir können auch dahin gehen" und zeige in
die Richtung der Sandkuhle. Ich glaube, Thore hat nicht nur einen
starken Willen, wenn er denn weiß was er will, sondern auch ganz
viel Potenzial andere zu verletzen, um sein Ego durchzusetzen. Wir
gehen dann ohne weitere Worte los und er steuert in die Richtung
des kleinen Waldes. Vielleicht will er mich mit solchen Aktionen auch
wieder testen. Wir sprechen dann nicht mehr über diesen
Zwischenfall. Es geht wie gewohnt weiter und wir unterhalten uns
über irgendetwas anderes.

Bei mir zu Hause trinken wir an dem Nachmittag noch Kaffee und
Tee, essen Kuchen und danach fährt Thore wieder. Er will seine
Mutter im Krankenhaus besuchen und ich gebe ihm etwas von dem
Quarkkuchen mit. Für den darauf folgenden Tag vereinbaren wir,
dass er wieder zu mir zurückkommt. Ich freue mich riesig darüber.
Nach dem Besuch bei seiner Mutter, die komischerweise mit mir den
gleichen Vornamen teilt, schreibt Thore mir.

Er 03.02./ 20:18:

> „Mutti bedankt sich für leckeres Stück Kuchen. Morgen gibt's
> den Rest. Sie geht schon allein zur Toilette. Bis morgen.

Wahrscheinlich schläfst schon."

Ich 20:20:

> „Nein, ich bin noch wach. Das ist ja super. Bis morgen. Gute Nacht ☺."

Er 04.02./ 10:55:

> „Guten Morgen, mache gerade Frühstück. Wann bist du bereit? Eigentlich ist ja Wintervergnügen in Warnemünde immer ganz nett, aber mit Pferden war nur gestern. Heute Drachen steigen, Lagerfeuer, Glühwein, Kamel reiten. Komme auch gerne zu dir und dann von da aus."

Als ich seine Nachricht lese, bin ich gerade dabei Königsberger Klopse zu kochen. Am Vortag hatte ich davon gesprochen, dass ich auch zu ihm kommen würde, um einerseits sein zu Hause kennenzulernen und andererseits von dort aus etwas mit ihm gemeinsam zu unternehmen. Thore will jedoch irgendwie noch nicht, dass ich zu ihm komme. Er wich diesem Vorschlag immer wieder aus. Ich verstehe seine Maßstäbe, wann was an der Reihe ist beim Kennenlernen immer weniger. Bei unserem ersten Treffen hatten wir ähnliche Vorstellungen von einem Kennenlernen auf Augenhöhe. Doch jetzt rasen wir irgendwie unkoordiniert und unberechenbar in eine Beziehung, die ich nicht zu benennen weiß. Warum er jetzt plötzlich doch wieder mit Aktivitäten ankommt, die in der Nähe seines Wohnortes stattfinden, verstehe ich nicht. Ich weiß nicht, warum er all die Dinge so verwirrend schreibt. Doch ich will keine Streitereien heraufbeschwören, denn ich möchte ihn einfach nur wieder sehen.

Ich 11:00:

> „Guten Morgen, ich habe noch keine Ahnung, was wir machen wollen und mir ist auch eher nach einem ruhigen Sonntag. Schön wäre schon mit dir zusammen. Kannst kommen, wann

du möchtest. Ich bin ja da."

Irgendwie antwortet er dann schon wieder nicht, obwohl er meine Nachricht gelesen hatte und ich bin etwas genervt von seiner Unklarheit.

Ich 12:00:

„Wie hast du dich entschieden?"

Er 12:17:

„Ich komme nachher."

Wir verbringen dann doch, wie geplant den Sonntagnachmittag zusammen und dieses Mal hat Thore die Idee nicht an die Küste, sondern mal in Richtung Süden zu fahren. Mit den Worten: „Die Gegend dort kenne ich noch nicht so gut", erklärt er mir, weshalb ihm dies in den Sinn gekommen war. Ich fahre dieses Mal mit meinem Auto und der erste Halt ist an einer Kirche. Wir sehen sie uns gemeinsam mit dem anliegenden Pfarrgarten an, der im Sommer bestimmt sehr viel schöner ist, als zu dieser Jahreszeit. Ich werde ihn mir auf alle Fälle noch mal in der Gartensaison ansehen, nehme ich mir vor. Ob nun allein oder mit Thore, spielt dabei keine Rolle. Doch ich wünsche mir natürlich, dass wir noch lange zusammen sind. Realistisch gesehen weiß ich nicht so genau, warum ich das so möchte.

In einem kleinen gemütlichen Café neben der Kirche wollen wir was essen und trinken. Wir werden von einem netten jungen Mann begrüßt. Als dieser uns dann auch am Tisch bedient, erfahren wir von ihm etwas von der Entstehung dieses kleinen Cafés. Seltsamerweise erzählt er uns, dass man die Räumlichkeiten des Cafés auch für private Feierlichkeiten mieten kann. Auch das Obergeschoss würde dann zu nutzen sein und eignete sich somit sehr gut für Hochzeiten und Jubiläumsfeiern. Als Gastraum wird die obere Etage jedoch zurzeit noch nicht genutzt, da der kleine Raum unten ausreicht, erzählt er uns. Er bietet uns sogar an, dass wir uns diesen Raum im Obergeschoss auch ansehen können. Ich frage mich, ob wir aussehen, als ob wir bald heiraten wollten. Sicher hatte er Thores Interesse an diesem Gebäude, welches sich jedoch aus der architektonischen Bauweise ergab, als ein solches Unterfangen gewertet.

Im Café herrscht eine gemütliche Atmosphäre. Alle fünf Tische sind besetzt und wir genießen den Streuselkuchen mit der Schlagsahne. Ich habe hier jedoch das Gefühl, die anderen Leute wären nicht wirklich da. Thore und ich sitzen uns gegenüber und für einen Moment glaube ich in seinen Augen ein Leuchten gesehen zu haben. War er eventuell ein wenig verliebt oder nur unausgeschlafen? Ich hasse dieses Rätselraten. Bevor wir das Café wieder verlassen, schauen wir uns auf seinen Wunsch hin auch das Obergeschoss mit dem großen Raum zum Feiern an. Thore wirkt dabei, als ob er sich vorstellt, wie man diesen Raum einrichten könnte. In eine Ecke deutend, sagt er, dass es hier schön zum Spielen für Lene sei. Das lässt in mir jedoch nur weitere Fragezeichen zurück, denn Thore vermittelt mir keine Klarheit seines momentanen Kopfkinos.

Wir gehen dann zurück zum Auto und fahren in den nächsten Ort. Hier halten wir auf einem Parkplatz im Ortszentrum und gehen im wahrsten Sinne des Wortes eine Runde um den Kirchplatz. Von dort aus gibt es wirklich wunderschöne Ausblicke auf einen See und auf die umliegenden Weiden und Felder. Es beginnt schon zu dämmern und so kehren wir wieder zurück zum Auto, um dann nach Hause zu fahren.

An diesem Abend essen wir die schon vorbereiteten Kochklopse mit Kartoffeln als Beilage. Zum Nachtisch gibt es warmen Vanillepudding mit Apfelmus, den Thore mitgebracht hatte. Dieses Mal gelingt mir das Essen wie gewohnt und auch Thore scheint es zu schmecken. Er nimmt sich sogar Nachschlag und ich stelle etwas für den nächsten Tag zum Mitnehmen für ihn in den Kühlschrank. Nach dem Abendessen schauen wir uns dann wieder den Tatort an und gehen relativ früh ins Bett.

Ich fange wieder an ihn zu küssen und mich an seinen weichen Körper zu kuscheln. Er lässt es zu und erwidert dies wieder mit seinen fordernden Küssen. Ohne jegliche Zärtlichkeit beginnt er mit weiteren sexuellen Handlungen. Nicht nur all die anderen Gefühle, die Thore in mir schon geweckt zu haben scheint, sind für mich sehr intensiv, sondern auch seine Berührungen. Ich bin sehr schnell erregt und auch überfordert mit dieser Intensität stimuliert zu werden. Meine Einlenkversuche mit etwas mehr Sinnlichkeit miteinander zu schlafen wird von Thore nur umgesetzt, wenn ich ihm konkrete Dinge vorgebe. Alles ist so einzigartig mit ihm, aber auch ebenso unfassbar.

Wenn wir zusammen sind, ist es in fast jeder Situation unglaublich schön mit ihm. Die darauffolgende Trennung ist dann mit ebenso intensiven negativen Emotionen verbunden. Ich fühle mich dann meist hilflos, fast ohnmächtig und habe Angst vor der bevorstehenden Einsamkeit. Auch kommen dann, wenn Thore weg ist wieder all meine Zweifel zurück und ich weine oft. Ich weiß nicht, warum immer alles so heftig ausfallen muss und mittlerweile auch nicht mehr, wie ich mich aus seinen Fesseln befreien soll. Ob ich dies überhaupt versuchen sollte, weiß ich nicht einmal, denn ich habe immer noch keine Ahnung, was Thore eigentlich wirklich von mir will. Zeitvertreib mit ein wenig Sex vielleicht? Dafür gibt es dann die kleinen Geschenke oder eine wenig Hilfe beim Arbeiten. Solche Männer kannte ich jedoch gut genug und mein Gefühl sagt mir, dass es das nicht ist. Einige Fakten sprechen jedoch schon ein wenig dafür. Bin ich einfach von den vielen Gefühlen zu stark geblendet um Klarheit darüber finden zu können?

Am Montag verabschieden wir uns am frühen Morgen voneinander, denn ich muss schon um acht Uhr losfahren zur Arbeit. Da ich ihn nicht so früh vor die Tür setzen möchte, gebe ich ihm den Haustürschlüssel und bitte ihn diesen dann in den Briefkasten zu werfen, wenn er geht.

Ich 05.02./ 12.13:

> „Ich esse gerade den leckeren Apfelmus und Pudding. Danke an deine Mutti. Hat alles gut geklappt bei dir heute Morgen?"

Er 13:20:

> „Den Schuhlöffel habe ich bekommen, noch Schuhe dazu. Gerade eine Stunde noch gehackt. Jetzt schlafen und dann zu Mutti. Liebe Grüße."

Schuhanzieher und Schuhe wollte er für seine Mutter besorgen und gehackt hat er bei sich zu Hause Holz für den Kamin. Das scheint wohl seine derzeitige Haupttätigkeit zu sein.

Als ich dann mitbekomme, dass Thore noch die restlichen Bretter von der kleinen Hütte auseinander geschraubt hatte und auch der Eisenpfahl, der einst das Dach stützte, nun verschwunden ist, schießen mir vor Entzückung die Tränen in die Augen. Nun muss nur noch das Fundament im Frühjahr, wenn der Boden nicht mehr gefroren ist, entfernt werden. Ich freue mich riesig über seine Hilfe.

Ich 16:21:

> „Ich bin beeindruckt, dass du so fleißig warst ☺ ♥."

Mir geht es richtig gut. Wegen des plötzlichen Hochgefühls, was in mir aufkommt, wundere ich mich ein wenig. Vielleicht liegt es ja am

Gedanken, dass wir uns noch in dieser Woche wiedersehen. Ich versuche Thore an dem Abend noch anzurufen, um mich bei ihm für seine Hilfe zu bedanken. Er geht jedoch nicht ans Telefon und auch ein Rückruf von ihm kommt nicht. Ich sehe es jedoch gelassen, denn es wird sicher einen plausiblen Grund dafür geben. Nun frage ich ihn nur noch per WhatsApp, ob er Mittwoch oder Donnerstag kommen möchte. Die Antwort darauf erhalte ich jedoch wieder erst am nächsten Tag.

Er 06.02./ 11:21:

> „Ich bin auf der Couch eingepennt. Hatte nicht die Kraft heranzugehen. Dann warst du das. Mein Handy war aus, vielleicht der Akku. Okay, dann komme ich morgen. Wann denn? Heute wieder Holz hacken und Mutti besuchen, Schuhe bringen, Tulpen erneuern..."

Ich 15:37:

> „Ich dachte schon, du verpennst den ganzen Tag. Ich will jetzt noch ein wenig Feuer machen. Morgen bin ich um 15.30 Uhr zu Hause ☺."

Ich 20:34:

> „Wollen wir morgen noch was zusammen machen, Sauna vielleicht?"

Er 20:36:

> „Können wir machen. Klopse schmecken schon wieder ☺."

Für den nächsten Tag verabreden wir uns um halb vier in der Schwimmhalle. Wieder eine gemeinsame Unternehmung, die ich angezettelt habe.

Auf dem Weg von der Arbeit zur Schwimmhalle tanke ich noch mein Auto an der Tankstelle voll und komme deshalb mit ein paar Minuten Verspätung an. Thore ist nicht sehr erfreut über meine

Unpünktlichkeit und fragt mich mit einem leichten Unterton, warum ich so spät komme. Er klingt dabei so, als ob er beleidigt wäre. Meine Entschuldigung beantwortet er dann mit Schweigen. Ich weiß jedoch aus unseren Gesprächen, dass er Unzuverlässigkeit und Unpünktlichkeit absolut nicht leiden kann. Thore schlägt nun vor, noch einen kurzen Spaziergang zu machen. Er war noch nicht draußen, teilt er mir mit. Ich bin damit einverstanden, denn so kann ich sicher noch einen Happen in der Bäckerei essen. Diese ist nicht weit entfernt und Thore ist davon, eine Kleinigkeit zu Essen, auch nicht abgeneigt. Das Wetter ist an diesem Tag sehr schön für einen Spaziergang. Beim Gehen finde ich auf dem Weg einen Cent und freue mich natürlich ein wenig über das kleine gefundene Glück. Thore reagiert ein bisschen neidisch darauf. Er äußert mir gegenüber seine Enttäuschung, dieses Geldstück nicht selbst gesehen zu haben.

In der Bäckerei essen wir beide noch eine Kleinigkeit und gehen dann wieder zurück zur Schwimmhalle. Dieses Mal macht Thore nicht den Eindruck, als ob er den Eintritt bezahlen wird, denn er holt kein Geld aus seiner Tasche. Ich habe ihn ja eingeladen, denke ich und so bezahle ich, ohne ein Wort zu verlieren für uns beide den Eintritt. An diesem Tag klappt es dann auch mit den Kontaktlinsen problemlos und ich kann ohne Brille in die Sauna gehen. Alle Saunen sind recht gut besetzt an diesem frühen Abend. Wir wählen zuerst die mit 90 °C beheizte aus, da dort am wenigsten Leute drinnen sitzen. Anschließend gibt es eine Abkühlung im eisigen Wasserbecken. Die hohe Temperatur in dieser ersten Sauna bekommt mir scheinbar nicht so gut, denn ich habe das Gefühl, dass mein Körper verbrennt bei dieser Hitze. Nicht nur äußerlich, sondern ich scheine auch innerlich sehr erhitzt zu sein. Das kalte Wasser ist eine äußerst

angenehme Erfrischung für mich. Nach kurzem Ausruhen auf einer Liege gehen wir dann in eine andere Sauna. Dort wird gerade ein Aufguss durch einen Mitarbeiter der Schwimmhalle durchgeführt. Für mich ist es wieder viel zu heiß, doch ich halte durch. Anschließend steht für alle Saunateilnehmer ein Kirsch-Mango-Salz zum Abreiben des Körpers am Ausgang bereit. Thore ist sich scheinbar unsicher, ob er sich auch damit einreiben möchte, denn er steht hilflos da und macht nichts. Ich beginne etwas Salz zu nehmen und verteile es auf meine Arme, meine Beine und auf den Bauch. Thore tut dies dann auch bei sich und um den Rücken nicht auslassen zu müssen, bitte ich ihn, dies bei mir zu tun. Thore beginnt sachte und bedacht meinen Rücken mit dem Salz einzureiben und das wirkt irgendwie unsicher auf mich. Jedoch macht er es dann gründlich, ohne eine Stelle auszulassen und ist äußerst ausdauernd dabei. Ich erlöse ihn bei seinem Tun. Dann reibe ich auch seinen Rücken mit dem Salz ein. Beim Schwimmen im Freibecken, nach unserer Pause im Liegestuhl, geraten wir in eine etwas seltsame Situation. Eine kurz über fünfzig Jahre alte Frau, mit aschblondem Haar, spricht Thore plötzlich an. Sie sagt so etwas wie: „Da sieht man sich hier mal wieder." Ich bin mir über den genauen Wortlaut nicht so sicher. Aber ich bekomme das Gefühl, dass Thore die Situation sehr unangenehm findet. Ich bin zu weit entfernt, um das Gesagte vollständig im Zusammenhang verstehen zu können. Jedoch kann ich den vorwurfsvollen Unterton nicht überhören und bekomme darum ein unwohles Gefühl. Eifersucht kommt in mir auf. Vielleicht ist es eine Ex-Freundin, die noch immer sauer auf ihn ist. Sie scheinen ihre Beziehungsebene nicht richtig geklärt zu haben. Mir gefällt diese Situation überhaupt nicht. Doch von Thore gibt es dazu keinen Kommentar.
Wir gehen an diesem Abend noch in zwei weitere Saunen und

erleben zum Abschluss unseres Aufenthaltes noch einen zweiten Aufguss. Nach fast drei Stunden verlassen wir den Saunabereich, um duschen zu gehen. In der großen Gemeinschaftsumkleidekabine treffen Thore und ich uns zum Anziehen wieder. Dort bekomme ich ein kleines Geschenk von ihm. Aus seiner Tasche holt er freudestrahlend Mozartkugeln heraus und überreicht sie mir. Ich freue mich sehr darüber. Er hatte sich gemerkt, welches meine Lieblingspralinen sind. Intuitiv deute ich dieses Geschenk als ein Zeichen von Zuneigung und freue mich auch, dass er immer glücklich wirkt, wenn er mir etwas geben kann. Ich drücke ihn und bedanke mich auch mit den entsprechenden Worten bei ihm.

Nach dem Anziehen föhnen wir unsere Haare. Thore ist schon vor mir fertig. Als ich dann etwas später auch in die Eingangshalle komme, sehe ich ihn schon mit einem Eis in der Hand dort stehen. Er fragt mich dann, ob ich auch eins möchte. Ich schüttele den Kopf und bekomme meinen Wunsch, etwas von seinem naschen zu wollen, erfüllt. Während Thore sein Eis isst, nutze ich diese Situation, um etwas von dieser Frau, die mir so ein ungutes Gefühl verschafft hatte, zu erfahren. Ich frage ihn: „Wer war die Frau im Freibecken?" Thore erzählt mir, dass er sie mal kennengelernt hatte und mit ihr im Urlaub in der Türkei war. Sie waren nicht lange zusammen. Den Urlaub mit ihr fand Thore nicht schön. Auf meine Frage: „Warum hat es mit der Frau nicht geklappt?", antwortet er: „Die ist doch so alt." Ich tröste mich mit dem Gedanken, dass sie wohl keine Konkurrenz für mich darstellt. Richtig gut fühlt sich alles jedoch auch mit Thores kurzer Erklärung nicht an.

Ich fahre nun mit meinem Auto nach Hause und Thore kommt mit seinem hinter mir her gefahren. Während der Fahrt merke ich schon, wie mich die Sauna geschafft hatte und ich hoffe, dass ich sie gut vertrage mit meiner gerade etwas angeschlagenen Gesundheit. Seit ein paar Tagen hatte ich immer wieder Halsschmerzen und auch ein wenig Gliederschmerzen, als wenn sich eine Erkältung anbahnen will. Vielleicht haben mich auch die momentanen Schlafstörungen etwas geschwächt.

Es ist schon nach 21.00 Uhr, als wir bei mir zu Hause eintreffen. Trotz sehr später Stunde essen wir die von mir vorbereitete Paprikapfanne mit Schweinefilet und Reis. Danach gehen wir dann auf meinen Wunsch hin relativ früh ins Bett. Ich fühle mich nicht nur erschöpft, sondern auch ein wenig getrieben, als wenn ich einen Marathon absolviert hatte. Trotz meiner Müdigkeit, suche ich im Bett den Körperkontakt zu Thore. Ich kuschele mich etwas an ihn und streichle ihn. Leider muss ich auf zärtliche Berührungen von ihm verzichten, denn er macht nichts. Von ihm bekomme ich keine Zuwendung, wie ich sie mir wünsche. Erst als ich beginne ihn zu küssen, läuft dann wieder sein mir bekanntes Programm ab. Sein Versuch, sich heute auf meine Art zu küssen einzulassen, gelingt ihm jedoch nur ansatzweise. Obwohl mir wirkliche Emotionen von Thore fehlen, ist es für mich trotzdem schön mit ihm zu schlafen. Ich hoffe sehr, dass er irgendwann auch Gefühle zeigt.

Meine Nacht hatte wieder nicht so viel erholsamen Schlaf mit sich gebracht. Ich kann einfach nicht herunterfahren und darum brauche ich sehr lange zum Einschlafen. In letzter Zeit liege ich oft eine oder zwei Stunden lang wach. Wenn ich dann endlich eingeschlafen bin, werde ich oft nach kurzer Zeit wieder wach und kann dann nicht mehr weiterschlafen. Es ist nicht so, dass ich nachts grübele oder traurig bin. Irgendetwas lässt mich einfach nicht richtig zur Ruhe kommen. Ich muss was anders machen, aber was? Vielleicht muss ich mir einfach mehr Zeit für mich selbst nehmen und etwas mehr Ruhe haben.

Am Morgen bitte ich Thore sich selbst das Frühstück zuzubereiten, da ich sehr spät dran bin. Während des Tages auf der Arbeit kommt seltsamerweise bei mir keine Müdigkeit auf. Doch als ich dann nach Feierabend wieder nach Hause komme, werde ich sehr traurig. Ich sehe den Brief, auf dem der Termin für die Abholung des Sperrmülls steht, aufgefaltet auf der Küchenzeile liegen. Thore hatte ihn dort hingelegt, bevor er ging, damit ich ihn nicht übersehen kann. Die Entsorgungsfirma hatte als Datum zur Abholung der alten Möbel den 15. Februar festgesetzt. Weil Thore an diesem Tag zum Helfen nicht da sein würde, soll ich auf seinem Wunsch hin einen anderen Termin vereinbaren. Ich hadere jedoch. Es würde schwierig sein einen passenden Tag zu finden. Schließlich naht mein Urlaub und dafür habe ich andere Pläne. Ich entscheide mich deshalb nicht dort anzurufen.

Der Gedanken daran, dass Thore für mehrere Tage zu seiner Schwester fährt und wir uns daher etwas länger nicht sehen werden, macht mich gerade sehr traurig. Wieder kommen diese heftigen negativen Emotionen. Doch nur, weil er nicht mehr da ist und ich nicht weiß, wann wir uns wiedersehen, kann dies doch nicht der Auslöser für solche Traurigkeit sein. Thore vermittelt mir oft ein Gefühl von Ungewissheit und Unsicherheit. Für mich fühlt es sich oft an, als wenn er sich gar nicht an mich binden will und deshalb womöglich keine emotionale Nähe zulässt. Doch andererseits, warum macht er dann überhaupt all diese vielen Dinge für mich? Warum verbringt er so viel Zeit mit mir? Seine immer wiederkehrende emotionale Distanz zu mir lassen nun alle Zweifel wieder aufkommen. Ich weine immer wieder. Es gibt einfach keinen Gedanken, an den ich mich klammern könnte.

Thore hat gerade keine Möglichkeit über WhatsApp mit mir zu schreiben. Sein Handyspeicher ist voll und deshalb geht die App eben einfach nicht. Ich überlege selbst während er nicht hier ist, wie man auf seinem Handy wieder freien Speicherplatz schaffen könnte. Thore zeigt jedoch kein Engagement, um selbst etwas daran zu ändern. Vielleicht möchte er ja einfach nicht so dringend mit mir in Kontakt bleiben. Telefonieren wird er sicher auch nicht mit mir wollen, wenn er mit seiner Familie unterwegs ist.

Wieder ist er mir keine Hilfe und ich bleibe mit all meinen heftigen Emotionen allein. Er versteht diese wohl nicht und ich weiß nicht einmal, ob er sie überhaupt wahrnimmt.

An diesem Abend bekomme ich dann doch noch eine Nachricht per SMS von ihm.

Er 08.02:

> „Habe heute wieder Holz gehackt und gestapelt. Schön Besorgungen gemacht. Pfälzer Saumagen hat noch geschmeckt. Lene kommt gleich, juhu. Schönen Abend!"

In Zusammenhang mit dem Pfälzer Saumagen habe ich Thores seltsames Verhältnis zu Lebensmitteln das erste Mal kennenlernen können. Das eingeschweißte Fleisch hatte er schon eine Ewigkeit im Kühlschrank zu liegen. Nun ist es schon fast zwei Monate abgelaufen. Auf seine Frage an mich, ob man den noch essen kann, **antworte ich**: „**Nein, der ist doch schon sehr weit** überlagert und ganz sicher verdorben." Nun hatte er ihn scheinbar doch gegessen. Ich finde es ja gut mit Lebensmitteln achtsam umzugehen, aber das geht mir eindeutig zu weit!

Ich 08.02:

> „Ich hatte heute früh noch mal nach deinem Handy geschaut, aber die vielen Bilder müssen da herunter. Hoffentlich bekommt

dir der Saumagen auch. Ich wünsche euch viel Spaß. Du fehlst
mir, es war gestern wieder so schön mit dir."

Ich weiß jetzt schon, dass es auf solch eine Nachricht keine Antwort
geben wird. Seine Fakten scheinen geklärt, also weshalb sollte man
nicht weiterhin sachlich bleiben. Thores Reise zu seiner Schwester
hatte keinen mir bekannten Zeitrahmen. Daher weiß ich weder wann
er mit Lene losfährt, noch wann sie zurückkehren werden. Wann wir
uns wiedersehen, weiß ich erst recht nicht.

Ich 10.02./ 13:54:

"Seid ihr schon angekommen bei deiner Schwester?
Wie ist es dort und wie geht es euch? Ich war heute einkaufen
und habe ein neues LNB für TV mitgebracht. LG und falls du
mal telefonieren magst: 84185 ist meine Festnetznummer."

Er 10.02./ 15:23:

"Fast da. Sind schon am Rodelberg. Abends ist Flutlicht-
Rodeln, haben Spaß. LG."

Ich 12.02./ 7:38:

"WhatsApp funktioniert ja immer noch nicht.
Ich wollte dich fragen, ob du tatsächlich nicht mit nach Leipzig
zu Sara kommen willst, vom 24.02. bis ca. 28.02. Ich würde
dann im Hotel was buchen und auch mit dem Auto fahren.
Wenn nicht, buche ich heute den Zug für mich allein.
Ich wünsche euch weiterhin viel Spaß!"

Zu meiner Verwunderung antwortet er so früh schon auf meine SMS.
Damit habe ich nun überhaupt nicht gerechnet.

Er 7:42:

"Nein, komme nicht mit.
Habe da sowieso wohl meine Kleine. Heute noch mal Rodeln.
Mit neuem LNB besseres Bild? LG."

Ich 7:48:

> „Okay. Das LNB habe ich noch nicht angebaut. Ich dachte,
> dass ich das mit dir zusammen machen könnte. Das andere
> läuft ja gerade wieder gut, LG."

Während unseres letzten Zusammenseins hatte ich Thore gefragt, ob
er ein paar Tage mit mir gemeinsam in Leipzig verbringen würde. Er
redete sich damit heraus, dass es ihm noch zu früh sei, um die
Familie kennenzulernen. Darum schlug ich vor, dass wir auch
gemeinsam Zeit dort verbringen können, ohne dass er meine Tochter
und ihren Freund kennenlernen muss. Einen Zuspruch hörte ich auch
dazu nicht von ihm. Wiederum äußerte er auch keine klare
Ablehnung. So hatte ich die Hoffnung nicht aufgegeben, dass er doch
mit mir zusammen dort hinfahren würde.

Nun bin ich sehr enttäuscht, dass sich mein Hoffen nicht gelohnt hat.
Es scheint nicht möglich zu sein, gemeinsame Pläne mit ihm zu
machen, oder auf ihn in irgendeiner Weise zu zählen. Von Tag zu
Tag werde ich mit dem Gefühl, was Thores Desinteresse in mir
auslöst immer trauriger. Er schreibt keine Nachrichten und ruft mich
auch nicht an, obwohl ich ihm meine Festnetznummer geschrieben
hatte, damit er mich kostenlos erreichen kann. Auch am Valentinstag
höre und lese ich nichts von ihm. Ich bin sehr verzweifelt und
schreibe in mein Tagebuch:

14. Februar 2018/ 20:10 Uhr:

> *„Ich bekomme immer mehr das Gefühl, dass es mit Thore nicht gut
> enden wird. Wie lange er bei seiner Schwester bleibt, habe ich
> bisher nicht von ihm erfahren. Ich weiß nur, dass er Lene
> Samstagabend wieder zur Mutter bringen muss.*
> *Seit Sonntag ist meine Stimme weg und ich habe Kopf- und*

Gliederschmerzen. Nun ist gestern auch noch Fieber dazu gekommen und ich bin ziemlich schwach. Meine Vermutung, dass der Saunabesuch mir gesundheitlich keine Hilfe sein würde, bestätigt sich. Die unerwiderte Liebe macht mich scheinbar auch krank. Ich hatte mich von meiner Hausärztin krankschreiben lassen. Auch über meine Schlafprobleme sprach ich mit ihr. Sie meinte, Auslöser dafür könne eine Depression sein. Vielleicht hat sie recht, aber weil ich nicht so richtig weiß, was mit mir nicht stimmt, ging ich im Gespräch mit ihr auf diese Vermutung nicht weiter ein. Ich denke jedoch jetzt über ihre Worte nach. Kann Thore der Auslöser sein für eine Depression? Die vielen heftigen Emotionen, die er in mir auszulösen vermag, verstehe ich nicht und auch nicht sein wechselndes Interesse an mir. Es gibt so viele Ungereimtheiten, dass ich nicht weiß, was zwischen uns eigentlich abläuft. Thore sagt nie etwas zu mir, was mich mein Gefühlschaos ordnen lassen könnte. Auf irgendwelche Emotionen von mir geht er überhaupt nicht ein. Ich glaube sogar, dass er meine Gefühle nicht einmal wahrnimmt. Doch im Gegensatz dazu verspricht er nie Dinge, an die er sich dann nicht hält. Wenn ich jedoch etwas von ihm verlange, redet er sich meist heraus mit den Worten: „Das ist mir noch zu früh." Bisher habe ich das akzeptiert und versucht ihm seine nötige Zeit zu geben. Doch wann ist für ihn die richtige Zeit? Vielleicht will er mich auch nur als Zeitvertreib benutzen oder er fühlt sich manchmal alleine und einsam. Jetzt ist er es ja gerade nicht, denn er hat seine Familie um sich. Vielleicht ist das der Grund für sein momentanes Desinteresse. Eigentlich sollte man doch glücklich sein, wenn man verliebt ist und warum bin ich so oft traurig? Wenn ich mit Thore zusammen bin, ist es immer anders. Dann bin ich unglaublich glücklich. Wir erleben so viele schöne Momente

gemeinsam. Auch von meinen Zweifeln ist dann kein Hauch mehr
da.
Heute habe ich den Sperrmüll aus dem alten Schlafzimmer
getragen. Das war schwerer, als ich es dachte. Den großen
Eichenschrank habe ich vorher zerklopft, damit ich die Einzelteile
heraustragen kann. Weil mich die Erkältung sehr stark geschwächt
hatte, musste ich viele Pausen einlegen."

Ich lese an diesem Abend noch einige Dinge im Internet, verbunden
mit der Hoffnung mich so wieder etwas sortieren zu können. Bei
meiner Recherche stoße ich auf einen medizinischen Fachartikel über
das Verliebt sein. „Die Hormone spielen verrückt", heißt es darin.
Beim Verliebtsein schüttet das Gehirn vermehrt Dopamin aus. Jede
Trennung lässt den Dopaminspiegel allerdings wieder sinken, sodass
sich der Zustand wie eine leichte Depression anfühlt. Das ist sehr
passend! Da fällt mir die Vermutung meiner Ärztin wieder ein und
immer mehr glaube ich an eine momentane depressive Phase bei
mir.
Auf einer anderen Seite lese ich über das Verliebtsein: „Es gleicht
einem Entzug, wenn das Objekt der Begierde nicht da ist, weil es
vorher, als es da war, einen Hormoncocktail gab." Also gut! Dann bin
ich womöglich auf Drogenentzug. Da ist der jetzige Entzug von Thore
ja genau das Richtige für mich. Mir fallen dazu auch seine Worte,
bezüglich des gemeinsamen Ansehens des von ihm geliebten
Tatortes wieder ein. Da sagte er mal zu mir: „Wenn man das immer
zusammen anschaut, könnte man sich noch daran gewöhnen."
In unseren Gesprächen beim ersten Treffen, erzählte Thore sehr viel
von Vertrauen, Ehrlichkeit und respektvollem Umgang miteinander.
Das alles sei äußerst wichtig für ihn in einer Beziehung. Er sprach

davon, dass gemeinsame Unternehmungen und ähnliche Interessen schön sind. Inzwischen machen wir viele Dinge, die uns scheinbar auch gemeinsam Spaß machten. Ich habe auch nie das Gefühl, dass er in dieser Hinsicht nicht ehrlich zu mir ist. Respektvoll fühle ich mich von ihm jedoch nicht behandelt, denn er tut sich sehr schwer damit, meine Bedürfnisse anzuerkennen. Egal um welche Dinge es dabei geht. Er berücksichtigt sie einfach nicht. Entweder haben wir doch sehr unterschiedliche Vorstellungen von respektvollem Umgang miteinander oder ich habe ihm einfach zu schnell vertraut. Ich verstehe trotz all meiner Recherchen immer weniger. Verliebt war ich nicht das erste Mal in meinem Leben. Jedoch nicht in solch einem Ausmaß.

Als ich gerade mit meiner Tochter Frances telefoniere, bekomme ich eine Nachricht von Thore. Ich bemerke das jedoch erst etwas später.

Er 15.02./ 23:37:

> „Bin wieder hier präsent. Habe an den Apps gelöscht. Gestern im Tierpark und Café, heute Rodeln und Schwimmbad, abends lecker essen. Morgen geht es zurück, noch beim Onkel ran, Wurst und Kuchen mitbringen. Soll ich dir was vom lockeren Wein mitbringen? Eine kostet 5,50 Euro. Samstag fahre ich zu Mutti, hoffentlich mit Lene. Muss noch fragen, wann ich sie abgeben soll. Kann ich dann abends noch zu dir kommen bis Sonntag? Lene geht's gut und hat viel Spaß, LG."

Ich bin so erfreut, als ich kurz nach Mitternacht diese Nachricht lese. Mit Euphorie erfüllt, denke ich aber auch kurz daran, welches Anliegen hinter seinem Wunsch, mich so schnell treffen zu wollen, liegt. Dass es Langeweile ist, schließe ich komplett aus. Er hat ja noch ein wenig zu tun mit der recht langen Fahrt zurück in die Heimat. Also muss ihm tatsächlich etwas an mir liegen. Warum also meine vielen Zweifel? Mit meiner momentanen positiven und überschwänglichen Stimmung antworte ich ihm.

Ich 16.02./ 00:27:

> „Das ist ja sehr schön, dass ich mal wieder was von dir lese. Es freut mich, dass ihr Spaß habt. Wenn du so viel Geld auslegen magst, kannst du mir von dem Wein etwas mitbringen. So sechs Flaschen oder noch mehr.
>
> Ich bin gerade ein wenig krank. Mal schauen, ob ich Sonntag wieder fit bin. Gute Nacht."

Ich 12:28:

> „Du kannst natürlich zu mir kommen, wenn es dich nicht stört, dass ich krank bin. Meine Stimme ist ab und zu mal weg. Also kannst du ganz viel erzählen ☺. Ich bin Montag auch noch krankgeschrieben, war gerade noch mal beim Arzt.
>
> Gute Heimreise wünsche ich euch, falls du das noch vorher lesen kannst."

Thore kann nur mit einer WLAN-Verbindung über WhatsApp etwas schreiben und so hoffe ich, dass er meine Nachricht noch erhält, bevor er sich auf den Heimweg macht. Für mich ist es selbstverständlich, dass er zu mir kommen kann. Ich wünsche mir nichts mehr, als ihn endlich wiederzusehen. So richtig weiß ich nicht, warum er mich auf diese unverbindliche Weise fragt. Zum Glück antwortet er noch auf meine zweite Nachricht. In der Nacht hatte ich vergessen seine Frage, ob er zu mir kommen kann, zu beantworten.

Er 12:59:

> „Ich bringe 8 Flaschen mit. Kann auch Weißwein sein?
>
> Komme dann noch samstagabends, spätestens gegen acht. Fahren gleich los. Wetter ist toll.
>
> Liebe Grüße, gute Besserung."

Ich 13:00:

> „Okay, alles klar ☺.“

Er 17.02./ 09:59:

> „Sind gut angekommen. Gegen eins nachts war ich da.
>
> Sind die Möbel schon weg? Bis heute Abend.“

Ich 10:00:

> „Dann seid ihr ja etwas länger gefahren. Die Möbel sind weg.
>
> Musstest du deine Kleine also noch nicht abgeben?“

Er 10:04:

> „Zum Onkel hatte ich Stau. Dann dort nach neun weg. Kleine
>
> gebe ich halb sieben ab. Dann komme ich zu dir gebraust.
>
> Vorher zu Oma auf Kur besuchen, Kaffee machen, LG.“

Ich vergesse auf die Frage, ob es auch Weißwein sein kann, zu antworten. Mein Hochgefühl lässt mich nur daran denken, dass ich ihn morgen endlich wieder sehe. Da ist es mir völlig egal, wie viele von den weißen und roten Weinflaschen er mitbringt.

Ich 10:07:

> „Ich will heute Nachmittag noch zu meinen Eltern und bin dann
>
> zu 19.00 Uhr wieder zu Hause. Das müsste passen.
>
> Bis heute Abend.“

An diesem Wochenende sind mein Neffe mit Frau und den Kindern zu Besuch bei meinen Eltern. Meine Freude ist groß alle dort wieder sehen zu können. Doch so richtig bin ich nicht mit den Gedanken bei der Sache, als ich mit ihnen dann zusammen bin, sondern denke schon wieder sehr stark an Thore. Nach meiner Rückkehr von meinen Eltern bereite ich etwas für ein gemeinsames Essen mit ihm vor. Es wird eine Rote-Beete-Suppe vom Vortag geben. Dazu Brot und Salat.

Thore kommt pünktlich um neunzehn Uhr bei mir an. Auch er scheint erfreut zu sein, mich wiederzusehen. Es gibt einen Begrüßungskuss von ihm und er lässt sich bereitwillig von mir drücken. Dabei wendet er mir seinen Körper sehr stark zu, umarmt mich jedoch nicht. Ich sehe viel Freude in seinem Gesicht. Er bringt dieses Mal sehr viele Sachen mit. Einen Karton mit Wein, neue Steckdosen, Schalter und auch Brötchen für den nächsten Morgen. Ich sage freudig: „Das wird ja immer mehr, was du mitbringst." Darauf antwortet er, dass es nur eine Ausnahme sei. Ich frage ihn, ob er schon Abendbrot hatte oder ob er jetzt mit mir etwas essen möchte. Thore reagiert sehr erfreut über meine Einladung und auch ich bin einfach nur überglücklich, dass wir wieder beisammen sind. Meine Augen kleben schon wieder an seinem Gesicht und ich lausche seiner faszinierenden Stimme. Er hat zum Glück wieder ganz viel zu erzählen und teilt mir all seine Erlebnisse, die er mit Lene und den anderen aus der Familie im Urlaub hatte, mit. Zu seiner Schwester Stine und zu deren Kindern hat er ein sehr gutes Verhältnis, laut seinen Erzählungen. Ich bekomme auch den Eindruck, dass er über mich dort sehr viel berichtet hatte. Thore erzählt mit mir so ausgelassen über alles und bei einem Telefonat mit seiner Schwester am selben Abend bezieht er mich direkt mit ein in ihr Gespräch, sodass ich mich ihm sehr verbunden fühle. Das alles und auch seine Suche nach Nähe zu mir, geben mir wieder das Gefühl, dass er mich doch sehr mag. Thore sprach immer wieder von Vertrauen, was er braucht und ich habe den Anschein, dass er gerade ganz viel davon hat. Auch dass er in der Nacht ganz dicht bei mir eingekuschelt einschläft, empfinde ich wirklich als etwas Besonderes und so habe ich es auch sehr genossen.

Am Sonntag früh gibt es ein gemütliches Frühstück und wir fahren danach zum Strand für einen längeren Spaziergang. Wir schauen uns dann wieder die Kirche des Ostseeortes an und Thore macht darin ein paar Fotos mit seiner Kamera. Ich habe leider nie so richtig etwas erfahren dürfen über seine Gläubigkeit. Außer, dass in der Familie ein Tischgebet vor dem Essen gesprochen wird, erzählte Thore bisher nichts über seine religiösen Überzeugungen. Ich weiß nur, dass er und seine gesamte Familie sehr gläubig sind. Bei mir spricht er nie ein Tischgebet, obwohl ich es ihm angeboten hatte. Gutshäuser und Kirchen schaut er sich wohl immer wieder sehr gerne an. Ich jedoch finde dabei dann meist die Gärten interessant, wie auch bei dieser Kirche.

Zum Kaffee gibt es den von mir gebackenen Kuchen und verschiedene Tortenstücke von einem Bäcker aus der Heimatstadt seiner Mutter. Thore hatte auf dem Rückweg dort angehalten und auch Kuchen, Wurst und Tatar für uns mitgebracht. So gibt es an diesem Wochenende ganz schön viele Leckereien. Kein Wunder, dass wir beide schon etwas rundere Bäuche bekommen.

Nach dem Abendessen bringt Thore mir das Kartenspiel Canasta bei. Der Fernseher läuft nebenbei. Ich finde das Spiel sehr interessant und verstehe es auch recht schnell. Mit ein paar Notizen zu den Zahlen, die man hierzu wissen muss, bekomme ich es nach einigen wenigen Übungen hin, dann auch im Wettstreit mit Thore dieses Spiel durchführen zu können.

Da ich auch am Montag noch krankgeschrieben bin, verbringen wir auch diesen Tag zusammen. In meinem zukünftigen Schlafzimmer reißt Thore die Deckenpaneele heraus. Gemeinsam räumen wir gleich alles nach draußen und verbrennen nebenbei das inzwischen angefallene Holz hinterm Haus. Die Jogginghose, die Thore wieder von mir an hat, ist etwas kurz. Es erscheint mir jedoch so, als wenn er sich irgendwie immer noch gut darin findet. Die Arbeit gelingt mit ihm zusammen wieder sehr schnell und ich freue mich riesig darüber. Zur Kaffeezeit ist alles geschafft und wir machen anschließend einen kleinen Spaziergang durch den nahe liegenden Wald.

Nach dem Abendessen merke ich wieder etwas Wehmut in mir aufkommen und ich möchte deshalb ungern ins Bett gehen. Dann wird der Morgen mit dem Abschied wieder da sein und der fällt mir jedes Mal äußerst schwer. Ich bin zwar erst mal abgelenkt, während ich mit den Kindern in der Kita zu tun habe, aber wenn ich dann nach Hause komme, sind nur seine letzten Spuren im Haus zu sehen. Das macht mich irgendwie sehr oft traurig. Der Versuch, mich zusammenzureißen und nicht zu weinen gelingt mir sehr selten und ich verstehe meine eigene Gefühlswelt nicht mehr. Diese heftigen Emotionen und das ständige zerrissen sein, zerrt an meinen Kräften. Ich finde keine plausible Erklärung dafür, denn es sind meist nur wenige Tage, an denen wir uns nicht sehen. So versuche ich nun beim Aufkommen dieser Gefühle mit Thore darüber zu sprechen. Ich erkläre ihm auch, dass ich mich besser fühlen würde, wenn ich weiß, wann wir uns wiedersehen und schlage dann auch direkt vor: „Was hältst du davon, wenn ich am Donnerstag, nach meiner Urlaubsfahrt zu dir komme?" Thore stimmt zu meiner Verwunderung zu, denn bisher wich er solchen Wünschen von mir immer wieder aus. Mich brachte sein Verhalten schon so weit, dass ich einmal zu ihm sagte: „Wer weiß, vielleicht hast du ja eine Frau zu Hause, weshalb ich dich nicht besuchen darf." Daraufhin sagte er dann: „Ich habe keine fertige Küche, die steht noch halb eingepackt." Also war das eventuell das Problem, weshalb ich nicht zu ihm kommen sollte, oder ist es nur eine faule Ausrede? Ich schlage ihm nun vor, dass wir sie gemeinsam weiter aufbauen können. Doch leider bekomme ich zu dieser Idee weder eine Zustimmung noch eine andere klare Reaktion. Dann lenke ich unser Gespräch, was mir etwas mehr Sicherheit bescheren sollte in die Richtung, dass wir dann am Donnerstagabend was zusammen unternehmen könnten. Dazu gibt es eine größere Zustimmung von Thore. Mich macht dieser kleine Erfolg, gemeinsame Zeit mit ihm zu planen sehr zuversichtlich.

Nun nutze ich diese Unterhaltung, um ihn zu fragen, ob er mit mir im Sommer zu einer Gartenschau fahren würde. Natürlich vorausgesetzt, dass wir dann noch zusammen sind. Er antwortet darauf: „Das wäre schön, wenn wir dann noch zusammen sind, oder?" Ich antworte: „Ja, ich wünsche mir das auch sehr." Das fühlt sich so gut an. Er gibt mir das Gefühl, dass es ihm ähnlich geht wie mir.

Am Dienstagmorgen gegen halb zehn heißt es dann wieder Abschied nehmen. Thore verlässt mit mir zusammen das Haus. Wir verabschieden uns voneinander an meinem Auto und ich fahre los zur Arbeit. Thore scheint sich beim Losfahren Zeit zu lassen, denn ich sehe ihn nicht hinter mir. Auch als ich auf der Kreuzung in die entgegengesetzte Richtung, als er sie nehmen würde, abbiege, sehe ich ihn nicht losfahren.

Am Tag lese und höre ich, wie so oft nichts von ihm.

Ich 20.02./ 13:19:

> „Nun habe ich doch vergessen dir das Geld zu geben.
> Hoffe, du musst jetzt nicht verhungern oder soll ich es vor
> meinem Urlaub noch vorbeibringen?"

Er 13:19:

> „Fiel mir dann auch ein. Werde ich schon überleben.
> Kasten Bier habe ich besorgt.
> Wünsche dir eine ganz tolle Zeit mit deinen beiden.
> Liebe Grüße."

Er 13:35:

„Zahnbürste und Pasta habe ich nun auch endlich bekommen ☺, Nervensäge."

Ich 16:41:

„Dauert ja noch bis zum Urlaub. Wolltest du bis dahin nichts mehr von dir hören lassen? Ich will ja keine Nervensäge sein, aber was sein muss..."

Er 16:52:

„Das bezog sich auf Zähne putzen."

Ich 17:28:

„Das habe ich schon verstanden."

Thore hatte bis zu diesem Zeitpunkt nie eine Zahnbürste mitgebracht, wenn er bei mir war und meine neue, die ich ihm anbot auch nicht benutzt. Mehrmals hatte ich ihn geneckt, weil er sich so dumm anstellte. Ich weiß jedoch nicht, welcher Gedanke bei ihm wirklich dahintersteckte. Vielleicht möchte er sich noch nicht so einnisten bei mir. Es könnte für ihn ein gewisses Festlegen bedeuten, wozu er noch nicht bereit ist.

Er 21.02./ 10:18:

„Bevor ich es vergesse, war das ein Gruß. Ist Feuer nun aus?"

Ich 12:00:

„In der Feuerstelle brennt jetzt nichts mehr. Du konntest dich wohl nicht, ohne danach zu schauen, von hier verabschieden?"

Er 13:01:

„War viel Asche und Glut."

Ich 20:59:

„Viel Freude wünsche ich dir mit Lene und eine gute Nacht."

Er 22.02./ 09:37:

„Heute Theater, morgen Schwimmbad, Samstag wohl Zoo.

Nächste Woche Freitag muss ich nach Lübeck zur Trauerfeier, LG."

Damit ist dann mein Tag gelaufen. Diese Nachricht trifft mich wie ein Hammerschlag. Nicht weil jemand gestorben war, sondern weil Thore so kalt und ohne das Benennen von anderen Möglichkeiten schreibt. Es bedeutet nun auch, dass ich eventuell am Donnerstag doch nicht zu ihm kommen kann. Ein: „Tut mir leid" oder „Schade, dass wir uns dann nicht sehen", hätte diese Nachricht ganz anders wirken lassen. Thores Worte treffen mich sehr und machen mich wieder unglaublich traurig. Ich bekomme sofort das Gefühl, dass er nicht an meinen Besuch bei sich zu Hause interessiert ist. Dieses Gefühl ist nun auch verbunden mit Kopfzerbrechen darüber, ob ich ihn richtig einschätze. Vielleicht werde ich belogen und verarscht.

Ich schreibe ihm eine Nachricht, ohne jedoch meine momentanen Emotionen dabei mit einzubeziehen. Für ihn schalte ich all meine Zweifel und die schlechten Gefühle wieder aus. Warum mache ich das eigentlich? Ich verstehe nicht, weshalb ich meine Gefühle wie Wut oder Traurigkeit nicht einfach mal ihm gegenüber zeige. Über meine Zweifel und Gedanken hatte ich immer wieder versucht mit ihm zu reden, doch es klappte nie. Sicher würden Gefühlsausbrüche erst recht nicht zu einer konstruktiven Lösung beitrage. Nun versuche ich weiterhin krampfhaft auf sachlicher Ebene mit seinem Verhalten umzugehen. Sicher unterdrücke ich meine Emotionen, weil ich weiß, dass er nichts damit anfangen kann oder vielleicht auch nicht will.

Ich 12:53:

„Wer ist denn gestorben? Dann wird es wohl nichts mit Donnerstag zu dir kommen?"

Er 14:23:

„Ich muss um zwölf in Lübeck sein und gegen 19 Uhr bin ich

zurück. Samstagabend habe ich auch wieder was vor. Müsste auch wieder zu Mutti, vielleicht. Könntest dich ja hier aufhalten. Freitag und Samstagnachmittag könnten wir was unternehmen. Sonntag könnte ich zu dir kommen."

Auch diese Nachricht kann mich nicht glücklicher machen. Es gibt kein Entgegenkommen von Thore, was die Planung für unsere gemeinsame Zeit betrifft. Ich bin immer gezwungen mich auf ihn und seine wechselhaften Wünsche einzustellen. Immer wieder spiele ich nun in Gedanken durch, was hinter seinem wechselhaften Interesse an mir stecken könnte. Ich finde keine plausible Erklärung. Solche Nachrichten, wie diese, wirken immer wieder äußerst niederschmetternd auf mich. Ich interessiere ihn wohl doch nicht so, wie ich es noch vor sehr wenigen Tagen angenommen hatte. Der Gedanke kommt in mir auf, ihm auf solche Nachrichten einfach nicht mehr zu antworten. Thore macht das mit mir schließlich auch so, wenn ich ihm etwas Emotionales schreibe.

Nach der Arbeit besuche ich meine Nachbarin Christa. Ich möchte sie fragen, ob sie mich Samstag zum Bahnhof bringen würde. Ich erzähle ihr ein wenig von Thore und der doch etwas komplizierten Beziehung zu ihm. Mit ihrer gelassenen Art und Weise, mit problematischen Sachen umzugehen, hat sie mich dann schnell wieder beruhigt und mich dazu bewegt, Thore mit etwas mehr Toleranz zu begegnen. Ich dachte bisher eigentlich immer, dass ich das schon bin.

Ich 18:40:

> „Können wir ja so ähnlich machen. Ich will Samstag meinen Geburtstag zu Hause nachfeiern. Mal sehen, ist ja noch Zeit bis dahin. Wer ist denn nun gestorben?"

Er 19:23:

> *Ein Bild von Lene mit der Bemerkung:*

„Lene nach ihrem ersten Kuchen."

Auf dem Bild hat sie einen vollgestopften Mund mit Krümeln im Gesicht. Sie trägt ein Lätzchen, was mich sehr verwundert, denn ich finde es nicht dem Alter angemessen. Mit fast vier Jahren sollte ein Kind ohne Lätzchen Kuchen essen können. Was soll ich mit dem Bild von Lene anfangen? Ob das immer Versuche sind, mich mit ihr bekanntzumachen? Sicher dient es eher dem Sinn mich ruhig zu halten. Oft genug spricht Thore von Lene und auch von seiner Mutter. In mir hat das den Wunsch geweckt, sie kennenlernen zu wollen. Doch Thore weicht meinen Äußerungen dazu immer wieder aus oder stellt es als: „Noch zu früh" dar.

Ich 20:30:

„Kannst du das auch so gut, Grimassen ziehen ☺?"

Da Thore die Nachricht sofort liest und wieder nicht darauf antwortet, frage ich direkt nach.

Ich 21:35:

„Warum gibt es auf so etwas nie eine Antwort?"

Ich denke unentwegt an ihn und stelle mir vor, wie er wohl den Tag mit Lene verbringen mag.

Auf der Internetseite, auf der wir uns getroffen hatten, sah ich ihn bisher seit unserem letzten Treffen nur ein einziges Mal online. Oft schaue ich abends dort nach seinem Onlinestatus. In seinem Profil lautet sein derzeitiger Stand immer noch Single. Scheint so, als ob er weiter sucht und mich nur warm hält. Er schafft es immer wieder bei mir Eifersuchtsgefühle zu erzeugen und diese kenne ich überhaupt nicht bei mir. Darum weiß ich auch rein gar nicht, wie ich damit umgehen soll. Traurig darüber, dass Thore wieder nicht antwortet, schreibe ich noch eine letzte Nachricht an diesem Abend. Seine Antwort erwarte ich nicht. Sicher kommt sie irgendwann oder vielleicht auch gar nicht.

Ich 23:02:

> „Kannst du mir ein Bild mit dir und Lene zusammen schicken?"

Er 23.02./ 08:53:

> „Kann keine Grimassen. Gestorben ist der Mann von unserer
> Wende-Freundschaft. Meine Schwester kommt auch."

Ich 17:31:

> „Bleibt deine Schwester in Lübeck zum Übernachten?
> Konntest du es denn aushalten mit Lenes Krümelmund?"

Wieder lese ich dann auch an diesem Tag nichts mehr von ihm.
Eigentlich hatte ich ja immer gehofft, dass Thore mit mir zusammen
nach Leipzig fährt, aber das kam für ihn nie wirklich infrage und er
gibt hauptsächlich Lene als Grund dafür an. Auch an dem
Wochenende, wenn ich verreise, wird Thore sie wieder bei sich zu
Hause haben. Will ich wirklich einen Mann, der sich nicht dafür
interessiert, was mir wichtig ist und der mich immer wieder
enttäuscht? Ich kann mir all diese Fragen nicht beantworten und
immer wieder drehen sich meine Gedanken darum, wie es ihm geht.
Dass Thore sich nicht für mich interessiert, bekomme ich am Morgen
vor meiner Abreise nach Leipzig noch mal richtig zu spüren. Obwohl
er weiß, dass meine Fahrt am Morgen beginnt und auch, dass ich
immer gern weiß, wann wir uns wiedersehen, schreibt er für mich
unfassbar unsensibel.

Er 24.02./ 9:13:

> „Schwester kommt doch schon Donnerstagabend zu mir. Dann
> wird es nichts mit Herkommen. Höchstens Freitagabend ab
> halb acht. Stine bringe ich dann in Lübeck zum Bahnhof. Für
> dich eine gute Fahrt heute. Wir gehen nachher in den Zoo, LG."

Ich antworte darauf nicht, denn ich muss mich wirklich

zusammenreißen, nicht in Tränen auszubrechen. Selbst wenn all das, was er schreibt, der aktuellen Wahrheit entspricht, würde mit ein wenig Sensibilität diese Information ganz sicher auch netter herüberkommen. Ob er mir morgen an meinem Geburtstag auch solche abkühlenden Worte vorsetzt?

Meine Reise nach Leipzig zu meinen Mädels beginnt nun leider mit dem Gefühl von tiefster Traurigkeit. Mein Zug kommt, trotz angekündigter Verspätung doch noch pünktlich. Im Zug werde ich wieder etwas gelassener. Eine schwangere Frau lässt mit ihrem zufriedenen Lächeln ihre gute Stimmung auf mich abfärben und ich komme noch mehr in eine ruhigere Gefühlslage. Auch die Freude auf Frances, Sara und Ron kommt in mir wieder zurück. Pünktlich kommt der Zug am Nachmittag in Leipzig an und ich werde am Bahnsteig von Sara empfangen.

Thore fragt dann tatsächlich zu späterer Zeit, ob ich gut angekommen bin. Meine Enttäuschung über sein weniges Interesse steckt jedoch noch immer in mir.

Er 17:39:

„Bist du gut angekommen? Gerade zurück vom Zoo. Schlafen fällt heute wohl aus."

Ich 17:52:

„Ich bin gut angekommen."

Er 18:50:

„Na dann schlaf mal schön in dein neues aufregendes Lebensjahr."

Ich 18:55:

„Wir wollen vorher noch in die Weinwirtschaft."

Er 20:08:

„Reinfeiern? Ist Schlafordnung schon geklärt? Wir gehen jetzt schlafen. Gute Nacht."

Ich 20:16:

„Hier ist die Schlafordnung geklärt. Gute Nacht wünsche ich
euch beiden auch."

Die Nachricht liest er dann erst wieder am Morgen, genau wie er sich
das Bild aus der Weinwirtschaft, was ich ihm später noch schicke
auch dann erst anschaut. Mich ärgert es jedes Mal, wenn er aus einer
Unterhaltung bei WhatsApp plötzlich aussteigt oder einfach kein
Interesse an einer Antwort zeigt oder selbst manchmal einfach nicht
mehr antwortet.

Zu meinem Geburtstag bekomme ich dann endlich das gewünschte
Bild von ihm gemeinsam mit Lene.

Er 25.02./ 10:07:

„Glückwunsch zum Geburtstag und alles Gute für dein neues
Lebensjahr. Viel Spaß mit deinen beiden Kindern. Bei uns hat
es heute geschneit. Wir gehen gleich noch Rehe füttern und
nachmittags Oma besuchen. Liebe Grüße Thore."

Ich 10:11:

„Danke, euch viel Spaß."

Er 11:20:

Ein Bild von ihm und Lene, auf dem sie beide ihre Köpfe eng
beieinander haben. Sie sitzt auf seinem Schoß. Lene schaut
neckisch lächelnd und Thore wirkt sehr glücklich. Er trägt ein
kariertes Hemd und hat Haarspangen in seinen kurzen Haaren.

„Lene wird ja immer, aber ich sehe normal besser aus."

Ich 11:35:

„Danke ☺, hast dich gut getroffen."

Obwohl es kaum zu glauben ist, dass dies die Glückwünsche des
Mannes sind, in den ich mich verliebt hatte, freue ich mich wirklich

sehr über das Bild und die Glückwünsche von ihm. Während des Tages bekomme ich keine einzige Emotion von ihm zu hören oder zu lesen. Ich habe es mir so sehr gewünscht. Vielleicht ein Herzchen, ein Smiley oder einfach liebe Worte bei einem Telefonat. So versuche ich wieder meine eigene Interpretation zu finden. Wenn Thore mich nur einmal so ansehen würde, wie auf diesem Bild. Er sieht darauf einfach nur überglücklich aus und das liegt ganz sicher an seiner Tochter.

Ich versuche nun die Zeit mit meinen Kindern zu genießen. Doch irgendwie gelingt mir das nicht. Ich bin mit meinen Gedanken mehr bei Thore, als bei meinen Kindern. Auch die Traurigkeit über die gefühlte Ferne zu ihm kann ich kaum verdrängen. So versuche ich mit einem Bild von mir heute zu ihm den Kontakt zu finden. Mit ein wenig zusammengekniffenen Augen, weil ich gerade in die Sonne schaue, lächle ich gezwungen in die Kamera meines Handys. Im Hintergrund sieht man den See, an dem ich gerade mit Sara bin und einen Teil der dahinterliegenden Brücke.

Ich 18:04:

> „Sara und ich sind heute am See und es war eisig "

Ich 18:06:

> „Frühs waren wir brunchen. Das war mein Geburtstagsgeschenk und morgen bekomme ich eine professionelle Massage. Zu Hause schneit es wohl schön?"

Er 19:37:

> „Ja hat schön geschneit. Habe heute viermal gefegt. Nun erst mal wieder Ruhe."

In Leipzig vergehen die wenigen Urlaubstage sehr schnell. Meine Rückreise gestaltet sich dann etwas problematisch, denn im Süden von Deutschland herrschen zweistellige Minusgrade und im Osten ist inzwischen sehr viel Schnee gefallen. Geistesgegenwärtig schaue ich beim Frühstück noch mal im Internet nach meiner Bahnverbindung. Dort lese ich nun, dass mein Zug irgendwo wegen eines Problems mit den Weichen festsitzt. Ich finde dann noch eine frühere Verbindung heraus und so sputen wir uns, um diesen Zug noch erreichen zu können. Zum Glück klappt das problemlos und ich kann am Bahnhofsschalter meine Zugfahrt umbuchen. Jetzt brauche ich nicht mal mehr zwischendurch umsteigen und bin sogar noch früher zu Hause.

Gegen Mittag schicke ich an Thore noch kurz eine Nachricht von meiner Reiseänderung, worauf er wieder nichts schreibt. Es scheint ihm wirklich egal zu sein, ob ich gut oder schlecht nach Hause komme. Vielleicht ist es ihm auch egal, ob ich überhaupt zurückkomme. Am Abend lese ich dann jedoch eine sehr unerwartete Information von ihm.

Er 28.02./ 20:53:

> „Bestattung ist verschoben um zwei Wochen, wegen Eis.
> Könntest doch kommen, LG."

Ich 20:53:

> „Wann? Morgen?"

Er 20:54:

> „Ja."

Ich 20:55:

> „Willst du das wirklich?"

Er 20:56:

> „Musst ja nicht, ich kann auch kommen."

Ich 20:57:

> „Ich würde gern zu dir kommen und mit dir abends was essen
> gehen. Ich lade dich ein."

Er 21:04:

„Okay."

Diese so plötzliche Wendung erfreut mich so sehr, dass ich erst mal laut Musik höre und im Wohnzimmer tanze. Vor wenigen Stunden war ich emotional noch im Keller und nun in einem wunderbaren Hochgefühl. Wie kann ich mir das nur erklären? Ich weiß es nicht und ich denke nun auch nicht weiter darüber nach.

Am Morgen ist Thore schon kurz nach acht online bei WhatsApp zu sehen. Das bedeutete ja, dass er schon aufgestanden ist. Ich stelle mir vor, dass er vielleicht noch ein wenig die Wohnung auf Vordermann bringen möchte, um sie mir dann perfekt präsentieren zu können.

Ich 01.03./ 9:33:

„Soll ich irgendwas mitbringen? So zwischen halb sechs und halb sieben werde ich heute Abend bei dir sein ☺. Ist das okay?"

Er 13:56:

„Ja ist okay. Muss ich mich ja sputen! Brauchst nichts mitzubringen."

Also hatte ich wohl mit meiner Vermutung recht, dass er noch viele Vorbereitungen erledigen wird für meinen Besuch. Ich scheine ihm auf seine spezielle Art doch nicht so unwichtig zu sein.

Nach einem Treffen mit meinem Vater und dessen Steuerberater am späten Nachmittag fahre ich gegen halb sechs los zu Thore. Es schneit gerade dicke Flocken, aber die Straßen sind in Ordnung und problemlos zu befahren. Kurz nach dem verabredeten Zeitrahmen komme ich bei ihm zu Hause an und finde auch schnell einen Parkplatz fast vor der Haustür. Dann überlege ich kurz, ob ich bei ihm oder in der Wohnung seiner Mutter klingeln sollte, denn ich weiß ja, dass er sich auch sehr viel bei ihr aufhält. Ich entscheide mich schnell für seine Wohnung und drücke den Klingelknopf. Mir wird nach Beantworten seiner Frage, wer denn klingelt, die Tür geöffnet und ich laufe ganz gespannt nach oben. Thore wohnt in der Dachgeschosswohnung und begrüßt mich etwas herzlicher, als es sonst manchmal der Fall war. Sein fröhlicher Gesichtsausdruck freut mich sehr und er erscheint mir auch ein wenig aufgeregt zu sein. Was für eine bedeutende Situation dies wohl für ihn sein mag.

Stolz zeigt Thore mir seine schöne und sehr ordentliche Wohnung. Ich bin mir nun sicher, dass er sie für mich an diesem Tag noch einmal so richtig ordentlich hergerichtet hatte. Dann zeigt er mir alles ganz genau, wie ich es vom ersten Besuch beim Ferienhaus her schon kannte. Wieder betont er auch hier aus welchem Holz die Fußböden, die Türen und all die andere Dinge gebaut sind. Mich interessiert das nicht so sehr, aber ich äußere meine Meinung zu seiner Wohnung und die fällt für ihn gut aus. Alles ist sehr geschmackvoll und gemütlich eingerichtet.

In der kleinen Wohnstube auf dem Tisch stehen unübersehbar meine Geburtstagsgeschenke. Mit leuchtenden Augen verkündet Thore, dass das alles für mich sei. Auf dem Couchtisch stehen eine Standluftpumpe für Fahrräder und eine riesige Zimmerpflanze. Ein gut gewachsener Balsamapfel in einem roten Übertopf und auch rote Tulpen schmücken den Tisch. Ich bin sehr überrascht, denn damit hatte ich wirklich nicht gerechnet und so sage ich: „Das ist alles für mich? Mir hätte auch das Bild, was du mir geschickt hast schon gereicht." Dieses Bild ist tatsächlich mein Lieblingsfoto von ihm. Ich freue mich natürlich auch sehr über die Mühe, die er sich mit den Geschenken gemacht hatte. Sicher bedeute ich ihm doch sehr viel. Auch Thore freut sich über seine gelungene Überraschung. Da ich weiß, dass er selbst kein Einkommen hat, finde ich seine Geschenke etwas übertrieben und eine innige Umarmung oder ein liebevoller Kuss hätten für mein Empfinden besser zu dieser Situation gepasst. Vielleicht muss ich mich jedoch daran gewöhnen, dass Thore mir so seine Zuneigung ausdrückt.

Wir setzen uns auf das Sofa und erzählen alles, was in den letzten Tagen wichtiges passiert war. Das ist einiges und als wir nach einer guten Stunde damit fertig sind, fahren wir zum Essen zu einem Italiener. Thore findet meinen Wunsch, in genau diesem Restaurant etwas zu essen, scheinbar nicht so gut. Ich habe das Gefühl, dass er sehr skeptisch gegenüber meiner Äußerung ist. In der Vorweihnachtszeit hatte ich mit Sara und Frances dort schon zu Abend gegessen und wir waren sehr begeistert vom Essen und von der Gastfreundlichkeit, die dort herrschte. Thore scheint mir diesen Wunsch jedoch nun erfüllen zu wollen und letzten Endes gefällt es ihm dann dort auch recht gut.

Später, bei ihm zu Hause, trinken wir wieder von dem leckeren Weine aus Hessen und schauen dabei fern. Bis zu diesem Zeitpunkt gab es in keinster Weise einen Körperkontakt zwischen uns. Nur bei der Begrüßung hatten wir uns umarmt. Auch als wir dann später im Bett liegen, dreht Thore sich ohne Gutenachtkuss um und schläft in seinem dicken Schlafanzug eingehüllt ein. Er gleicht einer Festung, die keine Gefühle, Emotionen oder Zärtlichkeiten zulässt. Für mich beginnt die Nacht zu einem Desaster zu werden. Nicht nur das gefühlte Desinteresse von Thore nagt an mir. Auch sein Schnarchen und die Deckenleuchten mit ihrer seltsamen Restleuchtkraft lassen mich nicht zur Ruhe kommen. Gegen drei Uhr in der Nacht flüchte ich ins Wohnzimmer und versuche auf dem Sofa zu schlafen. Es klappt ganz gut. Leider werde ich nach knapp drei Stunden wieder wach, weil mir unter der dünnen Sofa-Decke inzwischen zu kalt wurde. Immer diese starken Schwankungen zwischen heiß und kalt. Als ich neben Thore lag, war es zu heiß und nun auf dem Sofa unter der dünnen Decke ist es mir wieder zu kalt. Um mich nun wieder aufzuwärmen, lege ich mich zu Thore ins Bett. Er schnarcht gerade nicht mehr und so kann ich noch etwas schlummern, bis er dann gegen halb acht wach wird. Auch morgens gibt es keine körperliche Nähe zwischen uns. Ich habe mir vorgenommen ihn nicht ständig zu verführen, sondern abzuwarten, ob er irgendwann selbst die Initiative ergreift. Doch ich ahne jetzt schon, dass ich darauf vergebens warten werde.

In der Wohnung seiner Mutter bereiten wir gemeinsam das Frühstück zu, so wie Thore es gewohnt ist mit Brötchen, Wurst, Käse, Marmelade, Honig, Obstteller, Frühstücksei und Tee. Hier, in der Wohnung scheinen sich die meisten Dinge in seinem Leben abzuspielen. Mit dem Kaffeekochen scheint Thore Schwierigkeiten zu haben, denn er bittet mich darum ihn mir nach meiner Vorstellung allein zuzubereiten. Er selbst ist kein Kaffeetrinker, weshalb ich das sogar verstehen kann.

Nachdem wir ausgiebig gefrühstückt haben, fahren wir auf meinen Wunsch hin nach Kühlungsborn. Mit acht Grad unter null, ist es sehr eisig draußen und wir können aus diesem Grund immer nur kurze Spaziergänge machen. Mit vielen Aufwärmpausen im Auto und auch zwischendurch in einem Café, zählt meine Schritte-App an diesem Tag fast neun Kilometer, die wir gegangen sind. Beim Gehen hake ich mich immer wieder bei Thore ein und er gewährt mir dies auch ausdauernd. Doch er selbst hat es bisher nie von sich aus so getan. Was soll ich bloß machen mit diesem Kühlschrank? Gefühle kann man leider nicht erzwingen und darauf zu hoffen, dass sich bei ihm welche einstellen erscheint mir immer sinnloser.

Auf dem Nachhauseweg können wir an dem Abend aus dem Auto heraus den wunderschönen Vollmond sehen. Er steht riesig am Horizont und sieht fantastisch aus, sodass ich ihn bewundere und Thore scheinbar auch. Er fährt etwas langsamer mit dem Auto, damit wir an einer gut einzusehenden Stelle etwas länger einen Blick auf den Mond werfen können. Selbst äußert Thore jedoch nichts zu diesem Schauspiel.

Wir rasten dann auf Thores Wunsch hin in einem ihm gut bekannten Restaurant. Obwohl er dort mit der Familie des Öfteren etwas gegessen hatte, bin ich nun sehr verwundert, dass er die Qual hat den richtigen Platz zum sitzen für uns zu finden. Scheinbar gibt es einfach zu viele schöne gemütliche Ecken in dem riesigen Restaurant, sodass seine Entscheidung für mich gefühlt eine halbe Stunde dauert. Ich schlage immer wieder einen für mich passabel erscheinenden Platz vor, aber Thore reagiert nicht darauf. Nach wiederholtem Durchstreifen des Restaurants will er dann an dem von mir zuerst vorgeschlagenen Tisch sitzen und ich stimme dem ohne weitere Bemerkung zu. Mit unserer Bestellung läuft es dann etwas einfacher. Wir entscheiden uns für zwei unterschiedliche Wildgerichte und einem kleinen Bier dazu.

Das Essen und auch der lange Spaziergang in der Kälte hatten Thore scheinbar so müde gemacht, dass er zu Hause sofort auf dem Sofa einschläft. Ich wecke ihn und bitte darum doch lieber ins Bett zu gehen. Mit einem schlafenden Thore vor dem Fernseher zu hocken, war nicht meine Vorstellung für den weiteren Abend. Wir gehen dann auch zusammen in sein Schlafzimmer und Thore zieht sich wieder seine Festung, den langen Schlafanzug an. Daraufhin necke ich ihn deshalb ein wenig. Er behält ihn jedoch an und erst als ich im Bett anfange ihn zu küssen und mit ihm zu kuscheln, zieht er ihn wieder aus. Bei jeglicher Annäherung von mir ist er immer sofort auf Sex eingestellt, obwohl ich nähe und Zärtlichkeit möchte. Aktivitäten, die von ihm ausgehen, gibt es nicht. Manchmal zweifle ich sogar schon daran, ob er überhaupt unsere sexuellen Begegnungen möchte. Vielleicht denkt er auch nur, dass ich etwas will und er dann etwas machen müsste. Gedanken, dass ich ihn sogar meist verführe, kommen mir in den Kopf. Doch wenn wir dann miteinander schlafen, habe ich immer den Eindruck, dass es ihm sehr gefällt. Über Sexualität, Liebe, Gefühle und all solche Dingen mit ihm zu reden, gelingt mir nicht. Trotz verschiedener Versuche, gab es bisher keine Aussagen von ihm darüber. Thore geht auf meine Worte nicht ein und äußert maximal kurze sachliche Fakten oder stellt irgendwelche Hypothese auf.

Nachdem wir nun in dieser Nacht miteinander geschlafen haben, kann ich wieder besser einschlafen. Sicher weil mein Bedürfnis nach Nähe nun auf diese Art gestillt wurde und ich an ihn gekuschelt, ohne dass er seinen Schlafanzug trägt, einschlafen kann. Am Morgen harrt Thore sehr lange aus, als ich wieder in seinem Arm, ganz dicht neben ihm liege. Ich weiß nicht, wann er von sich aus diese Position ändern würde. Mich von ihm zu lösen fällt mir sehr schwer. Der Abschied steht bald an und keine meiner vielen Fragen hatten bisher eine Antwort erfahren. Fragen wie: Was will er eigentlich von mir? Will er nur nicht allein sein? Was findet er gut an mir? Warum tut er sich so schwer mit Nähe?

Da ich geplant habe gegen elf Uhr nach Hause zu fahren, um noch meine Geburtstagsparty zu Hause vorbereiten zu können, sitzen wir gegen zehn Uhr am Frühstückstisch. Unsere Unterhaltung an diesem Morgen verläuft dann irgendwie auf ganz seltsame Abwege.

Angefangen mit dem Thema Lene und seine eigenwillige Erziehung, geht es weiter um seine unrealistischen Pläne. Seiner Meinung nach sollte ich viel Geld ausgeben, was ich nicht einmal habe, um mein Haus zu verschönern. Beispielsweise zeigt er mir im Internet ein Regal welches 500,00 Euro kostet. Das schlägt er mir tatsächlich für meinen Schuppen vor. Ich sage ihm dann, dass das für mich nicht infrage kommt. So etwas Teures kann ich mir weder leisten, noch möchte ich es haben. Thore zeigt keine Einsicht oder gar Verständnis und bleibt bei seiner Vorstellung. Immer wieder versucht er mir dieses Regal aufzudrängen. Nochmals gebe ich ihm zu verstehen, dass ich so viel Geld niemals für ein Regal im Nebengebäude investieren würde und auch, dass das momentan darin stehende seinen Zweck gut erfüllte. Thore zeigt wieder kein Verständnis und lässt dieses Thema nicht ruhen. Mit Empörung reagiere ich nun: „Ich verstehe nicht, wie du solche Ansprüche haben kannst, obwohl du selbst kein eigenes Einkommen erwirtschaftest. Warum willst du mir das Regal immer wieder aufdrängen? Solche hohen Ansprüche wie du, habe ich nicht und ich möchte, dass du das akzeptierst!" Ich schaukele mich dann etwas hoch und rede weiter mit maßregelnden Worten: „Mit 47 Jahren sollte man doch für sich selbst finanzielle Verantwortung übernehmen können und sein Leben eigenständig gestalten. Wie willst du das je können, wenn du von deiner Mutter abhängig bist? Du musst doch auch irgendwelche Ziele für dich selbst im Leben haben!" Meine Worte treffen ihn sehr. Ich sehe es an seinem Blick. Sein Gesichtsausdruck verändert sich ins regelrecht Düstere. Sofort verstehe ich, dass ich jetzt den Bogen überspannt hatte. Thore wirkt sehr verletzt und sagt nichts mehr. Ich versuche ihm klarzumachen, dass es mir gerade wichtig ist, Verständnis füreinander zu finden und ich mir nicht seine Ansprüche aufdrängen lassen möchte. Das versteht er leider nicht mehr und ich habe das Gefühl, dass meine Worte nun nicht mehr zu ihm durchdringen. Ich versuche irgendwie die Situation zu schlichten oder ihn zum Reden zu bewegen, doch es gelingt mir nicht. Wir räumen mit dieser miesen Stimmung den Tisch ab. Immer wieder mal versuche ich ein Wort aus ihm herauszubekommen. Ich will eine vernünftige Diskussion oder von mir aus würde auch ein Streit darüber möglich sein, aber Thore hat sich verschanzt. Meine weiteren Schlichtungsversuche laufen ins Leere und es erscheint mir, als wenn Thore hinter seiner Mauer verschanzt bleiben wird. Für mich bringt diese unbekannte Situation nicht nur Unbehagen, sondern auch Hilflosigkeit mit sich. So bleibt mir nur noch meine letzte Idee. Ich umarme ihn, verbunden mit der Hoffnung, dass das bockige Kind dann endlich wieder Ruhe gibt. Bei dieser Umarmung merke ich, wie sehr Thore innerlich bebt. Ich bin erschüttert darüber, was mit ihm passiert und er tut mir wirklich sehr leid. So etwas habe ich bei einem erwachsenen Menschen noch nie erlebt und ich frage mich, ob es Angst ist oder doch eher unterdrückte Wut. Ich bin komplett überfordert und frage ihn nochmals, ob wir reden wollen, aber er schüttelt nur den Kopf, ohne Worte dazu zu sprechen. Nachdem wir den Rest vom Tisch abgeräumt haben, frage ich ihn, ob er mir noch den Garten zeigt. Darauf antwortet er mit etwas bockigem Ton: „Den kannst du dir doch von hier aus angucken." Das ist für mich dann die Endstation meines Lateins und ich merke, wie sich Tränen in meinen Augen breit machen wollen. Doch weinen möchte ich in dieser Situation auf keinen Fall und so mache ich mich auf den Weg, um nach Hause zu fahren. Thore hilft mir, ohne dass ich ihn darum bitten muss, die vielen Geschenke zum Auto zu tragen. Ich bekomme das Gefühl, dass er mich nun schnell loswerden will. Meine letzten Worte, nachdem ich wiederholt mein

Bedauern über sein Verletzt sein ausgedrückt habe, sind: „Vielleicht können wir später noch einmal darüber sprechen". Er schüttelt wieder seinen Kopf und ich verabschiede mich mit einer kurzen Umarmung, die er widerwillig erduldet.

Ich versuche meine Tränen zu unterdrücken. Alles mir Menschenmögliche hatte ich nun versucht, um mit dieser Situation umzugehen. Bis kurz vor meinem zu Hause schaffe ich es gegen die Tränen anzukämpfen. Dann kullern sie und eine tiefe Traurigkeit, verbunden mit einem Ohnmachtsgefühl überkommen mich. Ich weiß nun nicht, wie ich die Geburtstagsparty vorbereiten soll. Dann auch noch an diesem Tag zu feiern, erscheint mir unmöglich. Vielleicht sollte ich einfach allen Gästen absagen.

Ich hole mir Beistand bei Frances und rufe sie an. Sie kann mich ein wenig wieder beruhigen und als dann meine Freundin Clara gegen halb vier bei mir ankommt, bringt sie mich schnell wieder in eine sehr viel bessere Stimmung. Ich freue mich sehr, dass Clara in diesem Jahr zu meiner Geburtstagsfeier da ist. In den Jahren zuvor war es ihr nicht möglich zu kommen, weil jemand aus der Familie auch in dieser Zeit Geburtstag hatte. In diesem Jahr fielen die Feiern dann wohl mal nicht zusammen auf einen Tag. Meine Eltern erwarte ich erst in einer halben Stunde und meine Nachbarn kommen gegen Abend. So nutze ich mit Clara noch diese kurze Zeit zum Erzählen.

Meine Geburtstagsfeier verläuft trotz meines Problems mit Thore doch noch recht gut und ist für mich eine wirklich wohltuende Ablenkung. Als dann noch meine Nachbarn Christa und Achim einkehren, wird die Stimmung noch besser und ich denke nur sehr wenig an den Konflikt mit Thore. Nach der Feier, die bis kurz nach Mitternacht andauert, kommen die zermürbenden Gedanken an ihn zurück. Ich weine noch sehr lange. Sicher eher aus Hilflosigkeit.

Wenn ich nur verstehen könnte, was passiert war. Was war mit ihm nur los? Auch was noch kommen mag, lag meiner Vorstellung fern. Nachdem ich Thore noch eine Nachricht schreibe, schlafe ich erschöpft ein.

Ich 04.03./ 02:35:

> „Es tut mir leid, dich mit so viel Traurigkeit
> verlassen zu haben ☹."

Er liest diese Nachricht erst gegen halb zwölf vormittags an diesem Sonntag. Ich weine die meiste Zeit des Tages und kann nichts dagegen machen. Solch tiefe Traurigkeit kenne ich nicht und schon gar nicht, dass ich mich nicht mehr alleine beruhigen kann. Dass Thore sich nicht mit dieser Problematik auseinandersetzen will und sich einfach stumm stellt, kann ich nun nicht mehr aushalten. Ich schreibe ihm eine weitere Nachricht, die nun auch einen klärenden Standpunkt darstellen sollte.

Ich 17:16:

> „Ich gehe davon aus, dass es das denn jetzt war mit uns
> beiden, weil du auch heute nicht mit mir kommunizierst. Später
> will ich nicht mehr. Das ist das, was mir nicht liegt. Ich habe
> versucht dich zu verstehen und es ging leider nicht. Vielleicht
> bin ich ja zu blöd dazu."

Ich gehe davon aus, dass er auch darauf nicht antworten wird. Warum die vielen Geschenke zum Geburtstag, wenn er doch kein Interesse an mir hat und auch nicht daran einen Konflikt zu lösen? Ich hatte mir immer gewünscht, dass wir noch ganz viele schöne Momente und Erlebnisse miteinander haben werden, verbunden mit der Hoffnung, dass meine Zweifel und auch negativen Gedanken, die diese Beziehung mit sich bringt, irgendwann verschwinden werden. Dann, wenn wir uns noch besser kennen und Thore sich mir gegenüber mehr öffnet, wird vielleicht ein besseres Verständnis füreinander möglich sein. Nun allerdings hat er sich komplett verschlossen. Er hat mich bisher mit emotionaler und körperlicher Zuwendung verhungern lassen und jetzt verweigert er auch noch die Kommunikation. Diese Situation ist für mich unerträglich.

Die Fotos, die ich am Wochenende von uns beiden gemacht hatte, sehe ich mir nun auf dem PC an und schicke ihm eines davon. Dann nehme ich mir ganz fest vor, ihm einfach nichts mehr zu schreiben. Ich halte es dann ganze drei Tage aus, nicht dieser Versuchung nachzugeben. Immer wieder weine ich sehr viel. In meinem innerlichen Chaos, was sich nicht zu lösen erscheint, sondern mich immer depressiver werden lässt, schreibe ich dann die nächste verzweifelte Nachricht an ihn.

Ich 06.03./ 8:25:

> „Guten Morgen, ich hoffe, es geht dir wieder besser. Mir geht es mit dieser Situation überhaupt nicht gut. Ich hatte gehofft, wir finden einen Weg mit den heftigen Emotionen umzugehen. Für mich ist diese Situation, dass du dich komplett zurückziehst mit dem Gefühl verbunden, dass es vorbei ist. Das macht mich sehr traurig. Ich habe meine Wünsche, glaube ich oft genug geäußert und jetzt würde ich mir wünschen, dass es mit uns irgendwie weiter geht. Was meinst du? Können wir einen Weg finden, den anderen nicht zu verletzen, sondern verantwortungsvoll miteinander umzugehen?"

Auch darauf gibt es keine Antwort und ich versuche dann sogar, ihn am Abend anzurufen. Natürlich geht er nicht ans Telefon und meldete sich auch nicht zurück. Ich kann es nicht fassen, dass jemand wegen solch einem Streit alles hinschmeißt und sich so benimmt. Für ihn ist es sicher keine Lappalie, doch aus meiner Sicht schon gar kein

Grund sich wie ein Kind zu benehmen und zu bocken. Ich schreibe ihm dann eine weitere Nachricht, um vielleicht damit die unausweichliche Trennung heraufzubeschwören.

Ich 06.03./ 22:45:

„Ich hätte lieber mit dir geredet. Da kann man die Dinge verständlicher machen. Hier nun noch einmal meine letzten Gedanken an dich gerichtet. Du kannst über Gefühle nicht reden. Auf meine hast du nie reagiert. Zu anderen gemein zu sein liegt dir sehr gut und selbst bist du sehr schnell verletzt. Ich habe deine Gemeinheiten nie als solches gewertet, aber bei genauerem Hinsehen ist dein Verhalten oft genug äußerst gemein. Als ich dir gegenüber Kritik geäußert habe, die ich lediglich als Anregung meinte und in meiner Vorstellung darüber gern diskutiert hätte, warst du verletzt. Ich habe gemerkt, welch ein Beben in dir steckte, als ich dich in der Küche gedrückt habe. Ich fragte dich, was ich tun soll und du machtest einfach dicht. Mir tut es unheimlich leid, dass ich dich so verletzt habe, weiß aber auch, dass solche Situationen zu einer Beziehung dazu gehören. Wie man damit umgeht, ist unterschiedlich möglich. Aussitzen geht leider für mich nicht. Ich hatte Hoffnung und Energie in dich investiert. So viele Fragen von mir hattest du unbeantwortet gelassen! Ich weiß, dass du auch auf diese Nachricht nicht antworten wirst. Ein Gespräch, über das, was dich wirklich bewegt, wird es auch nie geben. Vielleicht interessieren dich diese Dinge auch gar nicht. Es reicht auch zu wissen, dass jemand auf dich steht. Irgendwann ist das auch vorbei. Im Übrigen gab es jeden Abend, an dem ich dich auf der Partnerseite online gesehen habe, einen Stich ins Herz für mich. Ich hatte wahrscheinlich eine rosarote Brille auf und sah darum wohl einiges nicht richtig. Macht aber auch nichts. Ich werde die Dinge schon für mich geklärt bekommen. Dir wünsche ich nun viel Erfolg bei deiner ewigen Partnersuche und es war schön dir begegnet zu sein."

Thore ist seit diesem Tag nur noch zweimal täglich online bei WhatsApp zu sehen. Einmal mittags und dann noch mal am Abend. Wahrscheinlich ist er immer noch im Rückzug, wie ich das mal bezeichnen würde.

Ich muss um meinetwillen endlich all meine Hoffnungen aufgeben, damit ich selbst nicht auf der Strecke bleibe und jämmerlich zugrunde gehe. Mein Warten darauf, dass sich dieser Mann doch noch öffnet und ich eine glückliche und erfüllte Beziehung mit ihm leben kann, scheint nur noch ein Albtraum zu sein. Ich mache mir weiterhin viele Gedanken und kann keine Erklärungen für alles finden. Vielleicht hilft mir mein Tagebuch mich zu sortieren.

06. März 2018/ 22:45 Uhr:

„Thore hatte meine Gefühle nie oder nur sehr selten erwidert. Er küsste mich fast nie und körperliche Nähe, Berührungen oder Streicheleinheiten gab es von ihm auch kaum. Er legte nur oft meine Hand auf seinen Körper, was ihm wahrscheinlich ein Sicherheitsgefühl bescherte. Auf meine Zerrissenheit und meine Sehnsüchte reagierte er überhaupt nicht. Ich weiß nicht mal, ob er sie je verstand. Ich habe immer mehr das Gefühl, dass er mich nie wirklich geliebt oder wenigstens gemocht hatte. Ob er jemals dazu fähig war jemanden zu lieben, außer dieser Mensch gehörte zur Familie? Diese Frage kann ich mir nicht beantworten. Ahnen kann ich jedoch, dass er nie geliebt hat. Seine ewige Partnersuche und

sein emotionsloses Verhalten machen dies zunehmend
unvorstellbar. Doch was für Vorstellungen hat er von Beziehung
tatsächlich, wüsste ich gern. Seine Visionen haben auf alle Fälle
nichts mit den Wünschen der Partnerin zu tun. Um das alles
beurteilen zu können, war die Zeit mit ihm jedoch einfach zu kurz
und er hat sich auch immer sehr karg dazu geäußert.
Wahrscheinlich warte ich auf etwas Unmögliches.
Thore war oft gemein zu mir, hat mich mit Dingen beleidigt, die ihm
in meinem Haus oder an meiner Kleidung nicht gefallen haben. Ich
weiß nicht mal, ob ihm doch irgendwas gefallen hatte an mir. War
wohl schön Sex zu haben, nicht allein sein zu müssen und bekocht
zu werden. Ich selbst hatte viel zu viel investiert in diese Beziehung.
Am meisten ärgere ich mich darüber, dass ich seinetwegen meine
Familie, meine Freunde und mich selbst vernachlässigt hatte. Auch
die vielen schlaflosen Nächte, wegen der unerwiderten Liebe, hatten
mich regelrecht zermürbt. Trotz alledem findet mein Herz nicht so
schnell den Ausstieg. Ich nehme mir ganz stark vor, ihm nicht mehr
zu schreiben und auch auf keine Antwort von ihm zu warten. Ich
weiß intuitiv, dass er sich irgendwann noch mal melden wird."

Am darauf folgenden Tag beginne ich all seine Spuren im Haus zu
beseitigen. Ich ziehe seine Bettdecke ab und räume das Bettzeug
weg. Sein Duschbad stelle ich ins Bad im Obergeschoss. Vielleicht
kann es noch jemand anderes aufbrauchen. Um das Wohnzimmer
ein wenig umzugestalten, kaufe ich neue Dekorationsartikel.
Hinterher wirkt der Raum ein wenig anders und ich hoffe, dass es
hilft, ihn so schneller vergessen zu können.
Als ich Anfang des Jahres die Restaurant-Quittung nach unserem
zweiten Treffen zu Hause aus meiner Jackentasche holte, fing ich an,

die bei unseren Unternehmungen angefallenen Dinge aufzubewahren. Ich hatte dafür einen kleinen bunten Karton mit Deckel gekauft und nun lege ich noch die restlichen Sachen dazu. Ein Merkzettel, auf dem Thore einige Elektrosachen geschrieben hatte, die er dann von zu Hause mitbrachte und eine Quittung vom Kauf der noch fehlenden Schalter und Steckdosen verschwinden nun in dieser Box. Leider werden diese Elektrosachen nun nicht mehr angebaut werden. Vielleicht kann ich sie ja für das neue Schlafzimmer benutzen und tröste mich ein wenig mit solchen Gedanken. Thore hatte sich so viel an meinen Plänen für den Umbau meines Schlafzimmers beteiligt und immer wieder viele Vorstellungen mit Begeisterung und Nachdruck geäußert. Einige wollte ich tatsächlich gern mit ihm zusammen umsetzen, aber andere zeigten mir auch immer wieder unsere unterschiedlichen Wertevorstellungen.

Mir geht es zunehmend schlechter. Mein Gefühlschaos und meine inzwischen schon stark verletzte Seele zeigen erste körperliche Auswirkungen. Ich habe Schmerzen im Brustbereich und mir ist oft und lange übel. Innerlich zerrissen, weine ich immer wieder viel und es gibt Momente, in denen ich eigentlich nicht mehr sein möchte. Einfach nicht mehr da sein, keinen Schmerz mehr haben. Gespräche mit allen Menschen, die mich umgeben, enthalten die unterschiedlichsten Ratschläge. Einer davon ist, zu ihm zu fahren und zu fragen, was denn nun los ist und ob er Schluss machen will, oder nicht? Ich spiele tatsächlich mit diesem Gedanken, am kommenden Wochenende zu ihm zu fahren. Doch ich weiß nicht, ob er mir auch die Tür öffnen würde. Herauszufinden, ob er da ist, erscheint mir dabei als ein kleineres Problem, denn seine Gewohnheiten sind sehr übersichtlich für mich. Doch ich will ihm nicht hinterherrennen.

Bei meinem Warten auf eine Nachricht von ihm wechseln sich nun immer wieder Hass auf ihn und sein Verhalten mit meiner schönen Illusion von Liebe ab. Heute ist Donnerstag, der fünfte Tag seit unserem Streit und ich habe zwei Tage lang nichts mehr an ihn geschrieben. Ich wünsche mir, dass ich eisern bleibe und weiterhin nichts schreibe. Zum Glück ist heute Frauentag und alle möglichen Kontakte schreiben bei WhatsApp ihre Glückwünsche an mich. So ist Thores Chat ganz unten angelangt und ich sehe nicht ständig ungewollt darauf. Irgendwann wird er schon noch was schreiben, da bin ich mir weiterhin ganz sicher.

Kapitel 3: Der Traum

Am 9. März 2018, drei Tage nach meiner letzten Nachricht und sechs Tage ohne Nachricht von ihm, schreibt Thore mir nun.

„Du hast mich so sehr verletzt letzten Samstag und hinterher mich zu fragen, was hätte mich am meisten getroffen, das grenzt schon an Vorsatz. Dann bin ich nur noch enttäuscht und traurig. Für mich bedeutet das auch Vertrauensverlust. Ich fühle mich selber nicht sehr wohl mit meiner Situation. Komme in dem Moment auch nicht da heraus und möchte dann nur noch allein sein, um mich wiederzufinden. Ich habe deine Zuneigung und Fürsorge sehr genossen und geschätzt. Kann sie aber nicht erwidern, wie du es gerne hättest oder dir immer wieder von mir wünschst. Trotzdem habe ich das Zusammensein mit dir als sehr angenehm empfunden. Auch bei dir zu Hause war ich immer gerne und habe mich versucht einzubringen. Habe dir gerne geholfen. Das gemein sein nehme ich gar nicht so wahr und meine es auch nicht böse. Zur Sanierung, mein Haus ist nach meinen Vorstellungen fertig. Sicher unter anderen Voraussetzungen. Ich bin nur der Meinung, würde es mir auch immer schön machen, nicht nur zweckmäßig. Schade, dass du mich nicht verstehst. Aber da gehen unsere Ansichten eben auseinander. Andere, und das sind viele, müssen sich über viele Jahre hoch verschulden und du hast viel Hilfe bei Eigenleistungen. Dein letzter Auftritt kam mir wie eine Abrechnung vor. Ich weiß nicht, ob und wie es weiter gehen könnte, Gruß Thore.“

Ich schaue während der Arbeit in der Kita auf mein Handy und bin völlig überrascht über diese Nachricht. Mit so viel Emotionen und konkreten Aussagen, die mich echt berühren, habe ich nicht gerechnet. Nach kurzem Überlegen und meinem innersten Wunsch ihn doch nicht aufgeben zu müssen, antworte ich.

Ich 15:09:

„Kannst du dir denn vorstellen mit mir über die Möglichkeiten zu sprechen, die wir noch haben?"

Er 19:00:

„Ja."

Ich 19:01:

„Wann?"

Er 19:16:

„Sonntag."

Ich 19:21:

„Sonntag habe ich schon was geplant. Ich hätte morgen am späten Nachmittag Zeit oder heute Abend."

Dann stockt unsere Unterhaltung und ich vermute, dass er nebenbei wohl wieder auf der Kontaktseite im Internet schreibt, oder im Internet surft. Mittlerweile kenne ich seine Gewohnheiten sehr gut und schaue nach. Leider sehe ich ihn dann wirklich auf dieser Seite online. Ich bin richtig sauer und äußere es leider nur kurz in meiner nächsten Nachricht und ziehe auch keine Konsequenzen für mich.

Ich 19:35:

„Gerade Stich ins Herz.

Ich glaube wir können es sein lassen!"

Er 20:23:

„Okay, dann morgen Nachmittag und wo?"

Ich 20:25:

„Kannst du herkommen?"

Er 20:28:

„Ja, soll ich LNB mitbringen?"

Ich 20:29:

„Kannst um 17.00 Uhr? LNB brauche ich nicht."

Er 20:33:

„Okay, dann geht's zurück. 17.00 Uhr ist in Ordnung."

Ich 20:34:

„Bis morgen."

Er 20:37:

„Du musst reden!"

Ich bin froh, dass wir nun noch eine Chance haben etwas zwischen uns klären zu können. Meine Aufregung ist so enorm, dass ich nicht weiß was ich sagen oder tun könnte. Ich will unsere Beziehung nicht einfach so zu Ende gehen lassen. Das ist mein innerer Wunsch. Wie ich mit Thore umgehen soll, weiß ich nicht, denn er ist einfach in so vielen Dingen anders. Mein Gelerntes aus Psychologie und Pädagogik findet hier keine konstruktive Anwendung. In meinem Kopf ist so ein wirres Durcheinander und in Gedanken spiele ich alle Möglichkeiten immer wieder durch. Das Schlafen in dieser Nacht ist mir wieder kaum möglich.

Innerlich immer noch sehr aufgewühlt, stehe ich morgens unausgeschlafen und total fertig auf. Gegen Mittag versuche ich noch mal etwas zu schlafen. Doch auch daraus wird nichts, weil ich wieder nicht abschalten und mich beruhigen kann. Dann versuche ich es mit Baldriantropfen, um so vielleicht etwas herunterzukommen. Wieder ist alles so heftig. Die Emotionen und die sehr starke Unruhe und ich weiß nicht, warum es so ist.

Aus dem Fenster der oberen Etage meines Hauses sehe ich Thore mit dem Auto angefahren kommen. Ich gehe herunter, um ihm die Tür zu öffnen und werde dabei auf seltsame Weise schon sehr viel ruhiger. Als er auf mich zukommt, merke ich, dass ich komplett ruhig werde und ich frage mich: Warum passiert das einfach nur durch seine Anwesenheit, oder auch durch das Hören seiner Stimme? Vielleicht wirken die Baldriantropfen auch jetzt endlich oder ist es doch sein gelassenes Auftreten? Thore hat eine verschlossene Flasche Bier in der Hand und begrüßt mich mit einem verklemmten Lächeln im Gesicht. Dabei macht er einen Eindruck, der nicht gerade vermuten lässt, dass es hier um einen Konflikt zwischen uns geht, der zur Bearbeitung ansteht. Nach kurzer Begrüßung, frage ich ihn, ob er was trinken möchte und ich hole auf seinen Wunsch hin Saft aus der Speisekammer. Thore legt sich dann direkt aufs Sofa und deckt sich mit der roten Decke zu. Erst irritiert mich das ein wenig und dann ordne ich es für mich in die Kategorie: „Suche nach Wärme und Sicherheit", ein. Ich setze mich neben ihn und frage sofort: „Warum hast du geschrieben, dass ich reden muss?" Er antwortet: „Du redest doch so gern." Vielleicht sollte ich tatsächlich manchmal weniger sprechen über Zwischenmenschliches, um ihm dann dafür mehr Raum zu lassen.

Unser Gespräch beginnt dann mit den Worten, die wir uns schon geschrieben hatten, nur noch einmal ausführlicher. Er spricht darüber, dass er in solchen Situationen, wie an dem Samstagmorgen bei ihm zu Hause dann erst mal allein sein muss und dies für ihn einen riesigen Vertrauensbruch bedeutet. In dem Moment, meint Thore, geht dann auch gar nichts mehr bei ihm und er möchte nur noch weg, wenn ihn jemand so verletzt hat. Er muss dann allein sein, um sich zu sortieren und um wieder zu sich zu finden. Mehr kann ich von ihm diesbezüglich nicht erfahren. Er erzählt mir nicht, wie er sich fühlt in dieser Situation, außer dass es eben alles etwas mit Vertrauen zu tun hatte. Ich versuche mir vorzustellen, wenn jemand mein Vertrauen missbraucht. Dann bin ich enttäuscht und muss für mich entscheiden, ob ich damit leben kann, oder ob es Konsequenzen geben muss. Inwiefern ist es jedoch ein Vertrauensbruch, wenn Kritik geäußert wird, überlege ich. Thore scheint dies auf alle Fälle ein schlechtes Gefühl zu vermitteln. Sicher kann er Kritik nicht richtig abschätzen und ordnet diese dann als Vertrauensbruch ein. Kann er wirklich nicht unterschiedliche Ansichten und Ansprüche von Menschen richtig einordnen, sodass sie für ihn als ein Konflikt erscheinen? Wegen seiner langjährigen Arbeitslosigkeit muss Thore doch in der Vergangenheit zu genüge solche Probleme erlebt haben. Über solche Dinge sprechen wir leider auch heute nicht. Kein Konflikt wird je ausgesprochen oder versucht zu lösen. Ich komme also mit ihm auf keine Einigung oder sonst irgendetwas. Es scheint so, dass wir uns in dieser Hinsicht nicht verständlich machen können.

Ich erzähle ihm dann von meinen Verletzungen durch ihn. Nochmals bemängele ich seine negativen Urteile bezüglich meines Hauses. Noch viel mehr äußere ich mein Missfallen über sein ständiges online sein auf der Partnerseite. Ich erkläre ihm, dass ich es nicht verstehen kann, wenn er in einer Beziehung ist und trotzdem weiter dort mit anderen Frauen schreibt. Für mich bedeutet sein Verhalten ein Vertrauensbruch und zeigt mir, wie wenig Zuversicht er in die Dauer unserer Beziehung hat. Auch zweifle ich seine angeblich positiven Absichten, mit mir eine feste Beziehung führen zu wollen sehr stark an und Thore redet sich heraus mit den Worten: „Das habe ich in den vorherigen Beziehungen auch nicht gemacht. Warum soll ich mich jedes Mal da abmelden?" Für ihn scheint dies wieder sehr selbstverständlich zu sein, so zu handeln und er belässt es bei dieser kurzen Aussage zu meinem Problem. Ich kann ihn natürlich nicht zwingen, sage aber: „Du kannst dir das mal in Ruhe überlegen, wie wir damit umgehen wollen und was du machen kannst, um mich nicht

117

immer wieder damit zu verletzen."

Wir reden etwa zwei Stunden lang und ich kann dabei einige meiner Wünsche und Vorstellungen ansprechen. Ich erfahre keine Ablehnung dazu von ihm, aber auch keine Zustimmung. Von seinem Seelenleben kann ich mir immer wieder nur Möglichkeiten ausmalen, aber mein Verständnis dafür bleibt weiterhin unklar. Lediglich das Zugeständnis von Thore, dass er sich wirklich sehr wohl bei mir fühlt und er auch genauso gern mit mir zusammen ist, wie ich mit ihm, lässt mich Hoffnung schöpfen. Eine gute Voraussetzung, denke ich, aber reicht das für eine Beziehung aus? Damit ich all die Dinge mal von ihm höre, müssen wir doch nicht erst streiten, sondern ich wünsche mir von ihm, mir in Zukunft auch zwischendurch so etwas Schönes zu sagen.

Zum Ende unserer Unterhaltung nehmen wir uns vor, zukünftig verantwortungsvoller miteinander umzugehen und uns nie wieder gegenseitig so zu verletzen. Eine sehr seltsame Streitkultur hat er an sich und ich habe immer noch ein Gefühl von Zweifel in mir, aber andererseits bin ich auch beruhigt, dass wir wieder beieinander sind. Das lässt mich unweigerlich an das Motto denken: „Nicht mit und auch nicht ohne ihn".

Thore scheint mit der Einstellung hergekommen zu sein, dass es mit uns weiter geht, denn nicht nur sein Auftreten beim Ankommen deutete darauf hin, sondern auch die mitgebrachten Fahrradpedalen. Er scheint das Auswechseln dieser geplant zu haben. Ich denke, dass wir uns wegen seiner doch sehr positiven Einstellung ziemlich schnell einig sind, dass wir einfach weiter machen mit unserer sonderbaren Beziehung. Doch was bei ihm passierte, um zu dieser Entscheidung gekommen zu sein, ist mir schleierhaft. Dass ich das jemals herausfinden werde, bezweifele ich. Irgendwie scheint alles klar zu sein, aber wirklich geklärt haben wir nichts.

Da die Abendbrotzeit naht, koche ich für uns Spaghetti mit Bolognese. Als ich Thore von der Soße kosten lasse, um zu erfahren, ob ich seinen Geschmack getroffen habe, weicht er vom Löffel zurück. Fast ängstlich fragt er mich: „Willst du mich vergiften?" Ich bin sehr erschrocken darüber, was er für Ängste hat und was er mir zutraut. Nun wird mir klar, dass sein Vertrauen dann scheinbar verschwunden ist nach solchen Streitereien. Ich versichere ihm, dass ich ihn ganz sicher nicht vergiften möchte und er kostete dann letzten Endes doch. Die Soße schmeckt ihm und so essen wir dann das natürlich nicht vergiftete Gericht. Das war dann auch die letzte Auswirkung des Streites, die ich bei ihm bemerke. Nun ist gefühlt alles wieder wie vorher, als ob es nie einen Konflikt zwischen uns gegeben hätte.

Wir verbringen auch die Nacht zusammen, schlafen miteinander und am nächsten Morgen probiert Thore dann die neue Luftpumpe, die er mir zum Geburtstag geschenkt hatte aus. An diesem Tag ist schönstes Frühlingswetter und so macht es Spaß, draußen zu sein. Thore wechselt in der schönen Sonne am Fahrrad das defekte Pedal aus. Auch die anderen beiden Fahrräder in meinem Schuppen werden von ihm voller Engagement wieder fahrtüchtig gemacht. Solche Reparaturen erledigt er gern, denn es ist ein Hobby von ihm, wie er mir erzählte.

Als ich bei Thore zu Hause war, zeigte er mir seine vielen Fahrräder im Keller. Dazu erzählte er, dass er diese in einem defekten Zustand erworben hatte. Nach und nach bringt er sie wieder in Ordnung und verkauft sie dann.

Gegen Mittag, nachdem er die vielen kleinen Reparaturen an den Rädern erledigt hatte, fährt Thore dann wieder nach Hause. Ich habe einen Besuch bei meinen Eltern geplant und er möchte noch im Ferienhaus nach dem Rechten schauen. Danach will er seine Mutter in der Kurklinik besuchen. So gern hätte ich noch mehr Zeit mit ihm zusammen verbracht und die gerade wieder wunderbare Gefühlslage einfach nur genossen. Ich freue mich sehr, nun weiterhin mit ihm zusammen sein zu können. Auch sein anfänglich häufigeres Schreiben bei WhatsApp macht mich sehr zuversichtlich.

Ich 11.03./ 19:07:

> „Danke, dass du die Fahrräder so schnell fahrbereit gemacht hast. Ich bin gleich mal mit dem linken gefahren ☺ ♥. Die Luft hält auch, Gangschaltung ist defekt und die Kette dreht durch. Kannst du da noch was machen? Was gab es Leckeres zum Abendbrot bei dir?"

Er 21:55:

> „Kette musst mal ölen. Schaltung muss man sehen. Vielleicht habe ich doch auch besseres für dieses Fahrrad. Gab Lasagne, aber kalt."

Ich 22:03:

> „Schmeckt Lasagne kalt? Gute Nacht ♥."

Er 12.03./ 10:46:

> „Hat geschmeckt."

Den Tag verbringe ich nun mit Arbeiten in meiner Baustelle. Unter den Deckenpaneelen im Schlafzimmer, die ich mit Thore zusammen abgerissen hatte, sind noch alte Platten aus Styropor verbaut und diese spachtel ich nun ab. Die Arbeit geht mir gut von der Hand und nachdem alles erledigt ist, gehe ich duschen und mache mir Abendessen. Ich plante schon länger, endlich mal wieder kreativ zu sein. Nach dem Essen bastele ich darum etwas aus Papier. Ich hatte diese Blumen aus alten Bücherseiten mal im Internet entdeckt und probiere es nun aus, sie zu falten. Irgendwie bin ich, seit ich Thore kenne, nicht mehr dazu gekommen kreativ zu sein, obwohl ich immer sehr viel Dekoration für meine Wohnung selbst hergestellt hatte.

Ich 18:36:

> „Ich habe die Decke fertig im Schlafzimmer und werde gleich noch ein wenig basteln. Was hast du alles geschafft heute?"

Er 18:44:

> „Nichts. Friedhof, Strauß hingebracht. LNB zurück, Apotheke und Arbeitsamt. Jetzt noch Wohnung herrichten, dann mein Apfel und Kartoffeln aufwärmen mit Bockwurst. Tatort gestern eingeschlafen. Warst du gestern noch spazieren? Ich bin am Strand 2 Std. gelaufen, herrlich."

Den Blumenstrauß hatte er zum Grab seines Vaters, anlässlich des Sterbetages gebracht. Es ist der zweite Todestag und ich wusste inzwischen aus dem Internet, dass sein Vater durch einen tödlichen Unfall gestorben war. Thore selbst hatte nie darüber mit mir sprechen wollen. Er sagte nur, dass sein Vater vor zwei Jahren gestorben war. Im Internet las ich den Polizeibericht über einen Unfall und in Verbindung mit der Todesanzeige und dem darin enthaltenen Sterbetag bestand für mich kein Zweifel, dass es sich hierbei um seinen Vater handelte. Seine Mutter saß laut diesem Bericht auch im Auto und ich nehme an, dass ihr Hüftleiden von diesem Unfall stammte. Es gab laut Polizeibericht einen Frontalzusammenstoß mit einem entgegenkommenden Fahrzeug. Weil es noch nicht so sehr lange her ist und ich das Gefühl habe, Thore mag darüber überhaupt nicht sprechen, respektiere ich das natürlich. Ich stellte ihm also bisher keine unangenehmen Fragen zu diesem Thema.

Ich 18:47:

> „Das hört sich doch ganz viel an. Ich war noch kurz mit meiner

Mutter im Wald spazieren und habe dann noch im Büro meines Vaters was erledigt."

Thore will am Dienstag zu einer Beerdigung gehen und am Donnerstag an der verschobenen Urnenbeisetzung in Lübeck teilnehmen. Seine Schwester ist von Mittwoch bis Samstag auch bei ihm zu Hause. Lene am Mittwoch und am Wochenende. Deshalb kann ich mir jetzt schon ausmalen, dass er wieder längere Zeit nicht für mich präsent sein wird. Dann vergisst er mich gefühlt wieder und kümmert sich in keinster Weise mehr um mich. Seine Familie kennenzulernen, um vielleicht so mehr Zeit mit ihm zu verbringen, wird sich wegen des Vertrauensbruches nach unserem Streit nun sicher noch weiter nach Hinten verschieben.

Thore schreibt schon wieder einmal kein Wort. Vielleicht muss ich mich auch mal rarmachen und ihm einfach nicht mehr schreiben. Meine zweifelnden Gedanken kehren mit ganz viel Traurigkeit im Gepäck wieder zurück und eine anbahnende Erkältung macht mir zusätzlich zu schaffen.

Am nächsten Tag schreibe ich ihm nun doch, um wieder einen Kontakt zu ihm zu bekommen.

Ich 13.03./ 18:07:

"Hast du die Beerdigung gut überstanden? Ich bastele gerade ein wenig. Kann sonst nicht so viel machen, hab die Rotz ☹."

Er 14.03./ 10:04:

"Ja, war gut. Die waren auch alle erkältet. Habe Tante ja hier noch an der Backe. Gestern bei Mutti und abends Absacker bis um eins. Jetzt noch Warnemünde bis ihr Bus endlich fährt. Dann Lene holen. Lübecker Beisetzung auf heute verschoben, kann ich leider nun nicht. Machen mit ihr aber Donnerstag Andenkenfeier mit Stine und Lene.

Hält Luft noch, sonst mal Spuck-Test machen am Ventil!"

Ich 15:05:

„Mit wem macht ihr Andenkenfeier? Stine, Lene, du und?
Also die Reifen sind prall, ich versteh das gar nicht ☺.
Ich wünsche dir eine schöne Zeit mit deiner Schwester und
Lene."

Er 20:51:

„Die Frau des Verstorbenen."

Ich 20:54:

„Dann fahrt ihr trotzdem nach Lübeck?"

Er 15.03./ 8:43:

„Ja."

Nur diese kurze Antwort gibt es am heutigen Tag. Mein Gefühl, dass
ich wieder am Abstellgleis stehe, bestätigt sich gerade. Thore
wünscht mir nicht mal gute Besserung oder schreibt irgendetwas
anderes nettes. Am darauf folgenden Tag fragt er dann doch nach
meinen Wochenendplänen. Über diese hatte ich mit ihm jedoch
schon gesprochen und ich schätze sein Gedächtnis eigentlich als
sehr gut ein. Thore weiß von meiner Weiterbildung und auch von dem
Musical, was ich am Sonntag besuchen möchte. Weil es ein
Kindermusical ist, fragte ich ihn sogar, ob er mit Lene und mir
zusammen dorthin gehen möchte. Darauf reagierte er jedoch wieder
mit Ablehnung. Es wäre ihm zu weit, um mit ihr dorthin zu fahren,
erzählt er mir. Doch der wahre Grund ist sicher, dass er einfach gar
nicht möchte, dass ich Lene kennenlerne. Er hat wirklich kein wahres
Interesse an mir, aber ich kann leider irgendwie keine Konsequenzen
für mich ziehen.

Er 16.03./ 7:48:

„Was machst du am Wochenende?"

Ich 10:49:

Ein Bild vom Plakat, welches das Musical ankündigt.

„Das wollte ich Sonntag machen und morgen habe ich Weiterbildung. Warum fragst du?"

Er 23:15:

„Interesse. Waren heute im Zoo und bei Oma. Morgen Warnemünde und Stine zum Zug bringen. Wann hast du nächste Woche Schicht? Soll ich Sonntagabend noch kommen?"

Ich 17.03./ 06:52:

„Ich arbeite nächste Woche von 8.30-15.00 Uhr. Wann würdest du den Sonntag hier sein? Ich weiß nicht, ob sich das lohnt."

Er 08:10:

„Gegen 20.00 Uhr. Könnte auch Montag oder Dienstag kommen. Vielleicht besser, hier ist alles weiß."

Ich 08:14:

„Ich arbeite bis 15.00 Uhr. Montag habe ich Chor ab halb acht. Dienstag ist Dienstberatung. Sieht schlecht aus in dieser Woche! Ab Mittwoch hast du deine Tochter wieder. Wird wohl nichts. Hier ist auch alles weiß und ich muss jetzt los zur Weiterbildung. Ich wünsche euch einen schönen Tag."

Er 10:14:

„Vielleicht doch Montag, kann mich derweil auch allein beschäftigen. Sonst erst danach die Woche, habe Lene auch 2 Tage, welche weiß ich erst morgen."

Ich 10:37:

„Also Montag, musst du dann mitkommen zum Singen."

Er 18:40:

„Okay, habe verstanden. Also nicht."

124

Ich 19.24:

> „Ich glaube nicht, dass du mich verstehst. Du solltest mal überlegen, was du schreibst. Ich finde es schade, dass ich immer für dich Zeit einplane und du deins machst und wenn dir wohl langweilig ist, bin ich dran. Ist das tatsächlich so? Du hättest ja sicher deine Tochter am Sonntag auch mal zwei Stunden früher wegbringen können."

Er 19:27:

> „Das ist aber auch anstrengend mit dir. Das mache ich nicht. Will auch noch zu Oma mit ihr."

Ich 19:28:

> „Mit dir ist das auch nicht einfach. Was wollen wir denn nun machen? Auf die nächste Woche warten?"

Er 20:15:

> „Hab doch gesagt, am Wochenende geht's nicht. Dann kannst du mich doch nicht einplanen. Nächste Woche kannst du nicht. Also erst danach."

Ich 20:16:

> „Dann eben doch morgen "

Schon wieder gebe ich nach und setze meine Bedürfnisse nicht durch. Sicher weil ich genau weiß, dass Thore sich nicht nach mir richten wird. Auf ein Wiedersehen verzichten zu müssen, kommt für mich jedoch nicht infrage.

Er 18.03./ 12:42:

> „Mag nicht solche Machtspielchen."

Ich 12:55:

> „Ich bin traurig, dass du das so siehst. Ich hatte dich nicht eingeplant am Wochenende, denn ich habe dir zugehört. Nun hatte ich gehofft, dass du es schaffst, Zeit mit mir zu

organisieren. Auch ich kann nun mal nicht immer und das hat
nichts mit Machtspiele zu tun."

Thore schreibt mir nun per SMS, anstatt über WhatsApp weiter zu
antworten. Sicher ist er nun unterwegs und deshalb nicht im WLAN-
Bereich.

Er 13:10:

„Okay, dann Sonntag gegen halb acht."

Ich 13:12:

„Okay."

Ich finde es schon komisch, wie wenig er mich in sein Leben
einbeziehen möchte. Da er keine Arbeit und auch sonst sehr wenige
Verpflichtungen hat, könnte er aus meiner Sicht problemlos
entgegenkommender sein. Außerdem darf ich immer noch
niemanden aus seiner Familie kennenlernen und er will weiterhin nur
zu mir nach Hause kommen. Sicher werde ich seinen Geburtstag
auch nicht mit ihm zusammen verbringen, genauso wie es an meinem
auch schon war. Diese Gedanken machen mich immer wieder traurig.
Ich kann meine Wünsche ihm gegenüber äußern, aber wenn sie mal
Berücksichtigung finden, erscheint mir sein Handeln eher
unberechenbar. Es gibt kein „wir", sondern nur sein „ich" und für mich
fühlt es sich immer so an, als wenn er sich in seiner ewigen
Partnerwahl immer noch nicht für mich entschieden hatte. Mit diesen
ständigen Machtkämpfen und auch inzwischen gefühltes Buhlen um
sein Interesse bekommen meine Unsicherheit und mein
Gefühlschaos immer wieder unglaubliche Schauplätze in meinem
Kopf. Vielleicht sollte ich die Dinge nicht mehr so ernst nehmen.
Wenn ich das nur könnte, würde alles sicher für mich weniger
problematisch sein.

Als Thore dann am Sonntagabend bei mir angekommen ist, beginne ich für uns Essen zu kochen. Aus allen möglichen Resten entsteht eine bunte Kartoffel-Gemüse-Pfanne. Thore findet sie sehr gelungen und ich kann nicht richtig einschätzen, ob sie ihm nun gut schmeckt, oder ob eher die Resteverwertung das Gericht zu einem hochwertigen Essen für ihn macht. Später schauen wir dann, wie von Thore gewohnt, um 20.15 Uhr den Tatort an. Irgendwie läuft dann auch noch der nächste Film ab und es wird wieder viel zu spät für mich zum Schlafengehen.

Mein Dienst beginnt an diesem Montagmorgen um halb neun und so muss ich erst nach sieben Uhr aufstehen. Ich hatte Thore am Abend zuvor schon gefragt, ob er nicht hier bei mir bleiben möchte, denn ich wusste, dass er nichts für den nächsten Tag geplant hatte. Er gab mir darauf jedoch, wie so oft, keine Antwort. Nun spreche ich meinen Wunsch am Morgen noch ein weiteres Mal aus. Er sagt dann: „Ich kann ja noch kurz etwas Putz abklopfen. Hast du Arbeitsklamotten für mich?" Das klingt irgendwie jedoch nicht danach, als wenn er noch bleiben will, bis ich von der Arbeit zurückkomme. Doch ich gehe nicht weiter darauf ein. Aus meinem Kleiderschrank hole ich eine schwarze Jogginghose und ein T-Shirt für ihn. Dann verabschiede ich mich und hoffe, dass er doch noch da ist, wenn ich von der Arbeit zurückkomme. Ungewissheit plagt mich an diesem Tag deshalb jedoch nicht.

Nach der Arbeit fahre ich nach Hause und meine Freude ist riesig, als ich sein Auto noch bei mir stehen sehe. Genauso freudig gehe ich zu Thore ins Haus. Er sieht ganz eingestaubt aus und erzählt mir, dass der Stemmhammer nun nicht mehr funktionierte. Thore hatte darum mit dem normalen Hammer weiter gearbeitet. Ich weiß, wie schwer das ist und er war jetzt schon einige Stunden damit beschäftigt. Mehr als zwei Wände sind nun vom Putz befreit und auch sein Vorhaben einige Steckdosen und Lichtschalter auszutauschen, hatte er im Laufe des Tages umgesetzt. Meine Freude über seine Anwesenheit ist nicht zu übersehen und ich zeige auch mein Erstaunen darüber, dass er so vieles in dieser kurzen Zeit erledigt hatte. Thore sagt daraufhin: „Ich wollte eigentlich nicht so lange bleiben. Hab die Zeit vergessen. Ich muss doch den Fahrradsattel noch abholen." Von einem Fahrradsattel hatte er bisher nicht gesprochen und Thore erzählte mir nun, dass er diesen bei eBay erworben hatte und die Abholung für den heutigen späteren Nachmittag geplant ist. Ich schlage ihm vor, dass ich den Verkäufer anrufe, um ihm zu sagen, dass er erst morgen kommt. Nachdem ich Thores Zustimmung zu meinem Vorschlag und auch die Telefonnummer des Verkäufers bekomme, erledige ich dieses Telefonat sofort.

Ich hatte nun jedoch nichts mehr zu Essen eingekauft und im Kühlschrank sieht es sehr übersichtlich aus. Darum mache ich uns zum Kaffee ein paar Pfannenkuchen. Thore äußert während wir essen, Verwunderung darüber, dass ich das Telefonat wegen des Sattels so zügig erledigt hatte. Er kann ihn nun morgen Vormittag auf dem Weg nach Hause abholen, erzähle ich ihm. Seine Verwunderung und sein erstaunter Blick dabei, ordne ich als freudige Überraschung ein und weiß jedoch nicht so genau, was er dabei tatsächlich denkt. Freut er sich eher, dass ich ihm geholfen hatte oder traute er mir diese Fähigkeit nicht zu?

Ein wenig helfe ich nun noch beim Putz abklopfen und gegen sechs Uhr hören wir mit der Arbeit auf. Da meine Dusche sehr geräumig ist, schlage ich vor gemeinsam hineinzugehen, damit wir uns den feinen Betonstaub gegenseitig abschrubben können. Leider bekomme ich von Thore keinen Zuspruch zu meiner Idee und ich respektiere dies wieder mal.

Es soll Bratklops mit Kartoffeln und Mischgemüse zum Abendessen geben und ich bereite alles zu. Thore schaut fern und dann nach dem Essen legen wir uns beide geschafft aufs Sofa. Er klagt darüber, dass ihm die Hände wehtun. Das tut mir sehr leid, denn ich weiß, wie schlimm es ist, wenn man ständig mit dem Hammer klopft. Bedauert werden will er jedoch nicht, denn auch auf solche emotionalen Äußerungen von mir reagiert er mit nichts.

Thore meint dann irgendwann später: „Du kannst dich nicht richtig freuen. Du freust dich gar nicht über die neuen Steckdosen und Lichtschalter." Ich bin sehr erstaunt über seine Sichtweise und überlege, ob ich meiner Freude tatsächlich zu wenig Ausdruck verliehen hatte. Ich bin mir ziemlich sicher, genug davon geäußert und auch gezeigt zu haben. Nun versichere ich ihm nochmals mit klaren und ausführlichen Worten, dass ich mich sehr gefreut hatte.

Es wird dann abends wieder sehr spät mit dem zu Bett gehen und es läuft gerade ein sehr grausamer Kriegsfilm. Thore findet diesen jedoch sehr interessant. Ich bitte ihn mehrmals darum, dass er ihn ausmachen soll, denn ich empfinde den Film viel zu aufregend zum Einschlafen. Er schaut trotz meiner Worte, ohne darauf zu reagieren weiter und ich versuche dann einfach, ohne weitere Konsequenzen zu schlafen. Ganz kurz nicke ich dann auch ein und werde wieder wach als ich ein jämmerliches Geschrei höre. Nun setze ich mich wortlos durch und schalte den Fernseher einfach aus. Es gibt jedoch keine Beanstandung dazu von Thore. Ich ärgere mich sehr darüber, dass Thore so wenig Rücksicht auf mich nimmt, obwohl er von meinen häufigen Schlafproblemen weiß.

Wie es vorauszusehen war, wache ich dann am nächsten Morgen total unausgeschlafen und fertig auf. Normal finde ich es mit meiner momentanen Schlafdauer von drei bis fünf Stunden nicht und bin darüber erstaunt, dass ich überhaupt immer wieder jeden Tag übersthe. Normalerweise ist mir mein Schlaf von mindestens sechs bis etwa acht Stunden sehr wichtig und ich bin immer bemüht ihn für mich auch einzurichten. Nun begleiten mich schon seit dem Jahreswechsel Ein- und Durchschlafprobleme. Verschiedene Tropfen und Hausmittelchen helfen manchmal, aber ich komme nicht dahinter, was wirklich das Problem ist. Liegt es tatsächlich an Thore, frage ich mich immer wieder und warum, wenn er der Grund dafür ist?

Am Morgen verabschiede ich mich von ihm, als er noch im Bett liegt. Thore kann einfach liegen bleiben, weil er keine Verpflichtungen hat. Doch es gibt kein nettes Wort oder eine liebe Geste von ihm, obwohl er wach ist. Er hofft scheinbar endlich ungestört wieder schlafen zu können und kümmert sich kein bisschen um mich. Vielleicht nerve ich ihn sogar gerade.

Als ich nach der Arbeit wieder nach Hause komme, ist er dieses Mal dann leider nicht mehr da und ich vermisse ihn komischerweise jetzt schon.

Ich 20.03./ 19:00:

> „Hast du alles gut geschafft heute? Gestern war es aber auch ein wenig stressig und du dachtest, ich freue mich gar nicht über all die Dinge, die du gemacht hast. Ich weiß das alles sehr zu schätzen und vor allem habe ich den Eindruck, dass du die Dinge wirklich machst, weil du das möchtest und nichts dafür erwartest, eben einfach, weil du so bist, wie du bist. Danke, dass du hier immer alles so schön aufräumst, wenn ich es nicht mehr geschafft habe. Es macht Spaß mit dir zusammenzuarbeiten und noch viele andere Dinge mit dir zusammen zu machen. Ich wollte dir heute mal ein paar meiner schönen Gedanken schicken und hoffe wir bekommen das hier

auch mal hin beim Schreiben ♥ ☺."

Thore hatte an diesem Tag geplant bei einer älteren Dame, einer Bekannten der Familie, ein paar Bilder aufzuhängen und eine Lampe anzubauen. Es scheint so, als ob seine Hilfe bei Anderen auch sehr gefragt ist. Thore stellt es zumindest immer so dar, wenn er mir darüber etwas erzählt.

Er 21:28:

> „Ja, alles geschafft. Drei Lampen und ein Bild. Gab lecker Mittag, kleine Runde am Strand, Kuchen. Sie ist glücklich. Eben noch kurz zu Ex- Schwiegereltern etwas vorbeibringen. Hat mir auch Spaß gemacht gestern! Sattel habe ich auch, LG."

Verbunden mit der Hoffnung, Thores Planungen zu erleichtern, informiere ich ihn über meinen Dienst in der nächsten Woche.

Ich 21.03./ 12:04:

> „Mein Dienst nächste Woche ist von 8.00-14.30 Uhr. Ich wünsche dir einen schönen Tag."

Ich hoffe weiterhin irgendwie an seinem Geburtstag, der in drei Tagen ist, eine Rolle spielen zu dürfen. Bisher hatten wir über ein nächstes Wiedersehen nicht gesprochen. Dass ich nicht mit seiner Familie zusammen seinen Geburtstag verbringen werde, ist mir schon klar, aber er plant auch kein anderes Treffen zu diesem Anlass mit mir. Er reagiert auch nicht auf meine letzte Nachricht.

Ich kommuniziere dann wieder mit meinem Tagebuch und schreibe darin:

22. März 2018/ 03:55 Uhr:

> *„Es sind gerade mal drei Tage her, die Thore wieder weg ist. Irgendwie drehe ich dann immer am Zeiger, weil ich nie die Gewissheit habe, wann und ob wir uns wiedersehen. Am Sonntag*

hat Thore Geburtstag und das bedeutet, er feiert mit seiner Familie.
Am darauffolgenden Osterwochenende werden wir uns auch nicht
sehen. Er will mich einfach nicht in sein Leben integrieren. Immer
sind wir nur bei mir zu Hause und unsere Beziehung beschränkt
sich auf gemeinsames Arbeiten, etwas zusammen unternehmen,
essen, schlafen und Sex haben. Beim Arbeiten ist er emsig dabei
und beim Sex muss ich die Initiative ergreifen. Ob er kein wirkliches
Interesse daran hat, frage ich mich immer wieder. Was würde
passieren, wenn ich nichts machen würde? Sicher würden wir
nebeneinander einschlafen, zumindest er und ich grüble dann
wahrscheinlich die halbe Nacht, ob ich nicht attraktiv genug für ihn
bin oder so etwas in dieser Richtung. In unseren Gesprächen dreht
sich immer alles um seinen Alltag, seine Erlebnisse und um
irgendwelche Leute, die er kennt. Wenn ich etwas erzähle, zeigt er
wenig Interesse, stoppt mich sogar, wenn ich mit Euphorie über
etwas berichten möchte. Er sagt dann, dass ich nicht so laut sein
soll, obwohl ich es ganz sicher nicht bin. Dinge, die ich gerne
möchte oder die mich bewegen, finden in unseren Gesprächen
keine Beachtung. Doch wiederum setzt er einige konkrete Wünsche
von mir dann irgendwann um und ich wundere mich, wann er sich
das überlegt haben mag. Ich weiß nur noch nicht so genau, wovon
das abhängt, welche von meinen Wünschen dann erfüllt werden.
Wirkliches Reden mit ihm ist mein größter Wunsch. Nicht nur über
Fakten sprechen, sondern auch über Wünsche, Vorstellungen und
gemeinsame Pläne. Ich komme mir vor, als wenn wir ständig in der
Testphase sind und ich nicht weiß, ob er sich für mich entscheidet
oder nicht. Das Gefühl mag bei mir durch sein Verhalten in Bezug
auf seine Familie entstehen. Sie sind ja ständig eine Konkurrenz für
mich. Es gibt so einige Situationen, in denen er überhaupt nicht an

mein Wohlergehen denkt und schon gar nicht Rücksicht auf mich
nimmt. Er fragt mich auch nicht, wenn ich krank war, ob es mir
besser geht, oder ob ich gut geschlafen habe, obwohl er von meinen
oft sehr kurzen Nächten weiß. Das alles lässt mich wenig Liebe
seinerseits vermuten. Wenn ich die rosarote Brille abnehme, was
bleibt dann noch? Kann Liebe wachsen, wenn einer allein in die
Beziehung investiert und der andere nur nimmt, was ihm geboten
wird? Ich denke, das kann nichts werden."

Thore geht auch am nächsten Tag nicht auf meine vorherige
Nachricht ein und schickt mir zwei Bilder, ohne einen Kommentar
dazu.

Er 22.03./ 11:41:

> *Thore, Lene und mehreren Puppen liegen gemeinsam auf dem*
> *Fußboden mit Puppenbettzeug zugedeckt und lächeln in die*
> *Kamera hinein.*

Ich schicke ihm absichtlich auch ein Bild und gehe auf seine beiden
Fotos vorerst auch nicht ein.

Ich 12:01:

> *Ein Winterbild mit der Schrift darauf:*
> *Bald ist Sommerzeitumstellung, dann kann man abends eine*
> *Stunde länger bei Tageslicht Schnee räumen."*

Er 12:04:

> „Denke, magst nicht sowas."

Ich 12:35:

> „Ich wollte dir damit nur sagen, dass es am Wochenende
> wieder so weit ist, die Zeit umzustellen.
> Was macht ihr nachmittags, wenn ihr den Vormittag schon
> verpennt habt ☺?"

Er 12:47:

„Noch nichts geplant."

Thore scheint mit dem Schmieden von Plänen tatsächlich ein Problem zu haben, denn wir hatten trotz einer Unterhaltung über unser nächstes Wiedersehen keine Einigung finden können. Auch beim Schreiben geht er darauf nicht ein. Ich möchte nun auch nicht mehr meine eigenen Pläne nach ihm ausrichten und schon gar nicht, wenn es um das Zusammensein mit meinen Kindern geht. In den vergangenen Tagen sprach ich mit Sara darüber, ob sie und Ron etwas dagegen hätten, bei ihrem Osterbesuch Thore kennenzulernen. Das haben sie natürlich verständlicherweise nicht, doch ich erzähle ihr auch, dass Thore damit jedoch ein großes Problem zu haben scheint. Er hatte es oft genug gesagt, dass es ihm zu früh ist mit Familie und auch mal kurz erwähnt, dass er sehr schüchtern ist. Das ist für mich nicht nachvollziehbar, denn auf mich wirkt er nicht schüchtern, sondern eher wortgewandt genug, um alle möglichen Unterhaltungen sehr gut meistern zu können. Ich hatte ihm schon sehr viel von den beiden erzählt und ihm auch Bilder und Videos gezeigt, sodass er eine gute Vorstellung von ihnen bekommen konnte.

Ich 20:00:

„Ich habe heute mit Sara telefoniert und die beiden kommen wohl schon am Dienstag. Es wird dann wohl nichts, dass du zu mir kommen kannst. Sara und Ron wollen bis Ostermontag bleiben und sind zwischendurch noch mal bei Rons Eltern. Dann müssen wir mal sehen, wann sie hier weg sind."

Er 21:05:

„Das ist ja blöd. Dann sehen wir uns ja lange nicht. Kann Sara ja auch bisschen abputzen."

Mit solch einer Antwort habe ich tatsächlich nicht gerechnet, aber sie ist irgendwie doch typisch für ihn. Scheint so, als ob es ihm egal ist, wann wir uns wieder sehen. So bin ich natürlich wieder sehr traurig und auch etwas ärgerlich darüber, dass mit ihm nicht direkt und auch nicht indirekt irgendwie zu rechnen ist. Ich reagiere mittlerweile auch nicht mehr so sehr entgegenkommend, obwohl ich weiß, dass ich damit erst recht nichts bei ihm erreichen werde.

Ich 21:14:

> „Ich denke mal, dass es nach Ostern auch nichts wird. Du hast Lene und ich habe danach das Chorwochenende. Ich würde sagen, wir sollten es ganz sein lassen. In der Woche mache ich das so nicht mehr mit. Ich muss pünktlich und ausgeschlafen zur Arbeit. Das ist für mich wichtig!"

Er liest die Nachricht gegen 22.00 Uhr und ich weiß, dass er nichts darauf antworten wird. Wenn er etwas schreibt, dann hat es sicher wieder nichts mit meinen letzten Worten zu tun. Vielleicht schreibt er dann ja, was er alles mit Lene gemacht hat oder so. Da er jedoch überhaupt nicht reagiert, lenke ich wieder ein und schreibe dann am nächsten Tag doch wieder etwas.

Ich 23.03./ 16:59:

> „Ich hatte dir das mit Sara und Ron geschrieben, weil ich hoffte, du würdest dich doch auf ein Treffen mit ihnen einlassen. Für mich wäre es schön, wenn ihr euch kennenlernen könntet. Ich weiß, dass du nicht bereit bist meine Familie kennenzulernen und auch mit deiner darf ich nicht wirklich etwas zu tun haben. Was soll ich mit Bildern von Lene? Schmackhaft musst du sie mir nicht machen. Weißt du, was mich am meisten stört! Du nimmst mich nie ernst mit dem, was ich sage oder schreibe. Wenn ich dann weiter nachhake, sind es für dich wieder

135

Machtspiele. Machtspiele entstehen, wenn zwei unterschiedliche Ansichten aufeinandertreffen und einer sich durchsetzen möchte. Die konstruktive Lösung wäre reden und verhandeln. Ich habe schon so oft versucht mit dir zu reden, aber es geht nicht und darum eskaliert es mit uns dann meist hier beim Schreiben. Für mich wäre es wichtig gewesen mit dir Zeit an Geburtstagen oder Feiertagen zu verbringen. Es ist nicht schön für mich am Ende deiner Prioritätenliste zu stehen."

Er 18:11:

„Für mich ist das mit Familie zu früh und unser hin und her macht es nicht förderlicher. Du bist sehr ungeduldig! Familie steht für mich nun mal an erster Stelle. Die sind immer für mich da."

Ich 18:12:

„Das ist ja in Ordnung für dich. Für mich geht das leider so nicht. Ich muss auch an mich denken."

Er 18:20:

„Okay."

Er hat es wieder geschafft mich in die Verzweiflung zu schicken. Nie kommt er mir irgendwie entgegen und immer geht es nur um ihn und seine Sensibilität. Er hat nicht nur die Hoffnung auf ein Zusammensein zu Ostern und zu seinem Geburtstag in mir zerstört. Auch all meine Zuversicht hat er wieder kaputt gemacht. Die Zuversicht darauf, dass wir etwas mehr Nähe aufbauen und er sein nötiges Vertrauen findet. Jetzt stehe ich gefühlt wieder am Abstellgleis und weiß nicht, wohin mit meinen Emotionen. Auf all meine Zweifel und Sorgen reagiert er mit „Okay". Er hat das kommentarlos zur Kenntnis genommen. Ich glaube er weiß überhaupt nicht, wie gemein das ist, wenn man sich nicht für Gefühle des anderen interessiert und auch nie nach dessen Befinden schaut oder fragt. Schon kurz nach Mitternacht schreibe ich meine Glückwünsche an ihn. Ich halte mich sehr kurz darin. Am Tag will ich dann nichts mehr schreiben. Er wird sowieso beschäftigt sein und sicher auch kein Interesse an eine Kommunikation mit mir haben.

Ich 24.03./ 01:03:

"Alles Gute zum Geburtstag und viel Glück wünsche ich dir. Mach dir einen schönen Tag mit deiner Familie."

Er 09:01:

"Dankeschön und werden wir machen."

An diesem Sonntag klopfe ich den restlichen Putz von den Wänden im Schlafzimmer ab. Ich stecke all meinen Frust und auch die Wut dort hinein. Alle Gefühle wechseln sich in der heftigsten Variante ab. Wut, Trauer, Frust, Unzufriedenheit und hauptsächlich Verzweiflung lassen mich mit tiefstem Schmerz weinen. Ich fühle mich immer wieder ohnmächtig und kann nichts gegen all diese Heftigkeit machen.

Zum Glück lenkt mich der Besuch vom Kaminbauer Heiner dann ein wenig ab. Er hatte sich angemeldet, um sich vor Ort anzusehen, wie der neue Kaminofen in die Wohnküche hineinpassen würde. Wir kennen uns durch meinen Vater schon sehr lange und trinken noch einen Kaffee zusammen. Eine gute Stunde lang unterhalten wir uns. Heiner redet dabei meist, was ich als sehr passend und angenehm zu diesem Zeitpunkt empfinde. Ich hoffe, dass er von meinem verheulten Gesicht nicht so viel mitbekommt und vielleicht glaubt, dass ich wegen des Staubes so scheußlich aussehe. Als er dann wieder weg ist, weine ich weiter. In meiner Verzweiflung rufe ich meine Mutter an, um sie zu bitten zu mir zu kommen. Sie war an diesem Tag auch allein und so passte es ihr sehr gut mit mir Zeit zusammen zu verbringen. Ich beende nun meine Arbeit und gehe unter die Dusche. Meiner Mutter erzähle ich dann ein wenig von meinen Problemen mit Thore und über meine verzweifelte Situation. Sie hört mir zu, aber kann nicht verstehen, was das eigentliche Problem ist und so hilft sie mir in dieser Sache auch nicht weiter. Es tut jedoch richtig gut, dass sie einfach nur da ist und mir zuhört. Nach dem Kaffee machen wir noch einen kleinen Spaziergang und dann fährt sie wieder nach Hause.

Nun kann ich wieder etwas klarer denken und fühle mich wirklich sehr viel besser. Ich denke jetzt auch darüber nach, warum Thore sich so anstellt mit dem Kennenlernen seiner Familie. Meine Familie ist auch immer für mich da und ich muss mich dafür nicht verbiegen. Vielleicht sollte er mal seine eigene Einstellung hinterfragen und im Gegensatz dazu mal überlegen, wie lange ich noch da sein werde, wenn er mich weiter so behandelt. Er ist für mich gefühlt ständig dabei aufgebaute Nähe wieder in die richtige Distanz zu bringen. Thore spricht auch nie konkret über seine Vorstellungen, sodass ich seine Sichtweise verstehen kann. Ich weiß nicht, wann etwas wie schnell gehen darf und seine Bedürfnisse zu verstehen, fällt mir immer schwerer.

Ich habe jedoch auch meine eigenen Vorstellungen und Bedürfnisse und auf diese möchte ich jetzt wirklich mehr achtgeben. Eines dieser Dinge ist, mit anderen Menschen zusammen zu sein und auch Thore dann dabei zu haben. Darum plane ich nun für unser kommendes Treffen auch Sara und Ron dabei zu haben. Ich schwindele Thore ein wenig an und erwähne die Anwesenheit der beiden einfach nicht. Beim Schreiben bekomme ich es hin, ihn anzulügen. Beim Reden würde mir so etwas nie einfallen, denn ich schätze Thores Ehrlichkeit sehr.

Ich 17:36:

„Du kannst Dienstag doch kommen. Sara und Ron fahren zu seinen Eltern."

Ich 25.03./ 10:59:

„Geht das denn nun in Ordnung oder hast du andere Pläne?" Da er wieder nicht antwortet, rufe ich ihn um die Mittagszeit an. Er geht zu meiner Überraschung auch ans Handy. Im Hintergrund höre ich immer wieder Lene sprechen. Sie sind beide auf dem Spielplatz, wie er mir berichtet. Thore sagt, dass er das immer doof findet mit unseren Streitereien und er wiederholt es auch noch mal, dass es ihm mit dem Kennenlernen der Familie noch zu früh ist. Beim Telefonieren verstehe ich es besser, dass es ihm ernst und wichtig ist, was er sagt. Beim Schreiben habe ich immer das Gefühl, dass unsere Meinungsverschiedenheiten dann tatsächlich Machtkämpfe sind. Vielleicht hat seine Stimme auch etwas Unwiderstehliches an sich, dass ich mich dadurch besser von ihm beeinflussen lasse. Was der wahre Grund dafür ist, weiß ich nicht, aber ich will auch nicht immer alles hinterfragen. Wenn wir uns beim Reden ohne Missverständnisse verstehen, sollten wir es einfach öfter tun und gut ist. Bei diesem Gespräch einigen wir uns darauf, dass er am Mittwoch zu mir kommt. Der Grund dafür, dass es Dienstag nicht geht, ist Lene. Er bringt sie erst gegen achtzehn Uhr zu ihrer Mutter.

Am nächsten Tag fragt Thore dann noch mal etwas genauer nach.

Er 26.03./ 23:21:

„Wann denn Mittwoch?"

Ich 23:25:

„Kannst zwischen drei und halb vier kommen."

Er 23:26:

„Okay. Nun schlaf endlich!"

Ich 23:29:

„Ja, schlaf du auch schön."

Am Dienstag höre und lese ich nichts von ihm. Erst am Mittwoch schreibt er mir wieder.

Er 28.03./ 09:57:

„Wir gehen heute Abend essen. Kannst schon was überlegen."

Ich 12:43:

„Okay, das mache ich. Zum Kaffee habe ich was da."

Mein geplantes Zusammentreffen zwischen Thore, Sara und Ron steht nun kurz bevor. Seit gestern sind die zwei nun bei mir zu Hause und werden erst nach der Kaffeezeit zu Rons Eltern fahren. Ein so kurzes Zusammensein wird Thore sicher nicht überfordern, denke ich und bin sehr gespannt, wie er auf Sara und Ron reagieren wird. Ob sie sich gut verstehen werden?

Sara hatte den Kaffeetisch schon schön eingedeckt, während ich noch auf der Arbeit war. Als ich nach Hause komme, brennen schon die Kerzen. Sie wartet gemeinsam mit Ron, dass bald alle da sind und wir mit dem Essen beginnen können. Ihr Appetit ist schon groß.

Er 14:42:

„Fahre jetzt los."

Thore braucht für die Fahrt zu mir etwa eine Stunde und so nutze ich die noch verbleibende Zeit, um zu duschen. Dann stelle ich die eingepackten Geschenke für Thore auf den Sofatisch. Ich bin so gespannt, wie er auf alles reagiert. Mit Sara zusammen sitze ich auf dem Sofa, während wir nun auf Thores Ankunft lauern. Ron hat sich auf der Küchenzeile platziert, um einen guten Blick auf die Straße zu haben. So sieht er Thore dann auch mit dem Auto ankommen und sagt nach einer Weile etwas verwundert: „Der bleibt im Auto sitzen."

Ich denke sofort daran, dass er sicher auch wieder wegfahren könnte und gehe hinaus, um ihn zu begrüßen. Meine Glückwünsche zu seinem Geburtstag nimmt er gar nicht richtig an. Er sieht mich mit erstaunten großen Augen an und die Unsicherheit steht ihm ins Gesicht geschrieben. Thore sagt: „Du hättest doch was sagen können, dann wäre ich doch später gekommen." Ich erzähle ihm, dass ich gern mit allen zusammen Kaffee trinken und die Torte essen möchte. Auch dass Sara und Ron nachher gleich weg sind, weil sie zu seinen Eltern fahren werden, äußere ich. Schweren Gemütes lässt er sich darauf ein und kommt mit mir ins Haus. Ich spüre beim Hineingehen seine Angst und er tut mir ernsthaft leid. So schlimm habe ich mir seine Schüchternheit wirklich nicht vorgestellt. Mir gegenüber verhält er sich in keinster Weise so.

Sara und Ron stellen sich vor und gratulieren ihm nachträglich zu seinem Geburtstag. Auch Thore stellt sich den beiden vor. Beim Hinsetzen an den gedeckten Tisch, lassen wir instinktiv Thore den Vortritt bei der Auswahl des Sitzplatzes. Er wählt den Stuhl, neben dem ich gerade stehe aus. Alle anderen setzen sich nun auch und ich nehme neben Thore Platz.

Beim Verteilen der Tortenstücke versuche ich eine lockere Konversation am Tisch zu gestalten. Sara und Ron machen mit, aber Thore redet fast gar nicht. Nur wenn er gefragt wird, gibt er eine sehr kurze Antwort. Ich kann leider sein Gesicht nicht beobachten, weil ich neben ihm sitze. Das hätte mir vielleicht geholfen, zu verstehen, warum sich die Unterhaltung mit ihm so stockend und verkrampft gestaltete. Thore wirkt angespannt auf mich. Keiner von uns dreien weiß so recht, wie wir ihn auftauen können und so bleibt diese seltsame Situation bestehen, bis wir mit dem Essen fertig sind. Sara und Ron suchen dann ihre Sachen zusammen, bevor sie losfahren. Am nächsten Tag werden sie nachmittags wieder hierher zurückkommen, hatten wir abgesprochen. Als ich mit Sara einen kleinen Moment alleine bin, frage ich sie nach ihrem momentanen Eindruck von Thore. Sie findet ihn schon irgendwie sympathisch, aber kann ihn nicht wirklich beurteilen, weil er ja kaum etwas gesagt hatte. Auch sie ist sehr überrascht über seine Schüchternheit.

Als ich dann nach der Verabschiedung mit Thore wieder alleine bin, gebe ich ihm zu verstehen, dass ich ihn so schüchtern nicht eingeschätzt hatte. Ich entschuldige mich sogar dafür, ihn in diese unangenehme Situation gebracht zu haben. Er macht mir jedoch keine Vorhaltungen deshalb und redet mit mir wieder aufgeschlossen und locker, wie ich es von ihm bisher gewohnt war. Das Zusammentreffen mit den beiden bekommt von ihm keinerlei Wertung. Es scheint so, als ob er mit dem Enden der Begegnung diese schon vergessen hätte.

Dann gebe ich ihm seine Geburtstagsgeschenke und er zelebriert das Auspacken jeder einzelnen Verpackung. Thore sieht sich alles ganz genau an. Das Kartenspiel und den Duschabzieher findet er sehr praktisch. Ein Sudoku-Block hat es ihm sofort angetan und er muss direkt mit dem Lösen der Aufgaben beginnen. Darin gibt es einen IQ-Test, der verschiedene mathematische, logische und systematische Rätsel beinhaltet. Thore möchte diesen mit mir zusammen lösen und schon mit dem ersten Test habe ich Schwierigkeiten. An dem Tag fällt es mir wegen meiner Schlafstörungen sehr schwer mich zu konzentrieren und ich finde nicht die richtige Lösung der Aufgabe, die er selbst jedoch schnell gefunden hatte. Er reagiert wieder mit wenig Verständnis und fragt mich ständig: „Das weißt du nicht?", oder „Du musst das doch herausfinden!" Dabei lässt er nicht locker und will unbedingt, dass auch ich auf die Lösung komme. Ich fange dann an zu raten. Sein Verhalten empfinde ich einfach nur als sehr anstrengend, doch bald hört er damit auf, die richtigen Lösungen von mir zu erzwingen. Die nachfolgenden Fragen sind dann für mich einfacher zu lösen und ich finde schnell das richtige Ergebnis heraus. Bei einigen Fragen bin ich sogar schneller als er.

Ich fühle mich in solchen Situationen immer von ihm getestet, wie klug oder dumm ich wohl sei. Wenn ihm das so wichtig ist, soll er sich doch eine Professorin suchen oder eine Mathelehrerin. Er darf dabei nur nicht vergessen, was er denn zu bieten hat. Sein Selbstbewusstsein ist gerade mal so groß, dass er sich in der ewigen Partnersuche traut weiter zu machen. Keine Arbeit und auch sonst keine kollektiven oder gesellschaftlichen Ambitionen zu haben, zeugen von wenig persönlicher Stärke. Immer nur mit Familienangehörigen zusammen zu sein erscheint mir sehr zurückgezogen. All das zusammen genommen, ist Thore eine sehr spezielle Persönlichkeit und ich finde diese aus unerklärlichem Grund sogar sehr anziehend. Schade für ihn finde ich, dass er sich so viele Sachen nicht traut und vielleicht auch manchmal einfach nur zu träge ist, um etwas im Leben erreichen zu wollen oder zu können.

Das letzte Geschenk, was er auspackt, ist eine Strickjacke. Ich habe den Eindruck, dass Thore sich über die vielen Geschenke freut und er bedankt sich auch sehr dafür. Durch das intensive Auspacken der Geschenke ist inzwischen viel Zeit vergangen und ich teile Thore meine Entscheidung mit, wohin ich gern mit ihm essen gehen möchte.

Wir ziehen uns warm an und machen uns auf den Weg. Der am Restaurant nahe liegende Ostseestrand lockt uns nun noch zu einem kleinen Spaziergang. Um der Kälte ein wenig zu entkommen und vor dem eisigen Wind etwas geschützt zu sein, gehen wir jedoch letzten Endes durch die Ortschaft. So kommen wir an einem weiteren

Restaurant vorbei. Thore schaut sich dieses sehr genau an. Er sieht erst durch die Eingangstür hinein und dann von der anderen Seite durch die Fenster. Ich finde das irgendwie seltsam und überlege, ob er vielleicht doch lieber hier mit mir was essen möchte. Vielleicht hat ihm meine Auswahl des Restaurants nicht gefallen? Sein nicht nachlassendes Gaffen lässt mich ihn frage: „Willst du lieber hier etwas essen?" Dann erzählt Thore mir jedoch, warum er solch ein Interesse hat, sich hier umzuschauen. Hier arbeitet ein Bekannter seines Vaters. Ihm gehört die Gaststätte und im weiteren Gespräch äußert Thore, dass er diesem Mann auf keinen Fall begegnen möchte. Da er nicht nur seinen Vater kennt, sondern auch ihn, rechnet er damit, dass er ihn dann auch ansprechen würde. Womöglich würde er dann nach seinem Vater fragen und das Reden über dessen Tod ist Thore unangenehm, wie ich weiß.

Ich sehe dann tatsächlich oben am Fenster einen älteren grauhaarigen Mann stehen und Thore bestätigt, dass dies der Bekannte ist. Wir stellen fest, dass er in der Küche, die sich augenscheinlich im Obergeschoss befindet, beim Kochen ist und somit wohl kaum im Gasthaus umherspazieren wird. Also gehen wir nun doch hinein und Thore verliert kein Wort über diese plötzliche Planänderung. Mir ist es zwar egal, in welchem Restaurant wir essen, aber ich hatte mir eigentlich ein anderes ausgesucht. Auch ich verliere kein weiteres Wort darüber.

Wir müssen noch einen Moment warten, bis für uns ein Platz frei wird. Ein sehr großer runder Tisch wird es nun, der mitten im Restaurant platziert ist. Ich finde es dort etwas ungemütlich, doch eine andere Wahl haben wir nicht. Thore sucht sich aus der Speisekarte ein Wildgulaschgericht aus und ich entscheide mich für Bratkartoffeln mit Sülze. Dazu trinken wir beide ein Bier. Wir unterhalten uns und ich versuche das Essen und unser Zusammensein zu genießen. Ich fühle mich jedoch nicht so richtig wohl. Das Essen schmeckt mir nicht so gut und ich bin sehr erschöpft.

Nach dem Essen bezahlt Thore die Rechnung und wir spazieren zurück zum Parkplatz. Auf dem Weg dorthin, frage ich ihn noch einmal nach dem Tod seines Vaters und warum es ihm immer noch so schwerfällt darüber zu sprechen. Doch ich bekomme nichts aus ihm heraus. Ich äußere meine Vermutung, dass der Vater durch einen Autounfall starb und auch seine Mutter Beifahrerin war. Weil er nichts dagegen sagt, stelle ich auch die Behauptung auf, dass ihr Hüftproblem sicher damit im Zusammenhang steht. Das bejaht er dann kurz und sagt aber sonst wieder nichts. Ich fahre uns nach Hause und dort trinken wir dann vor dem zu Bett gehen noch Likör auf seinen Geburtstag.

Schon in den letzten Tagen hatte ich wegen der langen Einschlafphase höchstens fünf Stunden Schlaf bekommen. Manchmal aber auch nur drei oder vier. Etwas komisch finde ich es schon, dass ich immer wieder so schlecht erholsamen Schlaf finde. Thore dagegen schläft immer lange und macht zu Hause regelmäßig Mittagsschlaf. Ich beneide ihn ein wenig. Er jedoch zeigt überhaupt kein Verständnis für mein Schlafdefizit.

Am Morgen klingelt mein Wecker gegen sieben Uhr in der Früh. Trotz zeitigem Schlafengehen und der gewohnten sexuellen Nähe zu Thore, brauchte ich dann doch wieder viel zu lange zum Einschlafen. Thore bleibt auch heute trotz meiner lauten Geräusche, die ich mache, in seinem Tiefschlaf. Das macht mich sehr traurig, denn ich kann mich nicht nach meinen Bedürfnissen von ihm verabschieden. Als ich nach der Arbeit wieder nach Hause komme, ist alles ordentlich aufgeräumt. Thore ist natürlich nicht mehr da. Sara und Ron hatten sich ja für diesen Donnerstagnachmittag bei mir angemeldet. Sie sind auch schon da, als ich von der Arbeit nach Hause komme. Auch den Karfreitag wollten die beiden zusammen mit mir verbringen. Doch nun äußern sie, dass sich ihre Pläne geändert haben. Sie wollen mit Rons Eltern etwas unternehmen und kommen dann erst am Samstag wieder zu mir. Nun versuche ich es so zu akzeptieren, wie ich das sonst auch immer getan hatte. Die unterschiedlichen Pläne der Familien mit ihrem Besuch zu vereinbaren, gestaltet sich nicht immer einfach. Bisher klappte es jedoch immer gut, sodass ich ausreichend Zeit mit Sara und Ron verbringen konnte. Heute bin ich sehr enttäuscht. Nicht nur, dass sie nicht mehr bleiben, sondern auch weil ich ihretwegen Thore abreisen ließ. Sara und Ron holen sich nun ein paar Sachen aus ihrem Koffer und mit ein wenig Wehmut verabschiede ich mich von ihnen. Mir fällt es innerlich sehr schwer diese Planänderung anzunehmen und werde innerhalb kürzester Zeit zutiefst traurig. Ich fange wieder an zu weinen. Der Gedanke daran den nächsten Tag, der ja ein Feiertag ist allein sein zu müssen, lässt mich wieder in dieses Ohnmachtsgefühl verfallen.

Meine Traurigkeit macht mich so appetitlos, dass ich von der leckeren Schokoladentorte nichts essen mag. Zuvor hatte ich mich sehr darauf gefreut. Schon wieder verstehe ich nicht, warum ich immer solche emotionalen Ausbrüche bekomme. In meiner Verzweiflung versuche ich Thore anzurufen. Ich weiß, dass er nichts geplant hatte an diesem Tag und will ihn fragen, ob ich noch zu ihm kommen kann. Gerade heute funktioniert das Handy nicht. Ich bekomme kein Netz. Heute sollte ich wohl von der Außenwelt abgeschnitten sein, denke ich kurz. Also schreibe ich ihm über WhatsApp eine Nachricht.

Ich 29.03./ 15:49:

„Bist du gut nach Hause gekommen und ist alles gut bei dir?

Ich wollte dich fragen, ob du heute Zeit hast für mich. Sara hat mich versetzt."

Er 16:38:

„Ja gerade. Habe viele Besorgungen gemacht. Ist Sara zum Osterfeuer am Samstag? Wie? Willst du zu mir nach Hause kommen?"

Ich 16:39:

„Ja, auf die letzte Frage bezogen."

Er 16:42:

„Auch schlafen? Dann bringe Brötchen mit für morgen. Ich muss morgen aber zu Mutti und vorher noch Gutscheine holen."

Ich 16:43:

„Ich muss mittags auch wieder nach Hause."

Er 16.44:

„Okay, wenn du lieb bist."

Ich 16:44:

„Wann willst du denn losfahren morgen? Ich bin doch immer lieb."

Er 16:46:

„Gegen zwei Uhr."

Ich 16:48:

„Das hört sich passend an.

Ich fahre, wenn ich alles fertig habe hier los und schreibe dir dann. Ich bringe auch Brötchen mit. Soll ich was zum Abendessen mitbringen?"

Er 16:50:

„Habe noch Reste, abgekochte Spagetti, wollte ich mir eigentlich machen mit Soße. Vielleicht können wir die verwenden."

Ich 16:51:

„Okay, hört sich gut an. Bis später ☺ ♥."

Zwischendurch glaubte ich nicht daran, dass Thore sich so leicht auf diesen Spontanbesuch von mir einlassen würde. Darum hatte ich die Waschmaschine angestellt. Nun muss ich nicht nur warten, bis ich mit meinen verheulten Augen wieder etwas sehen kann, sondern auch darauf, dass die Wäsche gewaschen ist. In der Zwischenzeit räume ich noch ein wenig die Wohnung auf. Morgen kommen nicht nur Sara und Ron zu mir, sondern auch meine Eltern und meine Schwester. Auch die Familie ihres ältesten Sohnes hatte sich bei mir angemeldet. Dafür wollte ich eigentlich selber Kuchen backen. Die Zutaten hatte ich sogar schon eingekauft. Doch nun werde ich es nicht mehr schaffen und so beschließe ich, einfach zwei Torten für diesen Anlass zu kaufen. Bevor ich mich auf dem Weg zu Thore mache, hänge ich die Wäsche auf und schreibe ihm eine Nachricht.

Ich 17:42:

„Ich fahre jetzt los und will vorher noch zwei Torten kaufen."

Er 17:43:

„Okay."

Mit riesiger Freude fahre ich dann los und wundere mich schon sehr über meine zuvor intensiven Gefühle von Traurigkeit und der jetzigen plötzlichen Hochstimmung. Ich hoffe, dass meine geschwollenen Lieder vom Weinen schnell wieder abschwellen und ich beim Einkaufen niemanden, den ich kenne, treffe.

Nun gestaltet sich so kurz vor den Feiertagen das Einkaufen nicht so einfach. Beim Bäcker bekomme ich weder Thores Lieblingsbrötchen für das Frühstück, noch irgendetwas an Kuchen. Also nehme ich andere verschiedene Brötchen mit und hoffe, dass ihm davon das eine oder andere schmecken könnte. Dann hole ich zwei Torten aus der Tiefkühlabteilung des Discounters. Ich treffe unterwegs zum Glück niemanden, den ich kenne. Sicher liegt es daran, dass ich nicht einmal hochschaue, während ich schnell durch den Einkaufsmarkt eile.

Unterwegs zu Thore stockt die Fahrt mit dem Auto, denn es gibt einen Auffahrunfall und eine Fahrbahn ist dadurch blockiert. Kurz nach 19.00 Uhr komme ich dann bei ihm zu Hause an, als er gerade etwas aus sein Auto ausräumt. Ich parke ein und gehe zu ihm. Thore wirkt sehr in Eile. Sicher hatte er gehofft, bis zu meinem Eintreffen all seine Vorhaben erledigt zu haben. Im Flur stehen zwei Eimer mit Holz zum Heizen und wir bringen all die Dinge gemeinsam in die Wohnung seiner Mutter. Da Thore nach unserer Begrüßung noch etwas im Keller erledigen will, gibt er mir den Wohnungsschlüssel. Ich beginne schon mal den Kühlschrank mit dem Eingekauften einzuräumen. Dieser ist proppenvoll und ich frage mich, wer das alles essen soll. Auch wenn seine Schwester bald mit den zwei Kindern kommt, sind aus meiner Sicht immer noch viel zu viele Lebensmittel darin. Sie sind vielleicht zwei oder drei Tage bei ihm und wollen dann gemeinsam in einem Hotel Urlaub machen.

Ich versuche den Rest des Eingekauften irgendwie noch in den Kühlschrank zu bekommen. Als Thore dann auch da ist, hält er die schon gekochten Nudeln in einem kleinen Topf in der Hand. Er gibt mir den Topf und versucht dann den Rest des Einkaufes in den Kühlschrank zu zwängen. Wie er das dann hinbekommen hat, ist mir schleierhaft.

Ich beginne mit der Zubereitung unseres Abendessens. Aus dem Kühlschrank reicht Thore mir zwei Packungen Bratfett. Eine davon ist angefangen und die andere noch unbenutzt. Ich sehe, dass beide schon seit mehreren Monaten mit dem Haltbarkeitsdatum abgelaufen sind. Ich bitte ihn darum, diese im Mülleimer zu entsorgen. Thore fällt dies sichtbar sehr schwer, doch er tut es dann. Diese Erfahrung, dass er ungern Reste vom Essen wegwirft, durfte ich schon des Öfteren machen. Doch dieses schon ranzig riechende Fett sollte ganz sicher nicht mehr in der Pfanne landen. Ich äußere meine Vermutung, dass im Kühlschrank sicher noch andere abgelaufene Lebensmittel stehen. Thore empfindet meine Worte nicht als Angriff und meint aber wie selbstverständlich: „Man kann das alles noch essen". Ich weiß jetzt genau, dass ich hier immer schauen werde, was ich noch essen kann und was nicht.

Thore hatte eine Tomatensoße im Glas gekauft und ich mache zusammen mit meiner mitgebrachten Wurst eine Eigenkreation daraus. Einen Teil der restlichen Nudeln aus dem kalten Topf, den er von draußen mitgebracht hatte, gebe ich nun in die Soße hinein. Bei den Nudeln weiß ich, dass er sie vor vier Tagen gekocht hatte. Weil der Topf sehr kalt ist, denke ich, dass er auch während dieser Zeit kalt gestellt war. Darum verwende ich die Nudeln ohne Bedenken. Nun lasse ich jedoch ein paar davon im Topf zurück, weil sie im Verhältnis zur Soße einfach zu viel sind. Thore besteht darauf alle Nudeln zu verwenden, damit nichts weggeschmissen werden muss. Wir streiten deshalb ein wenig. Letztendlich gebe ich nach und tue alle Nudeln in die Pfanne hinein und strecke die Soße dann mit Ketchup.

Das Essen lassen wir uns dann gemeinsam vor dem Fernseher schmecken und auch da isst Thore dann den Rest noch auf, obwohl unsere Teller schon beim ersten Auffüllen sehr voll waren. Ich frage mich, wie er doch noch so schlank sein kann, wenn er ständig alles aufisst, damit ja nichts weggeworfen werden muss. Wir schauen nicht wirklich zum Fernseher hin, sondern unterhalten uns und ich bin so froh, bei ihm sein zu können. Nach dem Essen trinken wir noch einen Kümmel und ich bekomme ein Glas vom schon lange offen stehenden Rotwein. Ich hoffe, all das ohne Magenprobleme zu überstehen.

Gegen halb elf gehen wir dann zu ihm hoch in die Wohnung. Dieses Mal bekomme ich sogar Hausschuhe von ihm und muss so nicht in meine Stiefel schlüpfen, um durch das Treppenhaus zu gehen. Oben angekommen macht Thore dort wieder den Fernseher an und wir setzen uns auf die Couch. Es dauert nicht lange, bis uns beiden immer wieder die Augen zufallen. Inzwischen ist es schon Mitternacht und ich schlage vor ins Bett zu gehen. Doch Thore bewegt sich nicht und nach ein paar Minuten vergebenen Wartens, sage ich: „Es tut mir leid, aber ich bin wirklich sehr müde. Ich gehe ins Bett." Ich stehe auf, verabschiede mich von ihm und gehe mit der Hoffnung, dass er hinterherkommt, in sein Schlafzimmer. Bevor ich eingeschlafen bin und das dauert an dem Abend nicht lange, höre ich Thore im Wohnzimmer laut schnarchen. Im Schlaf merke ich dann irgendwann, dass er auch ins Bett kommt. Wie spät es gerade ist, weiß ich jedoch nicht. In dieser Nacht schlafe ich seit langem mal wieder richtig gut. Am Morgen, als wir dann beide wach sind, kuschel ich noch mit ihm und seinem blöden Schlafanzug. Er lässt sich das gefallen, macht aber wieder nichts, außer seinen Arm um mich zu legen. Gegen halb zehn stehen wir dann auf. Beim Frühstück lassen wir uns sehr viel Zeit und ich denke unweigerlich an unser letztes gemeinsames Frühstück an diesem Esstisch in der Wohnung seiner Mutter. Das war das Frühstück nach meinem Geburtstag, als wir unseren ersten Konflikt hatten. Ich möchte solch eine Situation nun auf keinen Fall noch einmal erleben. Es gibt zum Glück an diesem Morgen auch keinen Grund zum Streiten.

Nebenbei versuche ich immer wieder etwas von seinem Smartphone zu löschen, denn das Problem mit dem wenigen Speicherplatz besteht immer noch. Ich schiebe alle Bilder auf seinen Computer, sodass sie nicht mehr auf dem Handy sind. Doch auch das nützt nicht viel. Die Speicherkarte im Handy nimmt keine weiteren Daten mehr auf. Ich nehme mir vor, ihm eine neue Karte zu kaufen.

Thore findet es nicht gut, dass ich alle Bilder vom Handy herunternehme und kommentiert dazu: „Lene sieht sich die Bilder doch immer so gerne an." Es sind nicht nur etliche Fotos auf seinem Handy, sondern sie zeigen Thore auch in wiederholtem Maße in ein und derselben Situation. Es erscheint mir fast so, als wenn jemand immer wieder Fotoserien gemacht hatte. Ich würde davon ganz viele Bilder aussortieren, wenn es mein Handy wäre. Doch Thore besteht darauf sie alle zu behalten.

Etwas enttäuscht, dass ich das Problem mit dem Speicherplatz im Handy nicht beseitigen konnte, unterhalte ich mich noch ein wenig mit ihm und trinke meinen Kaffee aus. Gegen ein Uhr mittags verabschiede ich mich dann wie geplant. Alles fühlt sich gerade nach sehr viel mehr Nähe zwischen uns an und ich fahre froh und zuversichtlich los.

Sara hat sich entschieden am heutigen Samstag ohne Ron zu mir zu kommen. Er will noch etwas länger bei seinen Eltern bleiben. Also hole ich sie auf dem Heimweg vom Elternhaus ihres Freundes ab. Ich freue mich schon auf den bevorstehenden Familiennachmittag und bin gerade wieder richtig gut gelaunt. Vielleicht auch, weil Thore von allein sagte, wann wir uns wiedersehen werden. Er möchte am Samstagabend nach dem Osterwochenende zu mir kommen.

Ich schicke Thore am selben Abend zwei Bilder von unserem Familiennachmittag und schreibe ihm eine Nachricht dazu.

Ich 30.03./ 19:25:

"Nun sind alle wieder abgereist. War ein schöner Nachmittag. Auf der Rückfahrt von dir war wieder Stau. Ich wünsche dir eine schöne Zeit mit deiner Schwester und den Kindern."

Er 21:51:

"Hatte auch schönen Nachmittag in Warnemünde, danach Mutti besucht. Meine Leute auch gut angekommen."

Ich 31.03./ 22:18:

Ein Bild von dem Schneemann, den ich am Abend mit Sara gebaut hatte.

In der Nacht von Samstag auf Ostersonntag hatte es sehr stark geschneit. Der nasse und schwere Schnee sorgt nun seit dem frühen Morgen für einen Stromausfall. Da ich zu der Zeit noch im Bett liege, gibt es dann für mich leider nicht mal einen Kaffee zu Frühstück.

Ich 01.04./ 07:29:

"Einen schönen Ostersonntag wünsche ich dir."

Er 08:37:

"Danke, für dich auch. Hier pennt noch alles. Werde mal schippen gehen, LG."

Ich 08:55:

"Bei uns ist Stromausfall."

Er 09:49:

"War hier auch."

Der Tag zieht sich hin wie Kaugummi, weil wir ohne Strom nicht viel machen können. Ich schneide Sara die Haare, wir bemalen Ostereier und unterhalten uns einfach. Kurz nach der Mittagszeit kommt der Schneepflug gefahren und die nun freie Straße ist sehr verlockend, um irgendwohin fahren zu wollen. Vielleicht um Kaffee zu trinken oder auch etwas Warmes zu essen. Doch wir erwarten Ron bald und wissen auch nicht, ob es noch andere Stromausfälle in unserer Gegend gibt. Dieser Gedanke liegt sehr nahe und so bleiben wir doch lieber zu Hause. Durch die Fußbodenheizung in der Wohnküche hält die Wärme lange und wir müssen zum Glück nicht frieren. Gegen sechzehn Uhr ist der Strom dann endlich wieder da. Trotz Thores Desinteresses am Verlauf meines Tages, informiere ich ihn über den derzeitigen Stand.

Ich 16:05:

„Jetzt ist Strom endlich wieder da bei uns."

Er 22:26:

„Hatten schönen Tag. Habe eine Stunde geschippt zusammen mit Mieter. Eier suchen, Café bei Oma, Lene holen, Abendessen bei Oma mit unserem Eieressen, spielen. Jetzt sind wir platt. Morgen geht's ins Hotel, vorher wohl Ostermarkt."

Ich 22:29:

„Da hattet ihr ja viel gemacht heute. Bei uns fuhr erst nach dem Mittag der Winterdienst. Wir haben Haare geschnitten, Ostereier angemalt, Schnee geschippt und jetzt spielen wir Skat. Ron ist nun auch da. Viel Spaß wünsche ich euch im Hotel."

Thore macht in Warnemünde Urlaub mit seiner Schwester, ihren Kindern und seiner Tochter. Ich finde es zwar seltsam, dass er eine Übernachtung bucht, obwohl er fast dort wohnt, aber wenn es ihnen gefällt, ist es sicher okay. Wenn Thore mit seiner Familie zusammen ist, scheint er immer sehr beschäftigt zu sein und ich glaube, dass es ihm dann immer sehr gut geht.

Er 03.04./ 16:59:

„Na alles Gut bei dir? Bei uns ja. Hatte gerade Mittagsschlaf. Gestern waren wir hier im Schwimmbad und Sauna. Frühstück war wieder lecker und üppig. Heute Warnemünde besichtigen, schön hier. Später kam die Sonne raus. Morgen Omas Geburtstag."

Ich 19:22:

„Ich muss ja ein wenig schmunzeln. Das hört sich an, als wenn du das erste Mal Warnemünde gesehen hast und begeistert bist ☺. Ist schön zu lesen, dass es euch gut gefällt. Bei mir ist auch alles gut. Heute war es noch etwas ruhiger in der Kita und zum Wochenende werden es dann wohl wieder mehr Kinder werden. Wie lange bleibt ihr im Hotel?"

Er 22:05:

„Bis Donnerstag. Abends noch wieder ins Schwimmbad und Sauna. Dann Stine Pizza geholt. Noch gespielt, Lene ganz platt, aber Augen wollen noch nicht zufallen."

Ich 22:28:

„Dann noch viel Spaß und gute Nacht."

In dieser Nacht schlafe ich recht gut und habe einen sehr schönen Traum.

Draußen liegt ganz viel Schnee und Ich gehe mit Thore über ein verschneites Feld. Die Sonne wärmt das Gesicht und ab und zu ist dort, wo der Wind den Schnee weggetragen hatte der Boden zu sehen. Thore beginnt plötzlich mich mit Schnee zu bewerfen. Ich mache sofort mit und es dauert nicht lange, bis der nasse Schnee überall an unseren Sachen klebt und wir wie Schneemänner aussehen. Wir freuen uns wie die kleinen Kinder und lachen. Uns ist keineswegs kalt, sondern der Spaß bei der Schneeballschlacht und unser Zusammensein erwärmen scheinbar nicht nur unser Gemüt. Ich habe zum Glück eine warme Skihose an, aber Thores Jeans ist bald nass vom vielen Schnee.

Als wir dann wieder zu Hause sind, ist er ganz durchgefroren. Er
zieht seine Sachen aus und legt sich ohne Kleidung unter die
kuschelige rote Decke. Weil ihm wirklich sehr kalt ist und er
bibbert, lege ich mich zu ihm und kuschele mich ganz dicht an ihn,
um ihn zu wärmen. Bald wird uns beiden warm und wir beginnen
uns gegenseitig liebevoll zu streicheln.

Als ich am Morgen erwache, steckt in mir ein schönes Wohlgefühl
und ich merke sofort, dass es genau das ist, was mir in der
Beziehung zu Thore immer gefehlt hatte. Einfach ausgelassen und
fröhlich zu sein, weil wir beieinander sind, wünschte ich mir immer
sehr. Wenn ich noch weiter darüber nachdenke, finde ich es auch
passend, dass ich ihn im Traum erwärme, denn ich habe ständig das
Gefühl ich muss sein Herz aus einem Eisblock befreien. Wenn ich um
seine Zuwendung kämpfen muss, habe ich schon so manches Mal zu
ihm gesagt, dass er gerade einem Kühlschrank sehr ähnlich ist. Ich
weiß aber ansatzweise, dass er auch anders sein kann. Der Traum
hinterlässt eine starke Wirkung auf mich, weil er mir bewusster macht,
was mir fehlt in dieser so seltsamen Beziehung.

An diesem Morgen bekomme ich Bilder vom Hotel geschickt, in dem
Thore mit der Familie übernachtet.

Er 04.04./ 08:12:

> *Drei Bilder vom Bad des Hotelzimmers und eines vom*
> *Doppelbett, in dem Lene mit unausgeschlafenen Augen zu*
> *sehen ist.*

Ich 08:14:

> „Sieht schön aus, aber Lene sieht nicht ausgeschlafen aus. Wo
> bist du denn?"

Er 08:14:

> „Noch nicht vorzeigbar."

Ich 08:14:

„Ganz liebe Geburtstagswünsche und Grüße an deine Mutti ☺."

Er 08:30:

„Danke."

Ich 22:33:

„Wie war der Geburtstag?"

Er 22:50:

„Schön, waren vorher in Kühlungsborn. Zum Café in Doberan, altes Café. Danach wieder in dem Restaurant, wo wir zu meinem auch waren. Jetzt sind wir platt. Wetter war ja toll heute."

Ich denke immer wieder über meinen kommenden Urlaub nach und hoffe, dass Thore sich irgendwie darauf einlässt, ihn mit mir gemeinsam zu verbringen. Meine Urlaubszeiten hatte ich ihm mitgeteilt und auch davon gesprochen, dass wir dann seine Küche zu Ende aufbauen könnten. Die Idee mit der Küche findet jedoch bei ihm überhaupt keinen Zuspruch. Es gibt keine Klarheit in seinen sehr kargen Äußerungen dazu.

Seit Ostermontag habe ich auf der Kopfhaut einen sonderbaren Ausschlag, der immer schlimmer zu werden scheint. Vor etwa drei Jahren, als ich über längere Zeit sehr viel Stress auf der Arbeit hatte, bin ich an einer Gürtelrose erkrankt. Diese verursachte damals starke Schmerzen und eine enorme Wärmesensibilität unterm rechten Arm und im Schulterbereich. Weil die jetzigen Symptome den damaligen sehr ähneln, ziehe ich sofort eine Verbindung dazu und gehe zu meiner Hausärztin. Sie ist Anfangs etwas unsicher mit der Diagnose. Doch weil ich die Verbindung zur früheren Erkrankung äußere, verschreibt sie mir ein Medikament zur Behandlung der Gürtelrose.

Ich fange die siebentägige Tabletten-Kur noch am selben Abend an und hoffe, dass das Medikament tatsächlich wirkt. Wenn es nicht hilft, weiß ich zumindest, dass es nicht die Gürtelrose ist. Thore schreibe ich nichts von all dem, denn es interessiert ihn sicher wieder nicht, oder zumindest ist er mir keine Hilfe dabei. Maximal gute Besserung schreibt er dann vielleicht und fragt aber nie wieder nach, wie es mir geht. Ein wenig enttäuschend ist das für mich schon, aber ich nehme es ihm seltsamerweise nicht übel. Irgendwie glaube ich, dass er es einfach nicht kann, sich in jemanden hineinversetzen oder mit jemandem mitzufühlen. Bei allen anderen Männern, die mir bisher begegnet waren, hätte ich schon lange bei solch einem Verhalten den Schlussstrich gezogen. Doch immer wieder hoffe ich, dass sich mit Thore alles zum Positiven wenden wird. Ich weiß jedoch nicht so richtig, warum ich immer wieder zwischen großer Hoffnung und Verzweiflung hin und her schwanke.

Er 06.04./ 14:24:

> „So, nun sind sie wieder weg. Waren gestern Abend noch mal bei Oma. Vorher Stadt, für Lene neue Schuhe bekommen und Backbanane gegessen, Kinder in Trampolinhalle gespielt. Ich komme dann morgen 19.30 Uhr. Wetter soll ja toll werden für schönen Ausflug."

Ich 17:06:

> „Ich freue mich schon auf das Wochenende. Endlich mal schöne Wetteraussichten. Bis morgen und bringe bitte dein Smartphone mit. Isst du noch mit Lene abends was oder mit mir?"

Er 18:40:

> „Mit dir was Kleines. Sonntag können wir vielleicht das Grillblech einweihen ☺. Soll ich was mitbringen?"

Ich 21:09:

> „Du kannst was zum Grillen besorgen. Ich wollte morgen nicht
> noch mal einkaufen, war heute schon. Grillkohle habe ich da."

Thore hatte vor Kurzem den Grill repariert, indem er ein Stück Blech
darin einsetzte. Er war stolz darauf, ihn wieder funktionstüchtig
gemacht zu haben und will nun natürlich den Grill ausprobieren. Da
er auf meine Nachricht wieder nicht antwortet, obwohl er online ist
und die Nachricht als gelesen angezeigt wird, frage ich noch mal
nach.

Ich 22:04:

> „Ist das okay?"

Er 07.04./ 09:13:

> „Ich habe dafür auch keine Zeit. Dann müssen wir was anderes
> machen."

Ich ärgere mich wieder sehr darüber, dass er alles so kompliziert
macht. Doch am schlimmsten finde ich es, dass er erst am Morgen
mit seiner Antwort ankommt. Er ist kein bisschen bereit sich
irgendwie zu engagieren.

Ich 10:32:

> „Warum schlägst du das dann vor? Hättest auch gleich
> antworten können, dass du keine Zeit hast. Wir werden aber
> sicher nicht verhungern."

Er 18:55:

> „Ich fahre gleich los. Musste noch mal zu Hause ran."

Dieses Mal bringt Thore Obst von zu Hause mit. Es ist übrig
geblieben und muss bald aufgegessen werden. Von seiner Mutter
übergibt er mir eine kleine Nascherei zu Ostern, worüber ich mich
sehr freue. Thore wird ihr sicherlich viel von mir erzählt haben und ich
gehe davon aus, dass es auch überwiegend Gutes ist. Heute fallen

seine Liebes-Geschenke jedoch im Vergleich zu anderen Malen etwas sehr karg aus und vielleicht deutet es tatsächlich auf noch weniger Zuneigung hin. Er brachte bisher immer eine kleine Überraschung für mich. Inzwischen benenne ich seine Mitbringsel als Liebesgeschenke, weil mein Eindruck von Anfang an der ist, dass dies wohl seine Art ist, mir seine Zuneigung zu zeigen.

Seine Schwester hatte ihm die Haare geschnitten. Ich sehe es sofort und finde es nicht schön, denn sie sind viel zu kurz. Vielleicht sollte der Schnitt einfach nur etwas länger halten, weil sie sich ja nicht so oft sehen können. Nun sage ich ehrlich meine Meinung zu seiner Frisur und die fällt eben nicht positiv aus. Doch das ist ihm scheinbar gar nicht so wichtig, denn Thore will lediglich wissen, ob mir überhaupt aufgefallen ist, dass die Haare kürzer sind. Nicht einmal bei solchen alltäglichen Kleinigkeiten finden wir eine verständnisvolle Unterhaltung und ich habe das Gefühl, dass ihn meine Worte nicht im Geringsten interessieren.

Irgendwie ist dieser Abend schon von Beginn an wieder nicht so schön für mich. Von Thore kommt wenig Zuwendung und die hätte ich wirklich dringend gebraucht an diesen Tagen. Er ist wieder sehr auf sich bedacht und somit merke ich schnell, dass ich in keinster Weise Aufmerksamkeit oder sonst etwas von ihm verlangen brauche. Es dreht sich alles darum, was in den letzten Tagen bei ihm passiert war und als er mit dem Bericht fertig ist, spreche ich von meiner Gürtelrose. Ich frage ihn, ob er mein geschwollenes Augenlid nicht gesehen hatte bei unserer Begrüßung. Darauf reagiert er mit der Frage: „Ist das ansteckend?" Ich verdränge meine Emotionen und erkläre ihm den Zusammenhang der Gürtelrose mit Windpocken und dass nur die Windpocken ansteckend sind. Da mein linkes Augenlid auch nicht gerade wenig geschwollen ist, bin ich natürlich sehr enttäuscht, dass es ihm nicht einmal aufgefallen ist.

Nach dem Abendessen setzen wir uns auf das Sofa und schauen fern. Zu späterer Stunde laufen wieder zwei verschiedene Kriegsfilme. Ich finde diese nicht schön und auch die Quizshows, die Thore sich immer wieder mit mir ansehen will, mag ich nicht. Weil jedoch nichts Interessantes für mich im Fernseher läuft, spiele ich dann einfach mit meinem Handy. Thore scheint das jedoch auch nicht akzeptabel zu finden, denn er schaut, was ich spiele und bezeichnet mein Strategiespiel auf dem Handy als Blödsinn. Er hat sich noch nicht einmal richtig dafür interessiert, wie dieses überhaupt funktioniert und schwört nun auf das einzig wahre Spiel Sudoku. Auch in diesem Fall kann Thore schwer eine andere Meinung oder Ansicht respektieren.

Etwas später an diesem Abend spielen wir auf meinen Vorschlag hin noch ein paar Runden Canasta und das finde ich wiederum sehr schön. Thore verhält sich weiterhin sehr kühl und teilweise gemein mir gegenüber. Nicht nur, dass es mir wegen der Gürtelrose nicht so gut geht, lässt auch sein Desinteresse und sein fehlendes Verständnis für mich meine momentane Verfassung nicht besser werden. Als wir dann zu Bett gehen, kuschele ich mich nicht bei ihm ein und gebe ihm nur einen kurzen Gutenachtkuss. Dass er kein Interesse an Nähe hat, ist auch an diesem Abend wieder der Fall. Wenn ich etwas anfangen würde mit ihm, würde es wieder in Sex ausarten. Doch das wollte ich nicht. Die Zuwendung, die ich jetzt dringend brauchte, bekomme ich wieder nicht. In dieser Nacht schlafe ich sehr schlecht.

Das kühle Verhalten von Thore mir gegenüber, bringt mich wieder ins Grübeln. Inzwischen denke ich nicht mehr darüber nach, ob er Gefühle für mich hat. Mir ist klar, dass er keine hat und ich grübele darüber, wie ich damit umgehen soll. Meine Vorstellungen und Wünsche hatte ich seinetwegen inzwischen extrem zurückgesetzt und versucht auf seine Möglichkeiten anzupassen. Dabei habe ich meine Bedürfnisse komplett vergessen. Man sagt bei der Erkrankung an Gürtelrose auch gern mal den Spruch: „Hilfeschrei der Seele". Ich beginne nun das erste Mal tatsächlich darüber nachzudenken, was aus mir wird, wenn ich weiterhin auf seine Liebe und Zuneigung vergeblich warte. Es sieht so aus, als wenn ich dabei jämmerlich zugrunde gehen werde. Warum ist es so schwer für mich, ihm unverblümt zu sagen, wie gemein und verletzend er ist? Warum kann ich mir nicht eingestehen, dass er mir nicht guttut? Aus irgendeinem Grund kann ich ihn nicht einmal hassen für sein blödes Verhalten oder sauer auf ihn sein.

Mein Kopf schmerzt und mir geht es wegen der Gürtelrose und dem wenigen Schlaf wirklich sehr schlecht. Die roten Stellen am Auge und auf der Kopfhaut schmerzen und die linke Gesichtshälfte fühlt sich etwas taub an, wie nach einer Zahnarztspritze. Als Thore dann sehr viel später als ich wach wird, gibt es wieder keine Zuwendung von ihm und ich will diese auch nicht einfordern müssen. Mir fehlt dazu einfach die Kraft. Darum stehe ich rasch auf und bereite das Frühstück zu. Wir essen dann zusammen, ohne dass Thore sich irgendwie für meine Verfassung zu interessieren scheint. Wir unterhalten uns schon, aber es sind irgendwelche, für mich belanglose Fakten. Nach dem Frühstück nehme ich eine Schmerztablette und auch davon bekommt Thore scheinbar nichts mit.

Eigentlich hatten wir gestern geplant eventuell nach Prora zu fahren, um dort den Naturpfad zu besuchen. Ich erzähle Thore, dass es mir heute nicht so gut geht wegen der Gesichtsgürtelrose und ich diesen

Ausflug nicht machen kann. Meinem Vorschlag, diesen Plan auf ein anderes Wochenende zu verschieben und an diesem Tag vielleicht nur kurz an den Strand zu fahren, stimmt er mit kargen Worten zu. Keine emotionale Regung oder etwas Empathisches, bezüglich meiner schlechten Verfassung, kommen aus seinem Munde und ich frage mich, ob er die Situation gerade nicht versteht oder ob ich ihm wirklich so egal bin. Ich möchte jedoch gerade keinen Konflikt mit ihm heraufbeschwören und so rede ich nicht über meine Enttäuschung, die sein Verhalten in mir auslöst.

Bei super warmem Frühlingswetter fahren wir mit Thores Auto an den Strand. Ich hatte ihn darum gebeten, dass er mit seinem Auto fährt. Dem entspricht er dann auch kommentarlos. Da ich auch auf einen langen Spaziergang keine Lust habe, legen wir uns auf eine Decke, die wir dafür mitgenommen hatten. Am Strand ist es so warm, dass ich sogar meine Hose ausziehen kann, um die Beine ein wenig von der Sonne bräunen zu lassen.

Mein Telefon klingelt und ich nehme den Anruf von Frances entgegen. Um mit ihr ungestört sprechen zu können, entferne ich mich von unserer Position am Strand. Mit dem Kopf aus dem Schatten, den mir dort der Rucksack gespendet hatte, spaziere ich nun in der Sonne am Wasser entlang. Während der Unterhaltung wird mir dann schwindelig und das Ohr fühlt sich noch tauber an, als zuvor. Es geht mir so schlecht, dass ich das Telefonat abbreche und zu Thore zurückkehre. Er hat die Zeit zum Schlafen genutzt und so wecke ich ihn auf und bitte ihn mit mir den Strand zu verlassen. Ich möchte schnell aus der Sonne heraus kommen, weil mir die ja offensichtlich nicht gut bekommt. Es dauert ein wenig, bis Thore realisiert, was ich möchte, aber er macht sich dann gleich mit mir zusammen auf den Weg zum Auto. Dort trinke ich Wasser und nun sagt Thore endlich mal etwas zu meiner Verfassung: „Dir geht es wirklich nicht gut, oder?" Ich stimme seiner Vermutung zu und dann kommt wieder kein Wort von ihm zu dieser Angelegenheit. Kein Mitgefühl oder vielleicht eine nette Geste, die mich Anteilnahme vermuten lassen könnten, entrinnen diesem Mann.

Wir machen uns dann auf den Heimweg und Thore fragt mich dann, ob ich nach Hause will, oder ob er noch kurz zum Hafen fahren kann. Da ich ja nicht mit aussteigen muss, sondern für diesen kurzen Moment im Auto sitzen bleiben kann, stimme ich seinem Wunsch zu. Während der Fahrt dorthin schließe ich die Augen und durch das kurze Ausruhen geht es mir dann schon sehr schnell wieder besser. Nachdem Thore sich kurz den Hafen angeschaut hatte, fahren wir noch zum Einkaufsmarkt, um etwas Grillfleisch zu kaufen. Ich freue mich schon riesig auf das Grillen. Als wir zu Hause ankommen, geht es mir wieder gut und wir beginnen dann sofort mit den Vorbereitungen für unseren Grillabend. Nachdem ich den Salat fertig habe und alles auf dem Tisch steht, geselle ich mich zu Thore an den Grill. Mit einem Bier in der Hand stehen wir beide in der noch immer wärmenden Sonne. Ein Vogelgezwitscher in den Ohren lässt mich von dieser romantischen Stimmung schwärmen. Thore sagt jedoch wieder kein Wort und auch keine emotionalen Reaktionen sind bei ihm zu erkennen. Nicht einmal ein Lächeln erscheint in seinem Gesicht, als ich meine Freude über diese Situation zum Ausdruck bringe. Nun möchte ich sein Schweigen nicht mehr länger dulden und fange an, ihn mit Fragen aus seiner Stille zu bekommen. Meine erste Frage richtet sich auf seine Einstellung zur momentanen Situation und Stimmung. Erst nach wiederholtem Fragen, ob er es gerade auch schön findet, kann ich ihm ein gedrungenes: „Ja" entlocken. Ich lasse nicht locker und möchte konkretere Antworten mit irgendwelchen

Emotionen von ihm hören. So frage ich ihn dann weiter: „Warum bist du eigentlich mit mir zusammen?" Thore sagt wieder nichts und ich stelle die Frage noch einmal etwas anders. Ich bringe nun meine Vermutung mit ein, dass er vielleicht auch nur nicht gern alleine sein mag. Doch auch so bekomme ich keine Antwort von ihm. Nicht locker lassend frage ich ihn ruhig und bedacht, was er an mir denn nun gut findet. Bisher habe ich unglaublicherweise niemals etwas Nettes von Thore gehört. Ich bekomme eine sehr kurze Antwort: „Es ist schön mit dir." Ein intelligenter Mann findet keine Worte, um einer Frau etwas Schönes zu sagen. Das finde ich nicht mehr nur unglaublich, sondern auch unakzeptabel. Darum stichele ich noch ein wenig weiter. Ich kann ihm jedoch keine weiteren Worte entlocken. Doch ich merke, dass es schnell wieder eskalieren würde, wenn ich nicht aufhöre mit meinen Sticheleien. Bevor Thore wieder dicht macht und nicht mehr mit mir auf seiner Ebene spricht, höre ich vorerst lieber auf damit. Nach dem Essen sehen wir uns dann den Tatort an, bei dem wir beide kurz einschlafen. So verpassen wir auch das Ende und Thore fragt mich, was noch alles passiert war, als er schlief. Ich erzähle ihm den Teil, an den ich mich noch erinnern konnte, aber es schien ihn nicht zu befriedigen. Er bedauerte weiterhin sehr, dass er nun das Ende nicht erfahren konnte.

Bei Thore kommt am nächsten Tag der Schornsteinfeger früh um zehn. Er muss vorher noch die Heizung leer räumen, erzählt er. Ich selbst habe einen frühen Dienst in der kommenden Woche. Darum nehmen wir uns vor, früh schlafen zu gehen. Doch tatsächlich gehen wir erst wieder gegen 23.30 Uhr ins Bett und ich frage ihn dann noch einmal: „Warum bist du denn nun mit mir zusammen und warum willst du so oft keine Nähe?" Thore antwortet weiterhin nicht. Ich frage weiter: „Findest du mich nicht attraktiv genug?" Er sagt auch daraufhin nichts, aber ich lasse nicht locker und versuche mit Geduld auf eine Antwort von ihm zu warten. Die einzigen Reaktionen, die nach weiteren Worten und Fragen von mir folgen sind, dass er das Gesicht genervt verzieht und sagt: „Das ist anstrengend mit dir!" Um meine Gedanken auf irgendeinen Punkt bringen zu können, versuche ich dann ihm meine eigene Sichtweise darzustellen. Ich äußere meine Vermutung, dass er nichts Gutes zu sagen hat, wenn er nichts sagt. Meine Bemühungen, ihn besser zu verstehen scheitern immer wieder, erkläre ich ihm. Seine widersprüchlichen Signale, machen es für mich schwer, klare Schlussfolgerungen daraus ziehen zu können. Selbst von meinen Zweifeln, ob er mich überhaupt mag und ob sein Interesse an mir ausreichend ist für eine Beziehung, erzähle ich ihm. Leider sagt Thore wieder nichts und auch nach meiner abwartenden Pause, bleibt er stumm. Nach mindestens einer halben Stunde ruhigen, aber immer wiederkehrenden auf ihn Einredens, fühlt Thore sich dann wohl in die Enge getrieben und fragt mich: „Soll ich nach Hause fahren?" Ich weiß nicht, was mit ihm los ist und was ich machen muss, um ihn zum Reden zu bringen. So gerne hätte ich die vielen Fragen von ihm beantwortet bekommen, doch nun diese Reaktion. Meine Antwort ist natürlich: „Nein. Ich möchte, dass du mit mir redest!" Thore bleibt weiterhin wortlos neben mir liegen. Dann versuche ich es anders und sage: „Hast du das Gefühl, ich verstehe dich nicht?" Da spricht er auch nicht, schüttelt aber seinen Kopf. Ich weiß nicht, ob er es wirklich so meint, oder ob er nur endlich seine Ruhe haben will. Thore wirkt inzwischen sehr angespannt und der Punkt ist erreicht, an dem er sich wieder komplett verschließt. Ich weiß, dass ich nun nicht einmal mehr auf seiner sachlichen Ebene mit ihm reden kann. So etwas habe ich in meinem ganzen Leben noch nie erlebt, dass jemand so konfliktscheu ist und sich mit nichts sagen abgrenzt. Ich mache das Licht aus und hoffte, dass ich mich selbst beruhigen und dann auch endlich schlafen kann. Eine Umarmung von ihm, weil er nicht weiß, wie er etwas ausdrücken soll, hätte mir auch genügt in dieser Situation. Während ich merke, dass Thore ruhiger atmet und scheinbar gleich einschlafen wird, denke ich unweigerlich an die letzte Nacht zurück. Mit zermürbenden Gedanken und einem schlechten Gefühl hatte ich neben ihm versucht zu schlafen. Auch jetzt verbleibe ich in meiner angespannten und unruhigen Verfassung. Das möchte ich auf keinen Fall noch eine weitere Nacht mitmachen und auch sein Schnarchen will ich nun nicht ertragen müssen. So überlege ich, ob ich nach oben gehe oder es hier doch wieder versuche. Sicher werden beide Möglichkeiten mir nicht meinen gewünschten inneren Frieden bringen. Meine letzten Worte sind gefühlt vor einer Ewigkeit gesprochen. Ich bin mir nicht sicher ob Thore schon eingeschlafen ist, denke es aber eher nicht. In der Dunkelheit stehe ich auf, um zur Toilette zu gehen und dabei sprudeln die Worte aus mir heraus: „Es ist wohl doch besser, wenn du gehst." Noch während ich auf der Toilette bin und dort weine, steht er auf und zieht sich an. Es scheint so, als hätte er darauf gewartet, diesen Satz von mir zu hören. Als Thore dann im Flur ist, um sich seine Schuhe anzuziehen, gehe ich an der verschlossenen Flurtür vorbei wieder zurück ins Bett. Ich weine sehr verzweifelt und weiß, dass ich ihn damit auch nicht zu einer anderen Handlung bewegen kann. Im Bett liegend höre ich die Haustür wieder ins Schloss fallen. Ich kann es nicht glauben, dass er ohne sich zu verabschieden und ohne irgendein Wort zu sagen, einfach geht. Fassungslos gehe ich zur Tür und schaue ihm nach. Als er gerade im Hoftor steht, rufe ich: „Ich fasse es nicht, dass du jetzt einfach gehst, ohne ein Wort. So verhalten sich fünfjährige Kinder!" Doch er geht einfach weiter. Ohne sich umzudrehen oder eine andere Reaktion zu zeigen, setzt er sich in seinem Auto und fährt los.

Ich weiß, dass Thore aus dieser Situation sich jetzt nur noch zurückziehen wird, um wieder mit sich selbst klarzukommen. Für mich wirkt er in diesem Moment sehr unmenschlich, fast wie ferngesteuert und das Programm erscheint nicht veränderbar. Neben meiner Verzweifelt und Hilflosigkeit, kommt nun auch eine gewisse Ernüchterung in mir auf. Ich habe versucht, eine Klärung für all meine Zweifel und Fragen von ihm zu bekommen und habe dabei Stand gehalten. Die Ernüchterung ist zwar etwas traurig, aber es gibt jetzt ein Ergebnis für mich. Thore wird mir nie die nötigen Emotionen entgegenbringen und ich muss mir jetzt ernsthaft überlegen, ob ich dies so akzeptieren kann oder nicht.

Ich koche mir, obwohl es schon spät ist, einen Tee um mich bewusst etwas zu beruhigen. Geweint hatte ich inzwischen schon genug. Jetzt muss ich dringend zur Ruhe kommen und schlafen. Auch in Zukunft sollte ich wieder einen gesunden Schlafrhythmus für mich finden. Natürlich mache ich mir auch Gedanken, ob Thore gut nach Hause kommt und ich weiß, dass ich das so schnell nicht erfahren werde. Dann räume ich das Bettzeug zusammen, um die Schlafsituation, wenn ich allein bin zu haben und ich kann tatsächlich nach einer knappen Stunde einschlafen.

Am Morgen bin ich immer noch fassungslos über Thores wortloses Verschwinden. Jedoch freue ich mich sehr auf die Arbeit. Meine Arbeitskollegin Ela hört mir immer zu, wenn ich ihr von meinen Sorgen mit Thore erzähle und ich bin ihr sehr dankbar dafür. Wir verstehen uns auch so sehr gut und haben einen freundschaftlichen und fröhlichen Umgang miteinander während der Arbeitszeit. So gehe ich trotz wenig Schlaf und viel Kummer immer sehr gerne in die Kita.

Auch Ela findet, dass Thores Verhalten seltsam und speziell ist. Über seine Familie äußerte sie sogar die Vermutung, dass dort womöglich so seltsame Verhältnisse herrschten, dass er mir deshalb keinen Einblick gewähren will.

Ich schaue nun am Montag immer mal wieder, ob Thore schon bei WhatsApp online ist, um etwas mehr Gewissheit darüber zu bekommen, dass er zu Hause angekommen war. Leider hat mein Handy, wie so oft hier im Kindergartengebäude, wieder keinen Empfang. Doch nach Thore zu schauen ist nicht mein einziges Anliegen. Heute sitzt Frances das erste Mal in ihrem Leben in einem Flugzeug und ich bin gespannt, wie es ihr dabei ergangen ist. Gegen Mittag kann ich auf dem Spielplatz der Kita Nachrichten empfangen. Frances schreibt, dass sie gut gelandet sind und alles super gelaufen war. Das freut mich sehr. Thore war immer noch das letzte Mal am Vortag online, als er noch bei mir zu Hause war. Später an diesem Nachmittag sehe ich den Onlinestempel gegen halb zwei bei Thore im Chat. So weiß ich zumindest, dass er nun wohl zu Hause ist. Nach dem Arbeitstag fahre ich direkt nach Hause und telefoniere mit Sara. Ich brauche jemanden zum Reden und seelischen Beistand. Sie unterstützt mich, in dem sie mir Mut macht und mich darin bestärkt, endlich wieder mehr an mich zu denken. Diesen Vorsatz umsetzten zu wollen, hatte ich schon begonnen. Sara hat mich noch mehr beflügelt, dies auch zu tun.

Als ich Thore dann am Montag gerade online sehe, schreibe ich wegen meiner immer noch unbeantworteten Fragen einfach noch drei weitere Fragezeichen in den Chat. Natürlich bekomme ich auch auf diese nicht meine ersehnten Antworten.

Am selben Abend ruft mich meine Mutter an, um mit mir einfach nur zu erzählen und auch diese Unterhaltung tut mir sehr gut. Mutti äußert, nachdem ich ihr von Thores schnellem Verschwinden erzähle, dass er vielleicht psychische Probleme haben könnte. Das wäre eine mögliche Erklärung für sein Verhalten und diese Vermutung hatte ich selbst auch schon. Doch es muss sich um etwas mir Unbekanntes handeln. Mit diesem Gedanken im Hinblick seines wortlosen Verschwindens schreibe ich Thore dann am Abend eine Nachricht.

Ich 09.04./ 21:03:

> „Ich glaube bei dir läuft irgendwas nicht so, wie man sich das wünschen würde. Womöglich hast du psychische Probleme oder etwas in der Art. Sicher ist es dir nicht bewusst, aber ich finde dein Verhalten heute Nacht und auch schon in anderen Situationen nicht nachvollziehbar. Noch nie bin ich einem Menschen begegnet, außer Kindern natürlich, die nicht über irgendwelche Emotionen, Gefühle oder Ähnliches reden können. Ich hätte dich so gern verstanden, aber du hast leider nur Weglaufen und den einfachsten Weg zu wählen gelernt in deinem Leben."

Ich 21:06:

> „Ich habe dir nichts getan und war umso mehr erschrocken, als ich heute Morgen sah, dass du alles, was dir gehört mitgenommen hast. Sogar deine Zahnbürste!"

Nach wenigen Minuten liest er meine Nachrichten und ich weiß genau, dass er nie antworten wird. Immer wieder sind wir an dem Abend gemeinsam online bei WhatsApp, aber er schreibt nichts. Das finde ich ganz schön unheimlich, denn ich weiß, dass er mit niemandem schreibt, sondern nur nach mir schaut.

Am Montag und auch am Dienstag muss ich immer wieder weinen. Auch die Ohnmachtsgefühle kehren immer mal wieder zurück. Am Mittwoch ist dann zum Glück mein letzter Arbeitstag vor meinem

Urlaub. Ich freue mich schon, denn ich bin wirklich sehr schwach und depressiv.

Von Freitag bis Sonntag fahre ich mit dem Chor in eine nahegelegene Ferienanlage. Wir machen einmal im Jahr solch einen Ausflug übers Wochenende, um dort intensiv zu proben. Ich bereue es nun ein wenig, dass ich mich dort angemeldet hatte, denn ich weiß nicht, ob es für mich gerade möglich ist daran teilzunehmen. Doch vielleicht helfen mir das gemeinsame Singen und ein Zusammensein mit den Chorfreunden auch, um wieder in eine bessere Stimmungslage zu kommen.

Traurigkeit und Ohnmacht kommen immer noch stark in mir auf und ich weiß, dass die Traurigkeit irgendwann vergehen wird. Doch Ohnmachtsgefühle sind etwas, womit ich nicht umzugehen weiß. Solch ein Gefühl in diesem Ausmaß habe ich in meinem Leben bisher nicht kennengelernt. Wie soll ich mit Dingen umgehen, die ich nicht verstehe? Mir wird wieder klar, dass ich von Anfang an wenig Kontrolle und Verständnis über all die intensiven Gefühle, die Thore in mir auslöste hatte. Vielleicht liegt es daran, dass all meine Bemühungen um ihn nichts bewirken. Mir gelingt es nicht irgendetwas bei Thore zu erreichen. Meine Bedürfnisse nach Zuneigung, Nähe und Liebe werden von ihm nicht erkannt und ich fühle mich von ihm nicht ernst genommen.

Intuitiv weiß ich, dass Thore nach diesem Konflikt wieder eine Mauer errichtet und nichts an Lösungsbereitschaft von ihm zu erwarten ist. Diese Situation auszuhalten ist wirklich die höchste Herausforderung für mich. Obwohl ich weiß, dass er irgendwann von sich hören lassen wird, tröstet mich das in keinster Weise.

Kapitel 4: Der Traum

Meinen ersten Urlaubstag verbringe ich nun zuerst mit Hausputz. Das lenkt mich gut von düsteren Gedanken ab und hilft mir nicht in ein tiefes Loch zu fallen. Außerdem ist diese Tätigkeit das einzige, was mir überhaupt gerade gelingt. Sicher liegt es daran, dass Aufräumen und Saubermachen einfache und automatisierte Abläufe sind. Vielleicht hilft mir diese Hausarbeit aber auch ein wenig, um Ordnung im Kopf und im Herzen zu finden.

Während ich beim Tun bin, ruft mich meine Nachbarin Christa an. Sie sagt, dass sie mein Auto auf dem Hof stehen gesehen hatte und nun möchte sie gern wissen, ob ich krank bin oder einen freien Tag habe. Ich teile ihr mit, dass heute mein erster Urlaubstag ist und auch von Thores Abfahrt mitten in der Nacht zum Montag sprechen wir kurz, denn auch das ist ihr nicht unbemerkt geblieben. Christa ruft mich sonst eigentlich nie an, um mich nach solchen Dingen zu fragen. Doch irgendwie scheinen diese Umstände ihre Aufmerksamkeit sehr geweckt zu haben. Nun wollen wir nicht alles am Telefon austauschen und verabreden uns zum Erzählen für den Nachmittag in ihrer Werkstatt.

Es ist mollig warm bei ihr durch den geheizten Werkstattofen. Christa ist gerade dabei wieder einige Kunstgegenstände herzustellen, die sie dann im Sommer in ihrem Laden verkaufen wird. Wir setzen uns, trinken Kaffee und ich beginne auch gleich damit an unser Telefongespräch anzuknüpfen. Ich berichte darüber, wie es dazu gekommen war, dass Thore mitten in der Nacht wegfuhr und von vielen anderen Dingen, die mich seinetwegen sehr beschäftigen. Über all meine Zweifel, ob sein Interesse an mir groß genug ist und auch von seinen seltsamen Verhaltensweisen erzähle ich ihr. Nach langem Zuhören äußert Christa, dass er schon sehr speziell ist und ich einfach noch abwarten solle. Sie vermutet dann sogar, dass Thore am Asperger Syndrom leiden könnte. Ich bin sehr überrascht, da ich auf solche Gedanken nie gekommen war. Dass er irgendwie anders und speziell ist, war mir klar. Doch wegen seiner Intelligenz, seiner Sprachgewandtheit und des doch sehr durchschnittlichen allgemeinen Auftretens hätte ich daran nie im Leben gedacht. Genaueres über dieses Syndrom weiß Christa jedoch auch nicht, obwohl sie früher mal mit Behinderten gearbeitet hatte. Als ich mich von ihr verabschiede, verspreche ich ihr, über meine Erkundungen zum Asperger Syndrom und auch über den weiteren Verlauf unserer Beziehung zu berichten.

Meiner Mutter hatte ich am Tag zuvor einen Besuch von mir versprochen und so fahre ich nach der Unterhaltung mit Christa zu ihr. Dort erzähle ich ein wenig von meinen Sorgen mit Thore. Eine konkrete Hilfe kann jedoch auch meine Mutter mir nicht geben. Das Zusammensein mit ihr verschafft mir jedoch eine gute Ablenkung und bestärkt mich mit der Hoffnung schnell wieder mein eigenes Wohlbefinden zurückzubekommen.

Am Abend recherchiere ich dann im Internet über das Asperger Syndrom. Schon schnell bekomme ich das Gefühl, dass etwas Wahres an dieser Vermutung dran sein könnte und so lese ich bis weit in die Nacht hinein weiter. Es gibt Texte über das Asperger Syndrom, in denen von Schwierigkeiten in der sozialen Kommunikation und Interaktion, sowie im sozialen Verständnis geschrieben wird. Im Umgang mit anderen Menschen, ob nun Kollegen, Partnern oder Freunden sind Betroffene schnell überfordert, ecken mit ihrer sehr direkten, unhöflich wirkenden Art häufig an. Sie können sich kaum flexibel an verschiedene Anforderungen anpassen. Ich denke dabei sofort an Thores langfristige Arbeitslosigkeit und an die wenigen Freundschaften die er hat. Thore erzählte mir mehrfach, wie wichtig ihm die Freundschaften zu seinen Ex-Partnerinnen sind, weil diese ihn gut kennen. Für ihn ist es auch schwer neue Freunde zu finden, meinte er.

Eine mangelnde Empathie beim Asperger Syndrom lässt den Betroffenen oft kühl und egoistisch wirken. Vielen fällt es schwer, Kontakte mit potenziellen Partnern zu knüpfen. Falls es mit einer Beziehung klappt, fällt es sehr schwer, die Anforderungen des Partners bezüglich intensiver Kommunikation und Anteilnahme zu erfüllen. Thore sagte einige Male zu mir, dass ich zu hohe Ansprüche hätte und dass er mir das nicht geben kann, was ich mir immer wieder von ihm wünsche. Das ist konkret die emotionale Nähe, die ich mir immer gewünscht hatte. Nun verstehe ich an manchen Stellen, dass es ihm wohl nicht möglich ist, diese Anforderungen zu erfüllen. Nicht nur die emotionale Nähe ist mit dieser Form von Autismus ein Problem, sondern auch die körperliche. Manche Betroffene haben sogar eine regelrechte Abneigung dazu. Bei Thore gibt es zwar nie eine ablehnende Reaktion, aber er hatte auch kaum die Initiative ergriffen mir körperlich nah sein zu können. Vielleicht gab es auch nur Sex, weil er weiß, dass das in einer Beziehung dazu gehört. Klingt gerade sehr ernüchternd und ich wünsche mir, dass ich tatsächlich doch irgendwelche Gefühle bei ihm angesprochen hatte. Ich lese dann etwas darüber, dass diese Persönlichkeiten eine durchschnittliche bis überdurchschnittliche Intelligenz haben und einen grammatikalisch korrekten und geschliffenen Sprachstil führen. Das lässt sie klug erscheinen und genau das ist es, was ich bei unserem ersten Treffen an ihm sehr anziehend fand. Thores klare und fließende Sprechweise erinnerte mich manchmal an einen Geschichtenerzähler und auch der Klang seiner Stimme hatte mich immer sehr verzaubert. Wenn er jedoch äußerst ausführlich von seinen vielen vergangenen Erlebnissen redete, gab es dabei eine so detaillierte Erzählweise, bei der ich kaum zwischen wichtigem und unwichtigem unterscheiden konnte. Oft bekam ich dann den Eindruck, dass es sich gerade um eine reine Faktenerzählung handelte. Thore redete dann ohne besondere Intonation und wenn ich noch einmal nachgefragt hatte, weil ich mehr Details oder eine Emotion zum Gesagten erfahren wollte, fühlte er sich unterbrochen und forderte, dass er ausreden darf. Ich ärgerte mich dann, dass ein Gespräch mit ihm nicht funktionierte. Oft konnte ich ihm bald nicht mehr folgen. Irgendwann später war ich sogar manchmal gelangweilt und hörte nur noch des Friedenswillen zu.

Von speziellen Interessen oder einer Inselbegabung lese ich im Netz, was mir allgemein für den Autismus schon bekannt ist. Thores Interesse gilt dem Spiel Sudoku, den Namen von Schauspielern und auch der Architektur. Genau weiß ich jedoch nicht, ob ich das dort hineininterpretieren kann. Beispiele, wie Computerfreaks, oder besondere mathematische Fähigkeiten sind hier als Inselbegabungen häufig benannt. Bei Thore finde ich keinen klaren und passenden Bezug dazu. Viele weitere Dinge, die ich an diesem Wochenende lese, lassen mich jedoch immer mehr an die Möglichkeit einer Störung in Richtung Autismus bei Thore glauben.

Am Freitag kommt gegen Mittag ein Elektriker zu mir. Mein Vater hatte ihn organisiert, damit er einige Kleinigkeiten, die durch die Abrissarbeiten im Schlafzimmer notwendig geworden waren, erledigt. Wir planen auch kurz die noch später notwendigen Arbeiten. Alles erscheint mir unkompliziert und ich bin sehr froh darüber. Nachdem er gegangen ist, gehe ich ein wenig im Wald spazieren.

Dann verbringe ich wieder viel Zeit damit, im Internet zu lesen. Aspis, wie Leute mit dem Asperger Syndrom auch genannt werden, haben ein starkes Bedürfnis nach Beständigkeit. Mit Vertrauen aufeinander zugehen ist nur durch langfristige Beständigkeit möglich, lese ich immer wieder in den verschiedensten Texten. Darum sprach Thore auch immer wieder von Vertrauensverlust nach einem Streit. Auf alle Fälle verstehe ich jetzt ganz viele Situationen ein wenig anders und merke auch, dass ich mich schon unbewusst auf seine Besonderheiten eingelassen hatte.

Mit der für mich nun anderen Sichtweise auf die Dinge, denke ich viel über Thore und die Zeit mit ihm zusammen nach. Alle Ungereimtheiten versuche ich mit meinen jetzigen Erkenntnissen erneut zu verstehen. Je mehr ich ein Bild davon bekomme, umso mehr beginne ich zu überlegen, ob ich dieser Herausforderung tatsächlich gewachsen bin. Blauäugig, naiv und neugierig hatte ich immer gehofft, dass es doch irgendwie funktionieren muss mit diesem anderen, mir unbekannten Typ von Mann. Doch jetzt weiß ich auch nicht, wie ich es mit der neuen Erkenntnis angehen soll. Sicher muss ich noch etwas Zeit haben, um für mich die richtige Lösung zu finden. Ganz wichtig erscheint mir auf jeden Fall mein letzter Vorsatz, der lautet: Achte besser auf deine Gesundheit und auf dein Wohlbefinden! Doch wie ich das hinbekomme, wenn meine Gedanken sich weiterhin nur um Thore drehen, weiß ich nicht. Kann ich meine Erkenntnisse über das Asperger Syndrom an ihn irgendwie heranbringen? Ich versuche es vorsichtig mit einem sehr neutralen Textauszug aus einem Beitrag über Asperger Eigenschaften, den ich ihm schicke.

Ich 12.04./ 22:03:

„Einige dieser Dinge schätze ich an dir:

beachtliches Erinnerungsvermögen, sogar fotografisches

Gedächtnis, logisches Denken und Blick für Details, sehr genaue perfektionistische Arbeitsweise, sehr zuverlässig und ehrlich, sehr ausgeprägter Sinn für Gerechtigkeit und Umweltschutz, direkte Art. Ich hätte dich Sonntag wohl doch besser schlafen lassen sollen."

Ich weiß nicht, ob ich ihn damit lediglich überfordere, oder was er wohl denken mag, wenn er diese Worte liest. Meine Hoffnung mit ihm in die Kommunikation über dieses Thema zu kommen, wird natürlich nicht erfüllt. Es gibt überhaupt keine Antwort von ihm.

Meine seelische und auch körperliche Verfassung bessern sich nicht. Ich bekomme immer wieder stark depressive Phasen am Tag. Am Freitagabend geht es dann los zu unserem Chorausflug übers Wochenende. Meine Hoffnung, dass mir das Zusammensein mit Gleichgesinnten guttun wird, erfüllt sich. Die vielen Gesangsproben und gemeinschaftlichen Aktivitäten sind eine sehr gute Ablenkung für mich. Weiterhin habe ich auch noch genug Zeit, um mich mit der Sichtweise in Bezug auf das Asperger Syndrom zu beschäftigen. Ich lese noch mehr darüber im Internet. Aus den daraus gewonnenen Erkenntnissen, versuche ich am nächsten Tag mit Thore in eine faktische und sachliche Unterhaltung zu kommen. Sachlichkeit ist eine grundlegende Stärke von Aspis und wenn ich mir unseren WhatsApp-Verlauf anschaue, gibt es fast keine Emotionen in den Texten, sondern tatsächlich nur trockene und fantasielose Wortaneinanderreihungen. Auf emotionale Nachrichten von mir hatte Thore nie geantwortet. Meine Nachricht an diesem Tag schreibe ich auch mit dem Hintergedanken, dass er einen Spaziergang noch nie abgeschlagen hatte.

Ich 14.04./ 11:02:

„Alles gut bei dir? Wie stellst du dir das vor jetzt? Aus den

Augen aus dem Sinn? Ich würde gern mit dir noch einmal reden, auch wenn ich nur reden muss. Unsere Beziehung weiterzuführen auf die bisherige Art, möchte ich nicht mehr. Meine Kräfte sind am Ende. Ich bin ab morgen Nachmittag zu Hause. Vielleicht magst du ja bei einem Spaziergang mir zuhören."

Thore war etwa drei Uhr nachts noch einmal bei WhatsApp online, was bedeutet, dass er so lange noch wach war. Was er wohl gemacht hatte an dem Abend und in der Nacht?

Er 14:48:

„Morgen weiß ich noch nicht. Vielleicht habe ich schon was vor, wenn es dabei bleibt."

Ich 15:03:

„Übermorgen geht es bei mir auch."

Er 15.04./ 13:26:

„Kannst du doch noch heute?"

Ich lese die Nachricht auf dem Nachhauseweg vom Chorwochenende. Um nun ohne Missverständnisse ein Treffen mit ihm vereinbaren zu können, rufe ich ihn an und bin sehr freudig überrascht, dass er sogar ans Telefon geht. Als ich seine Stimme höre, merke ich sofort, dass ich innerlich ruhiger werde. Eigentlich wäre es doch so einfach für ihn mich glücklich zu machen. Thore sagt am Telefon, dass er gerade frühstückt und dann noch den Flur sauber machen muss. Danach ist er bereit sich mit mir zu treffen und ich schlage ihm vor, erst mal zu mir nach Hause zu kommt. Dann können wir uns gemeinsam überlegen, was wir machen wollen. Er willigt, ohne Zweifel oder einen Widerspruch ein. Nur seine Unsicherheit, dass er nicht genau weiß, wann er fertig ist mit der Flurreinigung, äußert er. Da es für mich egal ist, wann er hier erscheint, sage ich: „Schreib mir einfach, wenn du von zu Hause losfährst!" So verbleiben wir in diesem kurzen Gespräch und ich habe nun absolut keine Bedenken, keine Aufregung oder Unruhe mehr. Dass er in wenigen Stunden hier bei mir sein wird, gibt mir die Sicherheit, die ich benötige. Ich vertraue darauf, dass alles wieder gut wird. Doch was will ich in der Unterhaltung mit ihm erreichen? Kann ich mit ihm über meine Recherchen im Internet sprechen? Mein Gefühl sagte mir, dass ich es tun muss, aber ich habe keine Idee wie. Thore kommt an dem Sonntag dann gegen sechzehn Uhr bei mir an und macht wieder mal einen lockeren und sehr gefassten Eindruck auf mich. Seine Welt scheint wieder in Ordnung zu sein. Ich frage ihn dann, ob wir bei mir Kaffee und Tee trinken wollen, oder ob er doch lieber einen Spaziergang hätte. Wir entscheiden uns gemeinsam hier zu bleiben.

Zuerst spreche ich ihn dann direkt auf die Nacht, in der er gegangen war, an. Ich frage ihn: „Wäre es besser gewesen, wenn ich dich am Sonntag einfach in Ruhe gelassen hätte und im Obergeschoss zum Schlafen gegangen wäre?". Er stimmt dem mit einem „Ja" zu. Ich rede dann weiter davon, dass es ja in Konflikten die Möglichkeit gibt sich auch mal aus dem Weg zu gehen und sage: „Bei solchen Streitereien sollten wir nicht gleich die ganze Beziehung infrage stellen!" Von Thore kommen wieder nur sehr wenige Worte und mir erscheint es so, als wenn er kein Konzept hat, wie wir mit all den Missverhältnissen umgehen wollen. Es gibt keine wünschenswerte Reaktion oder Interaktion von ihm, sodass unser Konflikt letzten Endes einfach so im Nichts verläuft. Unsere Unterhaltung geht dann sehr schnell über in all die anderen Themen, die Thore eben zu erzählen hat. Dazu gehören seine Erlebnisse der letzten Tage und dass er am gestrigen Abend zu einem Bandauftritt in einer Bar war.

Ich bin ein wenig neidisch darauf, weil ich auch sehr gern mit dabei gewesen wäre.

Ich versuche nun die Dinge mit meinem Wissen über das Asperger Syndrom einfach mehr zu beobachten und verhalte mich darum etwas abwartend. Doch worauf ich warte, ist mir nicht klar. Noch immer bin ich mir zu unsicher, um meine Vermutung und meine Gedanken auszusprechen. Was ist, wenn ich mit dem Syndrom voll danebenliege? Ich bin ja kein Arzt. Selbst wenn es bei ihm je eine Diagnose in diese Richtung gegeben hatte, mag es sein, dass er nicht mit mir darüber reden will. Auch über das, was ich in Bezug auf seine besonderen Eigenschaften in meiner Nachricht geschrieben hatte, sprechen wir nun kein Wort. Er fragt nicht einmal nach, was ich mit dem Text gemeint haben könnte. Nur in Bezug auf meine Worte, dass ich keine Kraft mehr habe, gibt es eine Nachfrage von ihm. Ich weiß jedoch nicht so recht, was ich ihm antworten soll. Die Gewissheit, kein wünschenswertes Verständnis von ihm zu bekommen, lässt mich über meinen seelischen Schmerz schweigen. Nach unserer Unterhaltung, die keine wirkliche Klärung unserer Probleme mit sich bringt, fahren wir los, um einen kurzen Spaziergang am Strand zu machen und um danach im Restaurant etwas zu essen. Der Abend ist dann später für mich wieder so schön, dass es nicht zu fassen ist, warum wir uns das Leben mit solchen Lappalien schwer machen. Ich habe allerdings das Gefühl, dass irgendetwas anders ist als sonst. Sicher liegt es daran, dass ich mich jetzt weniger fordernd ihm gegenüber verhalte und eher eine beobachtende Position einnehme.

In der kommenden Woche habe ich zwei Tage Urlaub und darum verbringen wir auch den Montag und den Dienstag zusammen bei mir zu Hause. Wir reißen gemeinsam den Holzfußboden in meinem zukünftigen Schlafzimmer heraus. Das ist nicht so einfach, wie ich es mir vorgestellt hatte. Die Bretter lassen sich selbst mit der Brechstange nicht so einfach von den dicken Balken, auf denen sie befestigt sind, lösen. Wir finden nach einer Weile eine sehr vorteilhafte Arbeitsweise heraus, in der wir beide abwechselnd die Hebelwirkung nutzen. Hand in Hand sind wir dann doch sehr schnell mit der schweißtreibenden Arbeit fertig. Zwischendurch machen wir noch ein paar Fotos mit der Kamera, weil Thore meint, dass wir das fürs Bautagebuch festhalten sollten.

Um noch Einkaufen zu fahren, höre ich etwas früher mit der Arbeit auf und gehe unter die Dusche. In der Zwischenzeit räumt Thore das ganze Holz aus dem Zimmer heraus und stapelt es vor dem Haus. Bei meiner Rückkehr vom Einkauf sitzt er schon geduscht auf der Couch und schaut fern. Seine Sachen, die er beim Arbeiten trug, stecke ich dann gleich in die Waschmaschine. Er hatte von mir wieder eine Jogginghose und ein Shirt bekommen.

An dem Abend grillen wir wieder und es fühlt sich für mich an, als wenn wir schon eine Ewigkeit zusammen wären. Unsere Konflikte spielen gerade keine Rolle mehr. Auch meine Sorge, dass Thore zu wenig Interesse an mir haben könnte, ist verschwunden. Seine vielen Bemühungen um mich geben mir wieder sehr viel Sicherheit und auch enorm viel Hoffnung. Vielleicht muss ich wirklich geduldiger sein. Irgendetwas muss es ja geben, weshalb auch Thore immer wieder an mir festhält. In Verbindung mit dem Asperger Syndrom verstehe ich einiges zwar besser, aber es fehlen mir trotzdem immer wieder die klärenden Gespräche mit ihm.

Am nächsten Morgen plant Thore zum Ferienhaus zu fahren. Er will dort Wasser und Strom anstellen und schon alles etwas herrichten für die kommende Sommersaison. Ich schlage vor, ihm dabei zu helfen.

Thore lehnt mein Angebot in einer sehr unklaren Weise ab und ich weiß nicht, was er tatsächlich will. Darum necke ich ihn ein wenig und tue so, als akzeptiere ich die Möglichkeit nicht mit ihm mitzukommen. Nach einer Weile dann frage ich ihn, ob er nicht bald losfahren möchte. Er antwortet: „Bist du denn fertig?" Ich schmunzele ein wenig und freue mich, dass er mich doch mit dabei haben möchte.

Irgendwie wirkt es auf mich ein wenig kindisch, auf so seltsame Art und Weise Spielchen zu betreiben. Doch inzwischen kenne ich ein wenig seinen schrägen Humor und denke auch nicht negativ darüber. Ich packe uns einen kleinen Picknickkorb zusammen und dann fahren wir los. Während Thore mit meinem Auto fährt, frage ich ihn, ob er auch gern so ein neues Auto hätte. Er strahlt nämlich so beim Fahren. Doch er antwortet: „Wenn es meins wäre, würde ich es verkaufen und zu Geld machen." Nun verstehe ich endlich seine wahren Beweggründe, die hinter dem Interesse an meinem Auto steckten. Mich enttäuscht dies ein wenig.

Als wir im Ferienhaus ankommen, schlage ich vor, die Blumenbeete zu säubern. Er könne dann in Ruhe das Haus auf Vordermann bringen. Thore ist einverstanden mit meiner Einteilung und sagt aber auch: „Du kannst dich auch in die Sonne setzen." Ich bleibe bei meiner Entscheidung, ihm mit meiner Arbeit ein wenig zu helfen. Spaß macht es auch, bei diesem schönen Wetter draußen etwas zu machen. Es ist so warm, dass ich in der Mittagssonne im Trägershirt herumlaufen kann.

Ich biete Thore mehrmals meine Hilfe an, falls er diese im Haus benötigen sollte. Doch mit dem Annehmen dieser gestaltet es sich etwas schwierig bei ihm. Erst später, als er dann aber schon die Küche unter Wasser gesetzt hatte, bittet Thore mich darum zu schauen, ob alles dicht ist und kein Wasser mehr entweicht, wenn er den Wasserabsperrhahn öffnet. Ein Ventil am Anschluss in der Küche war nicht dicht. Nun ist das Wasser dort auf den Boden und in den Schrank gelaufen. Thore wechselt das defekte Ventil gegen ein neues aus. Bei seinem zweiten Versuch, das Wasser anzustellen, soll ich nun schauen, ob kein Wasser entweicht. Der Absperrhahn befindet sich etwas weiter weg vom Haus. Thore stellt das Wasser an. Nun erscheint mir alles dicht zu sein und ich rufe ihm zu, dass alles okay ist. Thore muss dann die Küche trockenlegen und hat sich somit noch mehr Arbeit geschaffen. Es scheint ihm jedoch nichts auszumachen, denn er zeigt keine emotionale Reaktion, wie Wut, Ärger oder ein Bedauern. Danach schließt er noch den Geschirrspüler und die Dusche an. In der Zwischenzeit hatte ich den Rasen geharkt, die Sandkiste von Lene aufgelockert und angefangen die Blumenbeete zu säubern.

Wir setzen uns für eine kleine Kaffeepause auf die Gartenstühle und ich nutze den Moment um ein paar Fotos von ihm und dem Garten zu machen. Ich liebe es mit Thore zusammenzuarbeiten, denn es gelingt mit ihm alles so einfach und schnell. Vielleicht sollten wir uns ein Haus kaufen, was wir dann gemeinsam ausbauen. Dann hätten wir wenigstens ein gemeinsames Ziel und es gäbe dann womöglich nicht mehr dieses ewige Hin und Her. Solche Hirngespinste kommen mir zwar in den Sinn, jedoch gibt es keinen realistischen Ansatz dafür. Aber warum eigentlich nicht?

Am Abend, als wir wieder bei mir zu Hause ankommen, packt sich Thore dann einen Großteil der Bretter vom herausgerissenen Fußboden in sein Auto. Er will sie zu einem Bekannten bringen, der sie zum Heizen benutzen wird. Thore hat morgen Vormittag einen Zahnarzttermin und will deshalb heute Abend schon nach Hause fahren. Nach diesem Termin holt er Lene dann aus dem Kindergarten ab und sie fahren gemeinsam zur Oma, die immer noch in der Kurklinik ist. Erst dann bringt er das Holz weg. Sein Auto ist nun wirklich sehr voll beladen. Gedanken um irgendwelche Sicherheitsmaßnahmen scheint Thore sich nicht zu machen. Ich jedoch bestehe darauf, die Bretter im Auto mit Gurten zu stabilisieren. Auch erinnere ich ihn daran, dass er mit Lene zusammen im vollgepackten Auto unterwegs sein wird. Ich animiere ihn also wieder einmal dazu Verantwortung zu übernehmen.

Bevor wir die restliche Zeit an dem Abend gemeinsam auf dem Sofa verbringen, pflücke ich noch einen Strauß Osterglocken. Thore soll ihn für seine Mutter mitnehmen. Nun sitzen wir, ganz dicht nebeneinander auf dem Sofa und schauen uns mögliche Reiseziele für meinen nächsten Urlaub an. Thore bestärkt mich sehr darin mal allein Urlaub zu machen. Er selbst redet sich weiterhin heraus, um nicht mit mir gemeinsam fahren zu müssen. An zu vielen Tagen hat er Lene bei sich und er will auch keine Änderungen diesbezüglich vornehmen. Ich finde es natürlich nicht schön, dass er nicht bereit ist, mit mir eine gemeinsame Urlaubszeit zu organisieren, trotz seiner Arbeitslosigkeit. Dennoch entscheide ich mich auch alleine zu verreisen.

Für die Urlaubszeit gibt es eine sehr gute Wetterprognose. Darum halte ich nun nach einem Strandurlaub Ausschau. Während wir im Internet gemeinsam nach geeigneten Reisezielen suchen, erzählt Thore mir von einer Ex-Freundin mit der er einst zusammen Urlaub gemacht hatte. Dabei erwähnt er sein Gefühl von Rache, die diese Frau wohl vorhatte ihm anzutun. Er meint, dass sie sich rächen wollte, weil er ihr irgendwann zuvor ihren Urlaubswunsch nicht erfüllt hatte. Deshalb hat er diesen Urlaub scheinbar in sehr schlechter Erinnerung. Wie genau diese Rache aussah, erzählt er mir jedoch nicht. Darum weiß ich nicht, ob es sich tatsächlich um Rache dabei handelte, oder Thore sich einfach nur nicht wohlfühlte.

Nun finde ich für genau dieses Hotel, in dem er mit seiner Ex-Freundin war ein sehr gutes Angebot. Mir gefallen die Bilder und es gibt auch einen großen Wellnessbereich dort. Zwei weitere Angebote, die wir finden, wirken auch sehr verlockend. Ich merke mir drei Hotels vor und will meine Entscheidung an dem Abend jedoch noch nicht treffen.

Gegen halb elf versucht Thore sich dann auf den Weg zu machen, um nach Hause zu fahren. Ihm fällt es sehr schwer, sich aufzuraffen. Ich weiß nicht, ob der Abschied für ihn so schwer ist, oder ob es einfach nur die Bequemlichkeit ist, jetzt noch fahren zu müssen. Mir geht es bei dem heutigen Abschied zum Glück mal nicht so schlecht. Unsere schöne gemeinsame Zeit hatte ich sehr genossen und ich bin gerade wieder voller Zuversicht, dass wir doch noch etwas länger zusammenbleiben werden. Mein Bedürfnis nach Nähe und Sicherheit scheint gestillt zu sein.

Thore meldet sich, als er zu Hause angekommen ist. Ich hatte ihn darum gebeten.

Er 17.04./ 23:29:

„Bin gut angekommen. Schlaf schön."

Ich 23:30:

„Schön. Schlaf du auch schön ☺."

Ich habe an dem Abend im Internet nach weiteren Hotels mit einem Wellnessbereich recherchiert und entscheide mich nun tatsächlich für das Hotel in Trassenheide, in dem Thore mit seiner Ex-Freundin war. Das Angebot erscheint mir richtig gut und deshalb ist es mir egal, was für Erlebnisse er damit verbindet. Thore kommt ja sowieso nicht mit.

Ich 18.04./ 16:02:

„Ich habe Stauden von den Funkien aufgehoben. Vielleicht wollt ihr die im Garten haben? Mal sehen, was ich noch so abstechen muss bei mir im Garten."

Er 21:00:

„Sind gerade zurück von Oma und jetzt erst Holz weggebracht. Ja nehmen wir gerne. So, Lene muss nun ins Bett und was gebucht?"

Ich 21:33:

Meine Reservierungsbestätigung von Trassenheide mit einem Bild vom Hotel.

„Das habe ich jetzt gebucht. Thymian habe ich auch im Topf. Gab es in eurem Garten nicht!"

Ich 22:00:

„Frances und Sara fliegen übrigens nach Teneriffa. Ich telefoniere gerade mit Frances."

Er 19.04./ 8:32:

„Teneriffa ist schön. Welcher Ort? Aber eher der Norden?"

Ich 08:50:

„Das weiß ich nicht. Was macht ihr heute?"

Ich 09:06:

„Puerto de la Cruz hat Frances geschrieben."

Er 09:30:

„Toll, da war ich auch. Loro Park, Teide und Masca sind ein Muss."

Er 09:31:

„Wir müssen noch erst Päckchen packen, Stine hat Montag Geburtstag, dann Warnemünde an Strand."

Ich 10:00:

„Viel Spaß!"

Heute früh stehe ich mit richtig guter Laune auf, denn ich freue mich schon sehr auf meinen Urlaub. Das Wetter sieht tatsächlich super aus und es soll sogar noch wärmer werden. Obwohl Thore nicht mit mir zusammen diese drei Tage verbringen wird, bin ich ihm sehr dankbar, dass er mich dazu bewegt hat, meinen Urlaubsplan tatsächlich mal umzusetzen. Oft habe ich solche Dinge in Gedanken geplant, aber dann aus den unterschiedlichsten Gründen doch nicht gemacht. An diesem Tag bleiben meine schönen Gefühle bestehen und werden bestärkt, als ich gegen fünfzehn Uhr im Hotel sehr freundlich empfangen werde. Das Wellnesshotel auf der schönen Insel Usedom, ist tatsächlich so, wie es die Bilder vermittelt hatten. Nachdem ich mir mein Zimmer, den Wellnessbereich und auch das Restaurant angesehen habe, gehe ich an den Strand. Dazu führt mich der Weg erst ein Stück durch den Ort und dann durch eine von Kiefern durchzogene Gegend. Ich fotografiere ab und zu etwas und dann auch den Strandübergang, der hier ganz anders aussieht als in den heimischen Ostseeabschnitten. Es gibt einen sehr breiten und befestigten Dünenübergang mit viel Beschilderung und Werbung. Ich setze mich auf die Terrasse eines Cafés, esse dort Marzipantorte und trinke einen Kaffee. Die Torte enttäuscht mich etwas, denn sie schmeckt nicht so gut, wie sie aussieht. Nebenbei nutze ich diese Zeit, um etwas in mein Tagebuch zu schreiben:

19.04.2018/ 16:40:

„… Oft frage ich mich, warum Thore mich nie mit meinem Namen anspricht. Auch irgendwelche Kosenamen, wie Schätzchen höre ich von ihm nicht. Mit meinem Namen, den seine Mutter auch trägt, kann ich es sogar nachvollziehen, dass er diesen mir gegenüber nicht unbedingt verwenden mag. Doch irgendwie finde ich es schon

187

seltsam. Vielleicht sollte ich mir einfach einen Spitznamen
zulegen..."

Die Kaffeezeit ist schon längst zu Ende. Auf der Terrasse des
Restaurants sitzen einige Leute und trinken Bier. Ich genieße die
Sonne und bin beschäftigt mit dem Schreiben in meinem Tagebuch.
Später lese ich eine Nachricht von Thore.

Er 19.04./ 17:35:

> „Na, angekommen auf der schönen Insel? Ich habe schon
> ersten Sonnenbrand."

Ich 18:54:

> „Ich bin gut angekommen. Habe nachmittags hier erst mal alles
> erkundet und war auch kurz am Strand. Jetzt geht es gleich
> noch in die Sauna und dann schwimmen. Ich glaube, meine
> Zeit wird hier zu kurz. Es gefällt mir alles sehr gut."

> *Ein Bild vom Strandübergang und eins von meinem Zimmer.*

Ich 18:55:

> „Du solltest Sonnencreme benutzen! Hat Lene auch
> Sonnenbrand?"

Er 19:42:

> „Lene nicht. Erkenne Zimmer wieder. Kannst ja noch eine
> Nacht verlängern."

Ich 21:31:

> „Ich habe mich morgen früh für eine Massage angemeldet ☺.
> Nun ist mein Budget aufgebraucht."

Den Abend verbringe ich dann im Schwimmbad und in der Sauna, die
sich im Nebengebäude des Hotels befinden.

Am nächsten Tag lasse ich mich nach dem Frühstück mit einer
Massage verwöhnen. Sie ist wirklich einmalig wohltuend. Warum

bekomme ich von Thore eigentlich nie körperliche Verwöhnprogramme? Ich selbst hatte es schon ab und zu mal bei ihm gemacht. Ob ihm diese körperliche Zuwendung wirklich gefallen hatte, weiß ich irgendwie nicht so richtig. Welche Art von Nähe er mag, kann ich im Allgemeinen nicht einschätzen. Irgendwann habe ich es mit dem Massieren einfach ganz gelassen. Nach dieser professionellen Massage bin ich nun so sehr entspannt, dass ich erst mal schlafen gehen muss. Meine Schlafprobleme hatten mich doch schon sehr erschöpft.

Am Nachmittag bin ich mit Rons Mutter Ina zum Kaffee trinken verabredet. Sie ist ganz in der Nähe zur Kur und ich freue mich sehr auf dieses Treffen. Um vorher ein paar Fotos im Geschäft auszudrucken, plane ich einen kurzen Halt in Zinnowitz ein. Mit den Bildern möchte ich ein kleines Album für Thore zusammenzustellen. Ich wähle einige Fotos von mir allein aus und auch welche, auf denen wir zusammen zu sehen sind. Am Strand in Zinnowitz setzte ich mich dann in die Sonne und steckte die ganzen Fotos ins Album. Es ist ein sonniger Tag mit 20 Grad im Schatten und der Sand ist schon so warm, um darin sitzen zu können. Der Wind weht gerade etwas frisch und ich muss aufpassen, dass die Bilder nicht wegfliegen.

Er 20.04./ 13:39:

> „Nun gönne dir mal was! Bleib bis Sonntag bei dem herrlichen Wetter! Warst du schon in den Kaiserbädern? Kann man auch flanieren von Bansin nach Ahlbeck und wenn nicht zurück, dann mit Bus oder Bahn. Wasserschloss Mellenthin, Otto Niemeier Holstein in Lüttenort, Wisentgehege, Strand!"

Ich 13:59:

> „Soll ich noch eine Woche bleiben? Ich war gerade am Strand in Zinnowitz und will jetzt zum Treffen mit Rons Mutter.

Was machst du heute so allein?"

Er 14:00:

„Aufgeräumt, ausruhen. Vielleicht nachher mal raus.
Herrentagswochenende hab ich auch Lene."

Ich 14:02:

„Ich rufe dich gleich mal an, wenn ich im Auto bin. Geht das?"

Er 14:02:

„Ja."

Kurz nach dieser Nachricht rufe ich Thore vom Auto aus an. Es ist
sehr warm im Auto und so öffne ich das Panoramadach. In dem
Moment schwirren ganz viele große Insekten in der Luft herum,
sodass ich in den ersten Minuten der Unterhaltung etwas abgelenkt
bin. Nachdem ich dann den Insektenschutz geschlossen habe,
berichte ich Thore vom Hotel und von den Dingen, die ich schon
erlebt hatte. Auch über das bevorstehende Treffen mit Ina und was
ich sonst noch für Pläne habe, berichte ich. Thore war, wie ich weiß
allein zu Hause und er hatte bisher an diesem Tag noch nicht so viel
gemacht, wie ich von ihm erfahre. Ich freue mich sehr seine Stimme
so lange hören zu können. Er hält es tatsächlich aus, eine dreiviertel
Stunde lang mit mir zu telefonieren. Ich bin sehr begeistert darüber.
Für mich ist das ein sehr großer Vertrauensbeweis, denn ich hatte
auch mehrfach gelesen, das Telefonieren für einen Aspie schwierig
ist. Dann kann er sein Gegenüber im Gespräch schwer analysieren,
weil ihm nur die Worte und die Stimme zur Verfügung stehen. Nur
wenn er sein Gegenüber gut kennt, kann ein Aspie sich dann auf ein
Telefonat einlassen.

In einem Café verbringe ich den Rest des Nachmittags mit Ina. Ich
wurde schon oft zu Familienfesten von Rons Eltern eingeladen und
so haben wir ein gutes freundschaftliches Verhältnis aufgebaut. Ina

und ich unterhalten uns beide in erster Linie über unsere Kinder, aber auch über andere privaten Themen.

Vom Café, in dem ich mich mit Ina traf, berichtete ich Thore bei unserer Unterhaltung am Telefon. Er sagte, dass er es nicht kennt. Nun scheint er sich inzwischen bei Google informiert zu haben und schreibt mir dann dazu seinen Eindruck.

Er 20.04./ 16:42:

    „Schönes Café."

Ich 18:45:

    „Das Café scheint ein Familienunternehmen zu sein. Sehr

    freundliche Bedienung. Es ist wirklich sehr zu empfehlen."

Er 18:52:

    „War ja klar. Torte schmeckte oder

    lecker Eis gab`s da ja auch ☺. Aber du musstest sicher

    abwägen .War mit dem Rad unterwegs eben und

    es gab noch Leckeis."

Ich 18:59:

    „Bei mir gab es Kuchen und nur ein kleines Eis ☺."

Im Restaurant des Hotels wähle ich zum Abendessen Schnitzel mit Bratkartoffeln und Gemüse aus. Während ich auf das Essen warte, schreibe ich etwas zu den Bildern ins Fotoalbum für Thore. Auf einer Internetseite hatte ich eine gute Übersicht gefunden, in der die wichtigsten Eigenschaften und Umgangsregeln mit einem Aspie zu lesen sind. Ich schreibe mir diese kurz in mein Tagebuch, um sie so immer parat zu haben.

20.04.2018/ 19:35:

„Fühle dich nicht schlecht, wenn er zurückweicht oder dir einen Rat gibt, wenn du nach Mitleid suchst!

Bitte ihn direkt um Hilfe und sprich es aus!

Monologe, bei denen er ganz viel zu erzählen hat, solltest du nicht unterbrechen. Er hört sowieso erst auf, bis du alles gehört hast.

Deine Meinung hat dabei keinerlei Relevanz. Der Begriff hierfür ist „Informationsdeponie".

Nachrichten bei WhatsApp mit kurzen faktischen Inhalten sind normal. Langes Telefonieren geht nur, wenn es ihm gut geht und er an keiner Reizüberflutung arbeiten muss."

Intensiv damit beschäftigt, sitze ich am Tisch im Restaurant und bekomme nicht mit, wie viel Zeit inzwischen schon vergangen war. Erst als plötzlich der Kellner an meinem Platz kommt und sich bei mir entschuldigt, bemerke ich, wie spät es inzwischen schon ist. Er hatte meine Essensbestellung vergessen an die Küche weiterzuleiten. Es ist nun schon eine gute Stunde vergangen und ich habe diese lange Wartezeit nicht bemerkt. Dann geht es jedoch sehr schnell und ich bekomme mein Essen.

Gegen 21.00 Uhr komme ich dann erst dazu, in die Sauna zu gehen. Mir bleibt jetzt nur noch eine Stunde Zeit, bevor der Wellnessbereich geschlossen wird. Es ist hier alles sehr schön und auch praktisch angelegt. Gerade sind sehr wenige Leute hier und ich denke daran, dass es Thore sicher auch sehr gefallen würde. Für ihn wären diese Ruhe und die wenigen Menschen sicher ideal. Doch ich genieße die Zeit auch sehr gut alleine. Nach zehn Uhr abends gehe ich auf mein Zimmer und lege mich dann auch bald ins Bett. Ich schlafe sehr schnell ein.

Bis sieben Uhr kann ich in dieser Nacht, ohne zwischendurch wach zu werden schlafen und freue mich sehr darüber. Ich dusche in Ruhe, ziehe mir was an und gehe frühstücken. Dann nutzte ich noch ein wenig die Sauna, bis ich dann gegen elf Uhr im Hotel auschecke. Ich hatte geplant, den gesamten Tag noch ein wenig auf der Insel zu verbleiben. Zuerst möchte ich mir in Trassenheide die Schmetterlings-Farm und dann das Haus auf dem Kopf ansehen. Danach will ich die Kaiserbäder Heringsdorf, Bansin und Ahlbeck besuchen, wie Thore es mir empfohlen hatte. Er stellte es mir so dar, als wenn ich all diese Orte unbedingt ansehen müsste. Meine Zeit ist dafür nur sehr knapp und so beschränke ich mich darauf, nur kurz die Seebrücken dieser Bäder anzuschauen.

Immer wieder mache ich ganz viele Bilder mit meiner Kamera. In einem kleinen Laden finde ich eine Lupe und ein kleines Buch mit Experimenten darin. Ich kaufe beides als Geburtstagsgeschenk für Thores Tochter Lene. In Heringsdorf höre ich einem Sänger, der vor einem Hotel auftritt eine ganze Weile zu. Die Musik gefällt mir sehr und ich überlege schon, ob ich lieber länger hier verweile und den Rest der Bäder nicht mehr abfahre. Das Hören dieser Musik ist sehr entspannend. Ich fühle mich schon ein wenig gehetzt von meinem straffen Plan, aber ich möchte Thore nicht enttäuschen. Es scheint ihm sehr wichtig zu sein, dass ich mir all die Orte ansehe. Vielleicht kann ich so später mit ihm ein wenig darüber reden.

Ich 21.04./ 16:21:

> „Ich sitze gerade in Heringsdorf und lausche der tollen Musik, die hier gespielt wird. Nachbuchen ging nicht mehr. War alles belegt und es würde dann sehr teuer werden. Habe bisher alles geschafft, was ich mir vorgenommen hatte und bin jetzt schon geschafft."

Unsere Konversation hält sich mal wieder in Grenzen. Ich empfinde das aber zu diesem Zeitpunkt nicht als unangenehm, denn wir hatten ja gestern lange genug telefoniert. Mit guten Gefühlen denke ich an ihn und bin zuversichtlich, dass es ihm auch gut geht, denn er hat ja Lene bei sich. Nachdem ich noch etwas in Heringsdorf bei der Musik ausgeharrt habe, fahre ich nun doch nach Bansin und Ahlbeck. Auch dort mache ich wieder ganz viele Bilder. Nach diesem doch recht stressigen Tagesprogramm und der etwas längeren Heimfahrt wegen Baustellen auf der Strecke, komme ich gegen halb acht abends zu Hause an.

Vor meinem Urlaub hatte ich ein Buch über das Asperger Syndrom bestellt. Nun hoffe ich, dass es schon geliefert wurde. Leider werde ich noch mindestens bis Montag warten müssen, denn es kam nur der bestellte Picknickkorb an. Diesen hatte ich ausgesucht, weil ich ihn für unsere Ausflüge benutzen wollte.

Thore meldet sich jedoch an diesem Tag nicht mehr und wenn ich unterwegs verschüttet gegangen wäre, würde er es ganz bestimmt als letzter mitbekommen, oder auch gar nicht.

Er 22.04./ 08:36:

> „Gut gelandet? Wir waren gestern am Strand, etwas kühl und dann bei Oma. Heute wieder Strand und mit Oma ihre Freundin besuchen."

Ich 08:43:

> „Die Fahrt war doch ganz schön lang. Ich hätte mal lieber nicht alles anschauen sollen. Viel Spaß euch beiden. Ich werde arbeiten hier. Ist genug zu tun. Mal sehen, wozu ich Lust habe."

Er 23:20:

> *Ein Bild von einem Strauß Osterglocken in der Vase, der auf dem Tisch steht. Daneben liegen aus Papier gefaltete Blumen.*
> „Muttis Strauß."

Ich 23:22:

> „Oh, der sieht ja noch gut aus. Im Garten sehen sie auch so

aufgeblüht aus. Wer hat da Origami gemacht?"

Er 23:22:

„Mutti."

Ich 23:22:

„Schön ☺, schlafe schön ♥."

Er 23:23:

„Nun bin ich auch platt. Gute Nacht."

Ich 23.04./ 12:30:

„Hast du dich gut erholt? Was machst du schönes?"

Er 12:36:

„Erholt? Habe bisschen Kreislauf. Gehe aber gleich in Garten."

Ich 12:39:

„Warum Kreislauf? War es zu stressig dein Wochenende oder
ist es dir zu warm?"

Er 12:41:

„Umstellung vielleicht."

Er 12:48:

„Ich glaube, hatte falsch gesagt. Habe Lene am
Herrentagswochenende zusätzlich. Davor und danach ja
offiziell. Mutti ist noch bis 2. Mai zur Kur. Am 3. Mai feiern wir
schon Lenes 4. Geburtstag. Also dieses Wochenende habe ich
zur Verfügung, dann drei nicht. Herrentagssonntag habe ich
noch frei."

Ich 13:12:

„Ist in Ordnung. Dann lass uns mal dieses Wochenende nutzen.
Was wollen wir machen? Du kannst gerne schon am Freitag zu
mir kommen oder was hast du dir gedacht?"

Er 13:48:

„Ich habe noch keinen Plan. Kann Freitag kommen. Würde

gerne zum Ferienhaus. Mutti weiß ich auch nicht."

Ich 17:42:

„Wie meinst du das mit Mutti?"

Das hört sich für mich schon wieder so an, als ob er keine Zeit für mich investieren will und wieder seine Mutter vorschiebt. Noch bevor Thore mir eine Antwort zu seinem Besuchswunsch bei Mutti schreibt, ahne ich schon, dass ich wieder am Ende seiner Prioritätenliste stehen werde. Mich macht das sehr traurig und ich merke wieder meine Machtlosigkeit gegenüber seinen Worten. Ich hoffe trotzdem, dass er jetzt nicht unser einziges gemeinsames Wochenende für die nächste Zeit kaputt machen würde. Mein Wunsch, Zeit mit ihm zu verbringen, wird von ihm oft genug nicht berücksichtigt. Obwohl er wegen der Arbeitslosigkeit ein ruhiges und übersichtliches Leben führt, scheinen Thores Prioritäten anders verteilt zu sein, als meine. Womöglich plant er nur Zeit mit mir ein, wenn es ihm gerade in den Sinn kommt oder weil er vielleicht sogar Langeweile hat. Ich würde nur zu gern wissen, ob seine regelmäßigen Besuche bei Mutti ihm so wichtig sind, um sich sicher und glücklich zu fühlen oder ob er sie als Vorwand benutzt. Für welchen Vorwand? Eine Möglichkeit könnte sein, dass er sich so mir gegenüber Freiraum verschaffen will. Doch verlange ich tatsächlich so viel, wenn ich einfach nur mit ihm zusammen sein möchte?

An diesem Tag bekomme ich endlich meine Buchbestellung geliefert. Darin geht es um die Beziehung einer Frau zu einem Asperger-Mann. Es ist aus fachlicher Sicht geschrieben und mit vielen Beispielen unterstrichen. Gespannt beginne ich zu lesen. Das Buch fängt mit einer Geschichte an, die eine Frau erzählt. Darin beschreibt sie den Mann hinter der Mauer. Den Begriff „Mauer" hatte ich auch schon benutzt, weil ich ihn sehr passend finde. Ich kann Thore und mich

sofort in dieser Geschichte wiederfinden. Auch er hatte nach jedem Konflikt diese Mauer aufgebaut und ich konnte nur mit Geduld darauf warten, dass sie wieder weicht. Er braucht dann immer einige Tage, um all die schief liegenden Dinge für sich wieder zu klären. Nachdem er sich dann wiedergefunden hat, kommuniziert er wieder mit mir auf seiner sachlichen Ebene. Für mich ist es unerträglich diese Zeit von durchschnittlich sechs Tagen zu überstehen, ohne ein Lebenszeichen von ihm zu bekommen. Oft überlege ich, was Thore macht und wie es ihm geht, wenn ich diese Mauer zu spüren bekomme. In meiner Vorstellung geht es ihm dann natürlich auch nicht gut. Wissen tue ich jedoch darüber nichts, weil ich auch im Nachhinein nicht erfahre, was in seinem Kopf und Herzen inzwischen passiert war. Nur seine Erlebnisse spielen dann in unseren Unterhaltungen wieder eine Rolle und die teilt er mir in seiner üblichen „Informationsdeponie" mit. Unsere Konflikte scheinen nun für ihn geklärt zu sein. Ich empfinde das als wenig konstruktiv, so mit Problemen umzugehen.
Gegen sieben Uhr am Abend fahre ich zur Chorprobe und bin gespannt, was ich dann später noch im Buch lesen werde.

Fr 19:59:

> „Ob ich da auch hinmüsste. Kann man Blumenkohl in der
> Pfanne dünsten? Versuche ich gerade."

Er 20:27:

> „Hat geklappt, lebe noch. Grießbrei etwas fest geworden."

Da ich gerade beim Singen bin, kann ich seine Frage zu diesem Zeitpunkt nicht beantworten und ich weiß auch nicht, warum er sich nicht merken kann, dass ich jetzt seine Nachrichten weder lese, noch beantworten werde. Er weiß es ganz genau, dass ich jeden Montag um 19.30 Uhr bei der Chorprobe bin. Sich auf meine Bedürfnisse und Termine einzulassen und sie zu respektieren, ist von Thore mal

wieder kaum zu erwarten. Nachdem ich dann seine Nachricht
gelesen habe, fahre ich nach Hause und antworte ihm dann erst.

Ich 21:18:

> „Schön, dass du es allein geschafft hast ☺.
>
> Ich bin gerade vom Chor nach Hause gekommen."

Ich 21:55:

> „Du hast wohl auch so viel zu tun? Ferienhaus können wir ja
> gern wieder zusammen hin. Zu Mutti wohl eher nicht?
> Freitag fahre ich schon gegen 18.00 Uhr zum Essen mit der
> Chorgruppe und bin etwa gegen 21.00 Uhr zu Hause.
> Ich würde dir aber einen Schlüssel dalassen, falls du früher
> ankommst. Entscheide du, wann du zu mir kommst oder soll ich
> lieber zu dir kommen? Am Dienstag habe ich auch frei,
> Feiertag. Was macht dein Kreislauf?"

Er 22:20:

> „Geht besser. Ich komme lieber zu dir. Bin dann auch erst um
> 21.00 Uhr da. Habe heute Vorgarten, Straße und hinten Bäume
> beschnitten. Morgen geht es weiter."

Ich 22:22:

> „Ich freue mich auf Freitag ☺ ♥. Dann arbeite noch fleißig.
> Ich habe gestern meine Hecke auch geschafft und mein
> Nachbar hat mir heute endlich Mist für den Garten hingefahren.
> Mal sehen, was ich noch so schaffe in der Woche.
> Donnerstag habe ich Weiterbildung und komme erst spät
> nach Hause. Schlaf schön."

Er 22:26:

> „Muss noch ein Glas Wein auf mein
> Schwesterherz trinken. Einen Schnaps hatte ich schon.
> Gute Nacht."

Ich 22:29:

> „Ich stoße auch mit an. Prost und heute ist ein neuer Prinz
> geboren, genau zu Stines Geburtstag ☺."

Am Abend höre ich die Nachricht im Fernsehen, dass Prinz Louis von
Cambridge am Vormittag das Licht der Welt erblickte. Weil es gerade
zum Geburtstag seiner Schwester ist, erwähne ich es. Doch Thore
reagiert auch auf diese Worte nicht, wie so oft. Es scheint ihn einfach
nicht zu interessieren. An diesem Abend schreibt Thore auch nichts
anderes mehr.

In meinem Buch lese ich nun weiter: „Wenn Sie sich in einen
Asperger verlieben, verlieben Sie sich unsterblich. Sie entwickeln
derart tiefgreifende Gefühle, wie sie sie noch nie zuvor empfunden
haben." Wie passend doch diese Worte sind. Bisher hatte ich schon
zu oft an mir selbst gezweifelt. Beim Lesen verstehe ich zunehmend,
warum ich schon beim ersten Treffen solche seltsamen Gedanken
und Emotionen hatte. Dies liegt tatsächlich an seiner Andersartigkeit.
Seine enorme Aufmerksamkeit, die er mir Anfangs schenkte,
beeindruckte mich sehr. Dass es nur ein Entdecken und
Kennenlernen ist, weil er genauestens darauf achtet, wie ich mich
verhalte, was ich tue und wie ich etwas sage, wird mir erst jetzt
deutlich. Thore merkte sich am Anfang ganz viele Details sehr gut.
Seine Beobachtungen, die nichts zu übersehen scheinen, ließen mich
glauben, dass sein Interesse an mir sehr groß ist. Es gab auch keine
zweifelhaften Aussagen darüber, dass ich vielleicht doch nicht seinen
Vorstellungen entsprechen würde. Zu sich selbst jedoch hatte er
gesagt, dass er wegen seiner hohen Ansprüche noch keine passende
Frau gefunden hätte. Inzwischen weiß ich, dass es mit seiner
Andersartigkeit zu tun hat, die es ihm nicht ermöglicht eine Beziehung
zu einer Frau länger aufrechtzuerhalten. Ob die anderen Frauen sich

auch so intensiv mit ihm auseinandergesetzt hatten, wie ich? Thore erzählte mir mal, dass er mit der Mutter von Lene zur Paartherapie war. Ihre Beziehung konnten sie jedoch letzten Endes dadurch nicht retten.

Über die eigenen mütterlichen Instinkte wird in dem Buch erzählt. Auch in dieser Rolle finde ich mich ein Stückchen wieder. Seine Unsicherheiten und seine Verletzlichkeit hatten mich dazu gebracht, ihm mehr Aufmerksamkeit zu geben und ihn mit Fürsorge zu überschütten. Mich bestärkt diese Einsicht nun darin, in Zukunft mehr auf mein eigenes Wohlergehen zu achten. Bei diesem Thema denke ich auch an die vielen vorherigen Beziehungen zu Lehrerinnen, von denen Thore mir erzählt hatte. Was habe ich mit diesen Frauen wohl gemeinsam? Offensichtlich sind es zum einen, die sozialen Fähigkeiten und zum anderen die Bereitschaft tolerant gegenüber seiner Andersartigkeit zu sein. Große empathische Fähigkeiten werden in pädagogischen Berufen von uns gefordert und gefördert. Doch Einfühlungsvermögen hin und her; muss ich all seine Defizite ausgleichen? Sind meine Gefühle immer so heftig, weil sie bei ihm fehlen? Hat sich vielleicht bei mir alles verdoppelt, um den Ausgleich zu schaffen? Über solche Zusammenhänge denke ich nun nach und hoffe, dass ich in dem Buch noch eine Erklärung dafür finden werde.

Ich 21:17:

> „Was hast du heute gemacht? Bei mir war Rasen mähen
> angesagt. War schon ganz schön hochgewachsen. Jetzt liege
> ich schon im Bett und lese noch. Schlaf schön!"

Er 21:23:

> „Bisschen im Garten entkrautet und Holz. Gute Nacht!"

Nach dieser kurzen Unterhaltung lese ich weiter. Ich stoße auf das Thema Druck, von dem Thore oft gesprochen hatte. Druck bedeutet für ihn fast alles, was mit kleinsten Problemen behaftet ist. Besonders die langfristige Arbeitslosigkeit scheint immer wieder enormen Druck für ihn darzustellen. Jegliche Forderungen in Beziehungen lösen bei ihm wohl ein ähnliches Gefühl aus. So hat er oft meine geäußerten Wünsche als Machtspiele bezeichnet. Emotionen einzufordern, lässt ihn sicher auch in eine Stresssituation kommen. Thore zeigt jedoch nie eine wertschätzende Reaktion auf Dinge, die für mich wichtig sind oder mich interessieren. Ich empfinde das dann als Desinteresse und fühle mich einfach ungeliebt. Auch auf sachlicher Ebene kann man Wertschätzung geben. Dazu braucht man nicht zwingend Emotionen.

Er 25.04./ 21:43:

> „Habe eben Läuse bekämpft bei Lene."

Ich 21:44:

> „Schon wieder oder immer noch? Ist ja blöd. Musst du bei dir
> auch machen oder kuschelt ihr nicht?"

Er 21:49:

> „Schon wieder. Ich nicht, immun."

Ich 21:49:

> „Was für ein Mittel hast du?"

Er 21:53:

> „Chemie, 20 Minuten einwirken."

Ich 21:54:

> „Was genau?"

Es kommt keine Antwort mehr und ich lese im Buch weiter. Es wird erklärt, dass man extrem logisch versuchen sollte zu denken. Damit kann man besser Antworten auf Fragen finden. Doch wie soll ich meine Emotionen dabei behandeln? Ich bin doch kein Roboter. Wenn ich mir unseren ersten Streit anschaue, kann ich die sachliche Ebene so zusammenfassen: „Du bist nicht in der Lage, deine

Arbeitslosigkeit zu beenden. Dein Leben kannst du nicht selbstständig und unabhängig von anderen gestalten." So in etwa kann Thore unser Gespräch verstanden haben und faktisch gesehen erscheint dies natürlich wie ein Holzhammer. Doch im Kontext betrachtet, ist es das keineswegs. Diese Information hatte ich mit anderen Worten in Emotionen verpackt und bei neurotypischen Menschen, wie ich einer bin, würden das Gesagte ganz andere Reaktionen hervorrufen. Nach den Regeln der Kommunikation zu urteilen, scheint Thore nur die Sachinformation und einen Appell gehört zu haben. Bei diesem Streit war mein Anliegen jedoch ein anderes. Ich wollte, dass er auch mich versteht. Doch irgendwann hatte ich den Bogen für ihn sicher überspannt. Das löste bei ihm so enormen Druck aus, dass nur noch die „Mauer" kam.

Für unseren zweiten Streit, als er mitten in der Nacht von mir weggefahren war, versuche ich das nun auch faktisch zusammenzufassen. Weil Thore auf all meine Fragen keine Antwort weiß und er auch nicht versteht, was ich von ihm erwarte, ist die Situation nur unangenehm für ihn und er fragt, ob er fahren soll. Meine spätere Antwort, dass er vielleicht doch besser nach Hause fährt, ist für ihn die Schlüssellösung. Er macht es, ohne auch nur einmal mit der Wimper zu zucken. Eine klare Aussage, mit der sich das Problem entsprechend faktisch lösen lässt. Vielleicht kann ich mir damit auch sein schnelles wieder zu mir zurückkommen erklären. Wir streiten uns, er muss weg, mauert und nach einer Zeit des Aussitzens unseres Konfliktes ist alles wieder gut.

Ich wollte Dinge von ihm erklärt bekommen, aber er sagte nichts. Inzwischen weiß ich, dass es ihm nicht möglich ist zu erkennen, wie gut oder schlecht es mir geht. Doch genau darum habe ich versucht über ein Gespräch mit ihm meinen Wunsch nach Zuwendung einzufordern. Manchmal hatte es so funktioniert, aber ich weiß nicht unter welchen Voraussetzungen es klappt und wann nicht. Ich hoffe, dass er auf der sachlichen Ebene doch noch Verständnis und mögliche Umgangsweisen entwickeln kann.

Thores Konfliktlösungsprogramm kommt dem Kindergartenalter wirklich sehr nahe. Da wird auch oft gesagt: „Heute bist du aber nicht mein Freund" und am nächsten Tag ist alles wieder gut ohne Worte. Manchmal finde ich es passend, nicht jeden kleinen Konflikt so dramatisch zu sehen, doch zwischen uns scheint auch keine gesunde Gelassenheit möglich zu sein. Vielleicht haben wir ein unterschiedliches Wertesystem, was zur verschiedenen Sicht auf eine Sache führt. Dinge, die für Thore zum Problem werden, kann ich nicht als solche nachvollziehen. Meine Probleme, die sich ja eher im Gefühlsbereich abspielen, versteht er scheinbar nicht.

Wenn ich nun mein Fazit aus der Holzhammermethode ziehe, sollte ich den Kern seines Verhaltens finden können. Dann sollten klare Ergebnisse, die den Konflikt für ihn beschreiben, klar zum Ausdruck kommen. Doch auf welcher Kommunikationsebene ich dann, wenn ich das erkennen kann eine Problemlösung mit ihm herbeizaubern soll, weiß ich nicht. Bisher gab es dafür keine erkennbare konstruktive Möglichkeit für mich. Ich hoffe jedoch, dass wir uns einfach noch besser kennenlernen können und vielleicht gibt es dann ja weniger Konflikte. Die Dinge, für die wir schon ein gutes gegenseitiges Verständnis haben, geben mir ein starkes Gefühl von Zuversicht, Geborgenheit und Sicherheit. Es ähnelt tatsächlich manchmal dem Gefühl, angekommen zu sein. Sicher hängt das auch damit zusammen, dass er mich oft nachahmt und Dinge genauso macht wie ich. Beispielsweise räumte Thore sehr schnell bei mir perfekt den Tisch ab und den Geschirrspüler aus. Das kann man jedoch nur, wenn man sich eingeprägt hat, wo etwas hingehört. Auch wenn er das Haus als Letzter verlassen hatte, sieht es aus, als wenn ich selbst alles wieder aufgeräumt hätte. Das schaffte bisher noch kein Mensch. Nicht einmal meine Kinder, wenn sie sich anstrengen würden, könnten es so hinbekommen. Es ist auch nicht das, was ich von anderen erwarte. Doch bei Thore ist diese Perfektion sehr auffallend für mich erkennbar.

Beim Lesen in diesem Buch bekomme ich, gerade in Bezug auf das füreinander da sein, eine ungute Ahnung. Es scheint so, als wenn er niemals dazu in der Lage sein wird, emotional zu reagieren. Situationen, für die er irgendeine emotionale Kompetenz benötigt, können ihn überfordern. Wenn ich emotionale Unterstützung benötige oder einfach nur jemanden zum Trösten und anlehnen brauche, ist er der falsche Ansprechpartner. Kann man eine Beziehung auf rein sachlicher Ebene überhaupt führen? Wo bleibe ich mit meinen Emotionen? Vielleicht gibt es doch noch ein Patentrezept.

Er 26.04./ 10:04:

„Habe vergessen. Fing mit D an."

Ich 13:17:

„Ich habe es noch nicht geschafft, die Reifen am Auto wechseln zu lassen. Würdest du das machen? Bekommst auch ein Abendbrot in der Gaststätte spendiert von mir ☺. Falls ja, müsstest du deinen Wagenheber mitbringen."

Er 13:20:

„Kann ich machen. Können auch grillen."

Ich 13:34:

„Ja, habe auch was dafür gekauft."

Ich 27.04./ 17:54:

„Ich freue mich schon auf dich. Gleich fahre ich los zum Essen.

Ich bin mir nicht ganz sicher, ob ich tatsächlich um 21.00 Uhr zu Hause bin. Falls es später wird, kannst du es dir auf der Couch bequem machen. Nackt bitte ☺! Der Haustürschlüssel liegt unter dem Blumenkorb vor der Tür."

Über den Reifenwechsel an meinem Auto hatte ich mit Thore schon zuvor gesprochen. Ursprünglich wollte ich die Sommerreifen in der Werkstatt aufziehen lassen. Nun habe ich es tatsächlich zeitlich nicht mehr geschafft und weil Thore mir seine Hilfe angeboten hatte, bitte ich ihn nun doch darum, es für mich zu tun.

Am verabredeten Abend komme ich dann erst kurz nach 21.00 Uhr zu Hause an. Es war ein schöner Abend mit den Chorleuten und ich wäre gerne noch etwas länger dort geblieben. Ich verlasse, ein wenig von Thore gehetzt, die gemütliche Runde. Sein Auto steht schon an der Straße, als ich zu Hause ankomme. Er hatte das Tor von der Auffahrt schon für mich geöffnet und erzählt, dass er auch gerade erst angekommen war.

Wir setzen uns in die Stube und Thore redet wieder ganz viel. Jedoch erzählt er irgendwie nicht so ausgelassen und umfangreich, wie sonst. Es hatte dieses Mal nichts mit der „Informationsdeponic" zu tun, sondern erscheint mir eher nach einem zwanghaften Mitteilen der wichtigsten Dinge. Vielleicht hatte er irgendwelche Probleme und redet nur aus Gewohnheit über alle Erlebnisse.

Auch über den Wunsch, zu seiner Mutter zu fahren, spricht er. Thore möchte unbedingt noch an diesem Wochenende zu ihr, obwohl sie schon am kommenden Mittwoch aus der Klinik entlassen wird. Ich reagiere darauf mit Enttäuschung und Unverständnis. Er jedoch lässt sich nicht davon abbringen. Lediglich den Tag für seine Abwesenheit an diesem Wochenende darf ich aussuchen. Wir werden uns nun scheinbar mehr als drei Wochenenden nicht treffen können und ich bin sehr enttäuscht, dass er so wenig Interesse hat, mit mir zusammen zu sein. Auch, dass es immer nach seinem Zeitplan gehen soll, missfällt mir. Doch erreichen werde ich bei ihm nichts, wenn ich mich aufregte. Dann könnte ich sogar mit seiner sofortigen Abreise rechnen. So entscheide ich mich, dass er am Sonntag zu seiner Mutter fährt. Ich werde diesen Tag dann auch nutzen, um meine Eltern zu besuchen. Wir verabreden auch, dass er nach diesem Besuch bei seiner Mutter wieder zu mir zurückkommt. Wieder versuche ich, seinen Wunsch zu akzeptieren und für mich das Beste daraus zu machen. Das Verdrängen meiner Enttäuschung gelingt mir leider nicht so gut. Dem entsprechend sinkt meine Stimmung. Ich versuche es mir nicht anmerken zu lassen. Schnell werde ich wieder optimistischer, als wir an diesem Abend gemeinsam planen zum Tanz in den Mai zu gehen. Irgendwie bleibt Thore an diesem Abend sehr in sich gekehrt und macht einen sehr müden Eindruck. Dann später im Bett kuschele ich mich an ihn und weiß wieder nicht, ob ich was mit ihm anfangen soll oder nicht. Oft bin ich mir nicht sicher, ob er Nähe und Sex möchte. Auch das Sprechen über Sexualität war bisher eher abstrakt und hatte wenig mit irgendwelchen persönlichen Bedürfnissen zu tun. Um nicht fordernd zu wirken, warte ich, wie so oft auf Aktionen von ihm. Sie kommen auch heute nicht. Doch in dieser Nacht habe ich ganz stark das Gefühl, dass etwas komplett anders ist, als sonst. Thore wirkt schlapp und abwesend. Er redet jedoch über nichts, was ihn belasten könnte mit mir. Mein Unbehagen fängt an sich wieder aufzubauen.

Am nächsten Morgen ist er weiterhin träge und schwerfällig. Er braucht nach ausgedehntem Frühstück und anschließendem Herumsitzen fast drei Stunden, um die Räder an meinem Auto zu wechseln. Als ich ihn auf seine Trägheit hin anspreche, sagt er weiterhin nichts. Nur zu meiner Behauptung, dass ihm die Arbeit heute scheinbar nicht so schnell von der Hand geht, antwortet er: „Meinst du?" Ich mache mir Sorgen. Thore hatte mir mal ganz zu Anfang erzählt, dass er bei starker Hitze manchmal Kreislaufprobleme bekommt. Vielleicht hatte das warme Wetter etwas damit zu tun. Ich wünsche mir wieder, er würde mit mir reden. Als Thore dann endlich den Reifenwechsel geschafft hatte, beende ich meine Gartenarbeit auch. Nach unserem kurzen Ausflug zum Kaffeetrinken und Torte essen, schauen wir uns die Bilder von meinem Urlaub an.

Meine Freude ist groß, Thore von der Reise zu erzählen und ihn mit den Fotos ein wenig daran teilhaben zu lassen. Ich bin wirklich sehr gespannt auf seine Reaktion. Er schaut sich die Bilder an und ich erzähle ihm, dass ich sie nach den Orten, die ich besuchte, sortiert hatte. Zu den meisten Bildern habe ich ihm etwas zu berichten. Manche klicke ich etwas schneller weiter. Doch ich merke sehr schnell, dass Thore kein Interesse daran hat. Es gibt keine Kommentare von ihm und jegliches Feedback zu den Bildern bleibt aus. Mich enttäuscht das sehr und ich frage ihn, ob er sie wirklich sehen will. Doch er gibt mit wenig Überzeugung sein Interesse kund. Ich mache dann weiter und mir vergeht bald komplett die Lust ihm noch etwas vom Urlaub zu erzählen. Weiterhin ins Leere zu sprechen, missfällt mir nun und sein Verhalten macht mich wieder traurig. Darum lasse ich die Bilder dann kommentarlos durchlaufen. Thore sagt nichts und ich rede auch nicht mehr weiter. Mich zieht sein Verhalten sehr runter und ich schlage vor, ins Bett zu gehen. Es ist noch sehr früh am Abend. Thore schläft sehr schnell ein und ich frage mich weiterhin, was ihn so erschöpft hatte. Ich selbst bin total gestresst von diesem Rätselraten. Meine Stimmung ist so tief im

Keller, was mir das Einschlafen wieder einmal nicht möglich macht. Unbehagen, Unverständnis und unbezwingbare Traurigkeit begleiten mich bis weit in die Nacht hinein. Mich zermürben all diese Fragen und sein Verhalten. Ich weiß aus dem Buch, dass er zum konstruktiven Reden eine positive und entspannte Situation braucht. Doch wann ist die?

Eine weitere Nacht mit nur sehr wenig Schlaf liegt nun hinter mir. In den frühen Morgenstunden liege ich im Bett und zerbreche mir weiterhin den Kopf. Eine Menge schlechte Emotionen stecken in mir. Mit Tränen starte ich in den Morgen. Thore schläft noch, während ich mich versuche zu beruhigen. Das Weinen zu unterdrücken und auch keine emotionalen Ausbrüche zu bekommen, fallen mir sehr schwer. Ich schaffe es lediglich nicht in totale Heulattacken auszubrechen, sondern weine immer wieder mal still vor mich her. Als Thore dann wach wird, gehe ich duschen, um wieder etwas klarer sehen zu können. Er selbst hatte unglaublicher Weise in dieser Nacht zwölf Stunden lang durchgeschlafen. Ich beneide ihn einerseits und denke auch in diesem Bezug wieder daran, dass etwas mit ihm nicht stimmt. Auch was mit mir nicht stimmt, kann ich nicht so recht erkennen. Nachdem ich nun durch das Duschen wieder etwas frischer im Kopf bin, bereite ich das Frühstück für uns beide zu. Die Traurigkeit steht mir immer noch unübersehbar ins Gesicht geschrieben. Weitere Tränen versuche ich zu unterdrücken. Ich verlasse immer wieder mal den Raum, um Thore aus dem Weg zu gehen, wenn es mir gerade nicht gelingt. Er verhält sich nicht anders als sonst und ich ahne, dass er meine Traurigkeit nicht mitbekommt. Beim Frühstück zwinge ich mich dazu, nichts zu verderben und verhalte mich ruhig. Ich esse gezwungenermaßen ein halbes Brötchen und sage nur kurz, dass ich keinen Hunger habe. Jeder normale Mensch hätte mitbekommen, wie schlecht es mir geht, aber Thore sagt nichts. Nach dem Frühstück verlasse ich den Tisch und gehe hoch, um dort ungestört weinen zu können.

Es gelingt mir nicht meine Emotionen in Schach zu halten. Erst nach einer guten halben Stunde geht es mir etwas besser, sodass ich wieder nach unten zu Thore gehen kann. Er hatte inzwischen ganz laut Musik angemacht. Äußerst fröhlich singt und tanzt er in meiner Wohnküche. Er wirkt wirklich sehr glücklich dabei. Ich sehe sicher gerade schrecklich aus vom Weinen und fühle mich auch sehr schlecht. Darum kann ich seine momentane Freude überhaupt nicht mit ihm teilen und bitte ihn, die Musik etwas leiser zu machen. Er bemerkt nicht, dass ich todtraurig bin, denn er schaut mich weder an, noch gibt es irgendeine Äußerung von ihm. Ich denke darüber nach, ob ich ihm sagen sollte, wie ich ausschaue, wenn ich unglücklich bin und auch, was er dann tun kann. Ich weiß aus meinen Recherchen, dass er mich nicht trösten wird und auch keinen Umgang für sich selber damit finden kann. Darum versuche ich mich irgendwie auf Sachlichkeit zu fokussieren und verdränge weiterhin meine Emotionen.

Mir gelingt es, mich wieder etwas zu beruhigen. Ich räume den Tisch zu Ende ab und währenddessen muss ich mir dann ein Telefongespräch mit seiner Mutter bei angestelltem Lautsprecher mit anhören. Thore tut das sicher, weil ich es ihm am Tag zuvor bei einem Telefonat mit Sara vorgemacht hatte. Jetzt und auch schon gestern imitierte Thore mich, um auch mir die Teilhabe an den Gesprächen mit seiner Mutter zu ermöglichen. Doch er hat keine Ahnung, was er damit anrichtet. In der Unterhaltung geht es darum, dass Thore seine Mutter noch früher als geplant besuchen soll, um sie dann von einem Bahnhof abzuholen. Sie hatte an dem Tag einen kurzfristig beschlossenen Ausflug unternommen und will sich jetzt von ihrem Sohn abholen lassen. Thore stimmt all dem zu, weil er das sicher immer so macht. Dieses Gespräch vermittelt mir, dass er nun noch früher von mir los muss und bewirkt dann noch mehr Traurigkeit in mir. Sogar dieses blöde Eifersuchtsgefühl kommt wieder in mir auf. Auch wenn ich erkenne, dass sein Handeln nur Nachahmungsversuche sind, kann ich jedoch meine Gefühle nicht einfach ausschalten. Ich gehe aus dem Haus, um mir das Gespräch nicht weiter anhören zu müssen und setzte mich in den Garten. Meine Versuche, mich zu beruhigen sind wenig erfolgreich.

Der Wind weht leicht und ich fange an zu frieren. Nach einer kurzen Zeit im Gartenstuhl gehe ich wieder hinein. Thore, der es sich auf dem Sofa gemütlich gemacht hatte, schaut nun fern. Er sieht mich kurz an und fragt mich dann, was ich so lange gemacht hätte. Ich setze mich zu ihm und kuschele mich bei ihm ein. Vielleicht beruhigt mich körperliche Nähe wieder etwas, hoffe ich. Thore will dann genauer wissen, was ich draußen gemacht hatte und ich kann ihm leider keine Lügen auftischen. So antworte ich, dass ich versucht habe, wieder mit mir klarzukommen. Thore sagt nichts und scheint es nicht zu verstehen. Ich habe keine Ahnung, wie ich meine Bedürfnisse an ihn herantragen soll und bitte ihn darum, mich einfach mal zu drücken. Er tut dies auch etwas unbeholfen. Dann versuche ich es mit wenigen Worten zu erklären. Ich rede von meiner Traurigkeit und was der Auslöser dafür war. Auch von meinem Enttäuscht sein, dass er kein Interesse an meinen Urlaubsbildern hatte, erzähle ich ihm. Dabei versuche ich es nicht vorwurfsvoll klingen zu lassen. Sachte rede ich über mein Unverständnis, dass er seine Mutter besuchen will, obwohl er sie in wenigen Tagen wieder zu Hause hat. Wir werden uns jedoch voraussichtlich in den nächsten

drei Wochen nicht oder nur wenig sehen können. Zu Beginn meiner
Erklärungen wirkt Thore noch interessiert und sagt aber kaum etwas.
Nur bezüglich der Bezeichnung „Kühlschrank", wie ich ihn nannte,
gibt er sein Interesse kund. Er fragt nach, wie ich es meinte. Ich
erkläre ihm, dass er oft enorme Kälte ausstrahlte. Bezugnehmend auf
den ständigen Wechsel zwischen Nähe und Distanz, versuche ich
ihm Ansatzweise mein Empfinden auf sachlicher Ebene mitzuteilen.
Ohne dass ich irgendetwas von Thore erfahre oder wir auch nur ein
kleines Problem aufklären können, merke ich bald seine sich
anbahnende „Mauer". Der starre Blick ist wieder deutlich zu erkennen
und ich weiß, dass meine Worte jetzt wohl wieder zu viel für ihn
wurden. Doch die Zeit sitzt uns im Nacken. Er muss jetzt losfahren zu
seiner Mutter. Obwohl ich das Gefühl habe, dass Thore merkt, es
wäre jetzt angebracht mit mir zu reden, glaube ich nicht, dass ein
konstruktives Gespräch mit ihm zustande kommen würde, selbst
wenn wir noch Zeit hätten. Wir verabschieden uns voneinander und
ich habe nicht das Gefühl, dass unser Konflikt zu weiteren Problemen
führen würde.

Im Tagesverlauf gelingt es mir nicht, meine Traurigkeit zu vertreiben.
Nur der Gedanke, dass wir uns ja verabredet hatten und Thore
wieder zu mir zurückkommt, lässt mich ein wenig hoffen. Abends
versuche ich ihn anzurufen, um zu fragen, ob er seine Mutter
pünktlich vom Bahnhof abholen konnte und wie es ihm momentan
geht. Er drückt mich einfach weg.

Ich 30.04./ 07:30:

> „Bleibt es denn nun dabei mit dem Tanz in den Mai heute
> Abend?"

Er 11:17:

> „Ich mag nicht."

Ich 11:26:

> „Was magst du nicht?"

Er 12:14:

> „Das war der dritte Konflikt in 2 Monaten. Es zieht mich jedes Mal so sehr runter. Du bist äußerst unzufrieden. Ich kann dir wohl nicht gerecht werden. Vielleicht sollten wir konsequent sein."

Ich 12:17:

> „Mir geht es auch nicht gut damit. Ich würde so gern wirklich mit dir reden. Jetzt muss ich arbeiten, aber ich würde mich sehr freuen, wenn du noch etwas Energie für mich aufbringen magst."

Ich ahne mit seiner Nachricht, in der er etwas von Konsequenzen schreibt sofort, was es bedeuten soll. Konkrete Worte sind als Entscheidung anzusehen, weiß ich inzwischen nur zu gut. Darüber hatte ich auch etwas in dem Buch gelesen. Dieses Wort: „Konsequenzen" von Thore geschrieben macht mir richtig Angst. Sollen all meine Bemühungen um ihn umsonst gewesen sein? Ich hatte so sehr darauf gehofft, dass die Probleme zwischen uns sich mit der Zeit legen würden. Es sah doch zu Anfang alles so passend zwischen uns aus.

Meine depressive Lage verstärkt sich, je aussichtsloser die Situation für mich erscheint. Trotz ständigem Weinen versuche ich weiterhin sachlich zu schreiben.

Ich 15:59:

> „Ich bin jetzt zu Hause und werde heute nicht zum Chor gehen. Wie sieht es bei dir aus?"

Er 16:43:

> „Kannst ruhig gehen. Bin auch zu Hause.

Weiß nicht, ob ich mal rausgehe."

Ich 16:44:

„Ich gehe nicht, weil ich weine."

Ich 17:04:

„Ist bei euch auch Gewitter?"

Er 17:10:

„Regen vorbei."

Ich 18:20:„Jetzt ist hier auch wieder Sonne."

Das Schreiben mit ihm beruhigte mich ein wenig, da er zumindest kurz und sachlich auf meine Nachrichten antwortet.

Ich 19:43:

„Zum Feuerwerk muss ich denn jetzt auch alleine?"

Ich 21:53:

„Ich bin enttäuscht, dass du all die Dinge, die ich versuche, um unsere Beziehung besser werden zu lassen, nicht bemerkst. Wenn ich traurig bin, ist deine Reaktion wieder dein Mauern. Du weißt, dass es mir immer schwerfällt, mich von dir zu lösen und dazu kam die Enttäuschung, dass du dann plötzlich wieder keine Zeit für mich hast. Ich bin es auch ein wenig leid, für mich selber irgendwelche Entschuldigungen für dein Verhalten zu erfinden. Zum Schluss hast du dann nicht mehr Depressionen, sondern das Asperger Syndrom oder sonst irgendwas. Am schlimmsten finde ich es, dass du nicht mit mir reden willst und in keinster Weise an meine Gefühle denkst. Ich habe sie nun mal und andere Menschen würden sich darüber freuen."

Immer wieder seine Nachricht mit den darin erwähnten Konsequenzen im Kopf, macht mir immer deutlicher, dass er keine Lust mehr hat unsere Beziehung weiterzuführen. Ich traute mich nun das Asperger Syndrom mit in die Nachricht einfließen zu lassen.

Sicher liegt es ein wenig daran, dass ich nun nichts mehr zu verlieren habe. In meiner Verzweiflung, Hilflosigkeit und dem wirren Durcheinander in meinem Kopf will ich seine schmerzhafte Konsequenz, wie auch immer diese aussehen sollte, scheinbar richtig klarmachen. Warum ich das tue, weiß ich nicht, denn ich hätte alles dafür gemacht, um die Beziehung zu ihm weiterführen zu können.

Ich 01.05./ 10:58:

„Es tut mir leid, dass ich die Situation mit meinen Nachrichten wohl nicht besser für dich mache. Jetzt möchte ich mich gern wieder um mich kümmern und nicht all meine Gedanken in mein Tagebuch schreiben müssen. Ich stelle mir so viele Fragen, die ich auch oft genug an dich gerichtet hatte. Oft hast du mir die Antworten etwas später gegeben und ich habe es zunehmend akzeptieren können. Dass du mir deine Zuneigung anders zeigst, wie ich es sonst kennengelernt habe, verstehe ich inzwischen etwas. Ich glaube auch zu wissen, warum du letzte Woche nichts geschafft hast. Wahrscheinlich war das Arbeitsamt das Problem. Ich kann aber nicht ständig mir meine Gedanken alleine machen. Darum habe ich immer wieder gesagt, dass ich mir wünsche mit dir ordentlich zu reden. Ordentlich bedeutet für mich, dass man Wünsche, Probleme oder anderes, was einem wichtig erscheint, anspricht und sich auch wirklich ernst nimmt. Auch die Tatsache, dass ich oft von einem Kühlschrank rede, ist natürlich nicht immer so für mich. Ich merke auch, dass du meine Wünsche oft versuchst zu erfüllen. Am Wochenende hatte ich einfach andere Erwartungen. Ich habe versucht zu akzeptieren, dass dir deine Familie so sehr wichtig ist. Leider gelingt mir das nicht. Dein Festhalten an deiner Familienstruktur und mir keinen Zutritt in dein Leben zu erlauben, weckt in mir keine positiven Emotionen. Warum machst du das alles? Ich will dich weder vergiften, noch sonst irgendetwas Böses. Ich will dich nur lieben dürfen."

Ich lese jetzt noch einmal gezielt das Kapitel über die eigene Seele und wie sie Schaden davon nimmt, mit einem Asperger-Mann zusammen zu sein.

Mir wurde schon sehr früh klar, dass ich in diese Beziehung mehr investiere, als ich je zurückbekomme. Dabei stellte ich mich immer mehr auf seine Andersartigkeit ein. Im Prinzip hatte ich mich zunehmend selbst aufgegeben, um die Beziehung immer wieder weiter führen zu können. Thore hatte meine Fürsorge bemerkt und auch geschätzt, wie er es mal schrieb. Doch gesagt hatte er dazu sonst nie etwas. Dass er mir seine Zuneigung immer auf seine Weise gezeigt hatte, wurde mir schon sehr früh klar. Auch die vielen Taten, wie die Fahrräder zu reparieren, oder neue Lichtschalter und Steckdosen anzubauen, wertete ich als solche, ohne zu wissen, dass es eine Eigenart von Menschen mit diesem Syndrom ist. Ganz nach dem Motto: „Taten statt Worte."

Mehrfach hatte ich versucht seine Vorstellung von Liebe in Worten herauszufinden, aber ich bekam nur die Kriterien genannt: „Vertrauen, sich verstehen und dieses auch in sexueller Hinsicht." Welche Nuancen dazwischen liegen, konnte ich leider nicht herausfinden. Vielleicht gibt es diese auch gar nicht. Meine Bedürfnisse nach Nähe, Körperkontakt und dass auch er sich auf mich irgendwie einlässt, wurden kaum erfüllt. Thore ging immer davon aus, dass alles nach seinen Regeln funktioniert in einer Beziehung. Davon abweichendes, erscheint ihm als nicht normal. Für einen Aspie ist ein Anpassen an neurotypisches

Beziehungsverhalten so gut wie nicht möglich, lese ich. Somit hatte ich wohl aus meinem Gespür heraus meine spontanen und natürlichen Reaktionen immer wieder unterdrückt. Wenn ich diese doch einfach mal herausließ, musste ich mit Vorwürfen oder seinem Rückzug rechnen. Seine Anschuldigungen waren dann oft, dass ich sehr ungeduldig und unzufrieden sei.

Ich hatte mir immer gewünscht, dass er auf irgendeine Art und Weise mit mir über unsere unterschiedlichen Bedürfnisse spricht. Ich wartete leider vergebens. Je mehr ich etwas von ihm verlangte, umso weniger Erfolg hatte ich, etwas bei ihm zu erreichen. Ich bekam jedoch immer mehr das Gefühl, dass ich einfach warten musste, dass er selbst bereit war etwas zu geben. Manchmal tat er es ja tatsächlich. Doch diese Stillhalte Taktiken fraßen mich innerlich mehr und mehr auf. Meine Unzufriedenheit wuchs tatsächlich immer mehr. Meine Bedürfnisse wurden nicht erkannt, nicht beachtet und schon gar nicht erfüllt. Thore hatte es für sich schon erkannt, dass er mir nicht das geben kann, was ich immer wieder von ihm verlangte. Doch was glaubte er denn, was mir fehlt? Nie hatte ich mit ihm darüber sprechen können.

Doch bei all der Toleranz, die ich ihm gegenüber aufbrachte, frage ich mich: Warum will ich nach jedem Streit, dass die Beziehung zu ihm weiter geht?

Ich 18:41:

> „Ich möchte nicht wieder fünf Tage auf eine Antwort von dir warten müssen. Es sei denn, du möchtest, dass ich weiter leide."

Mein Anruf gegen 20.00 Uhr wird von ihm einfach weg gedrückt und auch meine weinenden Smileys interessieren ihn nicht. Warum kann ich ihn nicht einfach hassen für so ein mieses Verhalten?

Eine weitere Auseinandersetzung mit mir selbst, in den darauf folgenden Tagen, lenkt meine Aufmerksamkeit wieder weiter auf die Auswirkungen dieser Beziehung auf Körper, Geist und Seele. Im Buch wird mehrfach darüber berichtet, wie wichtig es sei, dass man sein emotionales Defizit unbedingt anderwärtig ausgleichen muss, um nicht auf der Strecke zu bleiben. Das sind beispielsweise andere soziale Kontakte, wie Freunde und Familie. Auch eigene Interessen und Hobbys, mit denen man sich intensiv beschäftigt, können helfen. Thore hat ganz zu Beginn unserer Beziehung mich gefragt, welche Hobbys ich hätte. Inzwischen glaube ich, dass es ihm dabei nicht darum ging, dass er diese mit mir teilen wollte oder sich tatsächlich für solche Aktivitäten interessierte. Sicher hatte es mit diesem emotionalen Defizit zu tun.

Ich habe inzwischen all meine kreativen Aktivitäten, Kontakte zu Freunden und Familie seinetwegen sehr vernachlässigt und mir somit in Wirklichkeit sehr geschadet. Kreativ bin ich nur noch sehr selten. Beispielsweise hatte ich zu seinem Geburtstag für ihn etwas gebastelt und mit Gitarrenbegleitung ein Geburtstagsständchen mit dem Handy aufgenommen. In der unbefriedigenden Situation zu seinem Geburtstag hatte ich es ihm jedoch nicht geschenkt. Obwohl ich früher sehr viel gemalt, bastelt und musiziert hatte, tat ich all das seit ich Thore kannte kaum noch. Ich erinnere mich auch daran, dass er mich nach meiner Urlaubsreise fragte, ob es dort keine Single-Männer gab. Darauf reagierte ich verwundert und fragte ihn direkt: „Warum fragst gerade du mich, ob ich dort Männer getroffen habe? Willst du mich loswerden?" Er antwortete: „Du hättest dich ja an der Bar mal unterhalten können." Womöglich könnte dies mit Thores Wissen um mein sozial-emotionales Defizit in Zusammenhang stehen.

In meinen Gedanken schwanke ich immer wieder zwischen dem Eingestehen des Scheiterns unserer Beziehung und dem Gefühl, dass sie niemals enden sollte. Manchmal wünsche ich mir auch ganz schnell mein altes Leben wieder zurück. Mir ging es so gut, bevor ich Thore traf. Das Motto: „Nicht mit und auch nicht ohne ihn", scheint hier wirklich sehr passend zu sein. Im Buch wird auch dazu etwas erklärt. Die starken Emotionen machen eine Trennung für Frauen nur auf Raten möglich. Der Trennungsprozess von einem Asperger kann Monate oder Jahre dauern, lese ich. Irgendwie kann ich es jetzt schon gut nachvollziehen, doch eine konkrete Vorstellung, wie das gehen soll, bekomme ich nicht. Ich trenne mich ja nicht, weil ich ihn nicht liebe, sondern weil ich mich selbst schützen muss und natürlich, weil er scheinbar nicht mehr will.

Als ich nachmittags den Rasen mähe, bekomme ich die Idee, dass ich es ja noch einmal mit konkreten Dingen bei Thore versuchen könnte, um mit ihm wenigstens noch zu schreiben. Vielleicht ist das dann der Entzug auf Raten, den ich brauche. Ein wenig bin ich jedoch auch gespannt, ob er sauer ist wegen meiner Verleugnungen, betreffend des Asperger Syndroms. Jeder der so etwas nicht hat und das liest, würde es sicher als Hirngespinst oder Beschimpfung ansehen. Wenn jedoch er wissend ist und etwas in diese Richtung jemals bei ihm diagnostiziert wurde, wäre ein offenes Gespräch darüber für mich unausweichlich. Ob er das in einem solchen Fall dann allerdings zugeben würde, weiß ich nicht und kann mir auch hier wieder gut ein Verdrängen der Realität vorstellen. Ich hoffe, dass ich in Zukunft noch etwas dazu von ihm in Erfahrung bringen kann. Nun jedoch will ich einfach nur wissen, ob er trotz dieser Nachricht noch auf Sachlichkeit reagiert und mir schreibt.

Ich 02.05./ 15:43:

„Ist deine Mutti wieder zu Hause?"

Ich 17:02:

„Hab gerade die Räder nachgezogen und eine Schraube war nur locker. Alles andere fest, wie ich es erwartet hatte. Danke nochmal."

Er 18:24:

„Ja alle da."

Ich 18:52:

„Ich wünsche euch viel Spaß und hoffe, es geht dir wieder gut."

Ich 03.05./ 21:55:

„Wie war Geburtstag?"

Er 21:57:

„Sehr schön. Gerade vom Restaurant zurück. Gibt noch Dessert und dann ins Bett."

Ich 21:58:

„Das freut mich. Dann schlaft mal schön."

Ich 21:59:

„Hast du dir schon Konsequenzen für uns überlegt?"

Ich liege lange wach im Bett und bin sehr verzweifelt. In mein Tagebuch schreibe ich:

04. Mai 2018 / 01:34:

„Thore antwortet wieder nichts und ich versuche das Warten zu überstehen. Das zermürbt mich immer mehr. Ich möchte endlich Klarheit zu all den tausend Gedanken, die sich inzwischen hauptsächlich darum drehen, wie ich endlich von ihm loskomme. Warum nur bekomme ich das nicht hin? Thore wird sich nicht ändern können und nur auf ein langsam wachsendes Vertrauen von

ihm zu warten, um dann schrittweise in seine sichere Burg hereingelassen zu werden, wird mir zu mühselig. Auch zermürben mich all die negativen Gefühle und das ständig wiederkehrende Gezerre an seiner Familie. Er war sein ganzes Leben auf sie fixiert und ist wohl in dieser Situation gefangen. Meine Hoffnung, dass ich für ihn wichtig werde, so wie es in meiner Vorstellung auch in einer Paarbeziehung sein sollte, erscheint jetzt für mich beim Lesen dieses Buches immer mehr unmöglich. Ich weiß auch mittlerweile nicht, ob ich überhaupt noch seine Familie kennenlernen möchte. Vielleicht will ich die Verhältnisse, die dort herrschen, auch gar nicht erfahren.

Für meine Gesundheit ist das Ende auf jeden Fall die bessere Lösung. Eine Beziehung auf Augenhöhe, in der beide ein ähnlich starkes Interesse am anderen haben, scheint nicht möglich zu sein. Thore interessiert in keinster Weise, dass es mir jetzt oder zu einem anderen Zeitpunkt schlecht geht. Selbst wenn ich es ihm mitteile, dass es mir schlecht geht, interessiert ihn das scheinbar nicht. Ich habe auch keine Lust mehr, es auf das Asperger Syndrom zu schieben. Vielleicht habe ich mich auch komplett geirrt und er ist einfach nur ein verzogener und gemeiner Weichling. Seine Mutter gibt ihm ja alles, was er braucht: Wohnung, Geld und Fürsorge. Ich möchte ganz sicher keinen Konkurrenzkampf mit ihr führen müssen. Thore zettelt, einerseits mit dem Fernhalten der Familie und andererseits den vielen Erzählungen von ihr, ständig Eifersuchtsgefühle bei mir an. Das gefällt mir überhaupt nicht, denn ich kenne diese nicht.

Nach der Nachricht mit den Konsequenzen weiß ich nicht nur, dass er Schluss machen will, sondern glaube sogar, dass er es auch schon wollte, als er bei mir war. Da hatte er schon kein Interesse

mehr gezeigt. Vielleicht hatte er auch nicht wirklich mehr Lust meine
Räder zu wechseln, was erklären würde, warum es so lange
dauerte. Am meisten jedoch bin ich es leid, nachts seinetwegen
nicht mehr schlafen zu können..."

Mitten in der Nacht schreibe ich ihm nun doch noch eine Nachricht.
Ich fühle mich sehr hilflos und weiß nicht mit dieser Situation
umzugehen.

Ich 04.05./ 02:53:

„Es scheint nicht so, als ob ich jemals eine Antwort bekommen
werde. Leider kann ich nicht mehr warten. Ich habe für mich
eine Entscheidung getroffen und möchte nicht mehr mit dir
reden, nicht mehr mit dir schreiben und schon gar nicht dich
wiedersehen. Inzwischen bin ich mir sicher, dass du eine
Persönlichkeitsstörung hast. Es ist für niemanden
wünschenswert so behandelt zu werden, wie du mich behandelt
hast. Ob mit oder ohne diese Störung. Ich wollte einfach nur mit
dir reden und du verweigerst das. Ich habe mich mit deiner
Andersartigkeit sehr viel beschäftigt, ein Buch gekauft... Für
mich steht fest, dass dein Interesse an mir nicht groß genug
war. Ich muss wirklich an meine Gesundheit denken. Du hast
mich einfach nur krank gemacht. Tausend Messerstiche in mein
Herz und das immer wieder. Das ist in meiner Welt Vorsatz,
wenn man weiß, dass man jemanden verletzt und es trotzdem
immer wieder tut. Ich bitte dich, mich einfach in Ruhe zu lassen
und deine Sachen schicke ich dir per Post. So einen
beschissenen Abschied hat mir noch niemand beschert!"

In dieser Nacht kann ich nur etwa drei Stunden schlafen und bin froh,
dass mein Dienst am darauffolgenden Tag nur sehr kurz ist. Am

Nachmittag soll bei mir der neue Kaminofen eingebaut werden, weshalb ich schon um zwölf Uhr mittags Feierabend habe. So versuche ich den kurzen Arbeitstag zu überstehen und als ich nach Hause komme, wäre ein Mittagsschlaf wirklich so schön gewesen, denn ich bin endlich innerlich etwas zur Ruhe gekommen. Doch nun geht es leider nicht, denn ich muss auf den Kaminbauer warten. Ich warte jedoch vergebens. Nach einer guten Stunde bekomme ich den Anruf, dass wegen eines plötzlichen Transportproblems heute der Kamin nicht mehr aufgestellt werden kann. Ich ärgere mich über die vergeudete Zeit und so verbringe ich letzten Endes den Nachmittag mit Geheul und schlafe dann irgendwann vor Erschöpfung ein. In der darauffolgenden Nacht bekomme ich wieder etwas mehr Schlaf, obwohl ich an diesem Samstag früh aufstehen muss.

Eine Weiterbildung, zu der ich mich angemeldet hatte, findet heute statt. Dieses Seminar nervt mich nun, obwohl ich Weiterbildungen bisher immer sehr mochte. Nicht nur meine schlechte psychische Verfassung, sondern auch der Verlauf dieses Seminars erscheint mir unerträglich. Zwei der Teilnehmerinnen hatten sich vorgenommen ihre Probleme in dieser Weiterbildung zu bewältigen. Mit ständigen Fragen bringen sie immer wieder die Dozentin vom Abarbeiten des eigentlichen Stoffes ab. Das Baby einer Teilnehmerin, was aus meiner Sicht hier nichts zu suchen hatte, stört den Ablauf immer wieder. Ich denke mehrfach darüber nach, die Weiterbildung zu verlassen. Doch vielleicht könnte mir dieser Tag dann beruflich nicht anerkannt werden, denke ich. Ich bleibe und schreibe all meinen Frust in den Feedbackbogen, den wir alle am Ende der Veranstaltung ausfüllen.

Auf dem Heimweg von der Weiterbildung mache ich noch einen Halt, um etwas einzukaufen. Im Einkaufszentrum setze ich mich dann auch in ein Café und lasse mir dabei ganz viel Zeit. Ich weiß, dass ich zu Hause nur wieder in ein tiefes Loch fallen werde. Meine Abschiedsnachricht an Thore hilft mir natürlich nicht von ihm loszukommen. Ich kann es auch weiterhin nicht lassen, ihm zu schreiben. Wie eine Süchtige tippe ich immer wieder Worte ins Handy, die ihn fragen, wie er zu mir steht. Ich lösche sie dann aber sofort wieder, ohne sie als Nachricht zu senden. Thore würde mir jetzt auch diese Fragen nicht beantworten. Mein Inneres braucht etwas, um mich von ihm lösen zu können. Was es ist, weiß ich nicht.

Die Trennung von Thore, die unerwiderte Liebe und die schlaflosen Nächte hinterlassen bei mir nun auch eine totale körperliche Erschöpfung mit Kopfschmerzen und Schmerzen im Brustkorb. Selbst nach dem Wochenende geht es mir nicht besser. Nach einer weiteren sehr unruhigen Nacht, mit nur drei Stunden Schlaf, gehe ich am Dienstagmorgen zum Arzt. Der Hausärztin erzähle ich von meiner Erschöpfung und meinen Schlafstörungen. Von meinen Depressionen sage ich nichts, denn sie würde mir dann sicher nur Tabletten verschreiben und das ist für mich kein geeigneter Lösungsweg. Ich lasse mich für zwei Tage krankschreiben. Am Donnerstag ist Feiertag und am Freitag habe ich sowieso Urlaub. Das ergibt viele freie Tage und ich hoffe, dass sie mir reichen werden, um aus der depressiven Phase herauszukommen.

Als ich vom Arztbesuch wieder zu Hause bin, bekomme ich eine Nachricht von Thore.

Er 08.05./ 12:24:

> „Ich finde, wir sollten einen besseren Abschied hinbekommen, sodass wir uns noch in die Augen schauen können. Es war ja nicht alles schlecht. Einiges passte ja ganz gut. Mir reichte es so, dir nicht. Du warst höchst unzufrieden, ich habe dir nicht

vorsätzlich wehtun wollen. Vielleicht sollten wir es akzeptieren. Du wirst bestimmt bald froh sein, den endlich los zu sein. Vielleicht können wir uns noch einmal treffen zum Abschied. Was Essen oder so. Freundschaft wirst du ja nicht wollen. Fahre nachher ins Ferienhaus, Rasen mähen. Morgen mit Lene und Oma wieder raus, Gruß!"

Ich 12:32:

„Ich möchte auch nicht auf diese Weise mit dir auseinander gehen. Eine Freundschaft würde jedoch nicht funktionieren! Ich bin heute zu Hause. Wenn du magst, können wir uns noch treffen."

Er 13:16:

„Heute wohl nicht. Habe zu tun. Vielleicht Sonntag."

Ich 13:19:

„Okay."

Ich 21:40:

„Dann lass uns doch mal klären, wann wir uns denn Sonntag treffen wollen und wo. Mach einfach einen Vorschlag und ich versuche was bei mir geht."

Am nächsten Morgen mache ich meine Pläne für das Wochenende ohne Thore. Er antwortet wieder nicht, obwohl er online zu sehen ist. Ich verabrede mich mit meiner früheren Arbeitskollegin Michaela. Am Freitag nach Herrentag wird sie mich am Nachmittag zu Hause besuchen. Auch für den Samstag verabrede ich mich nun mit Clara, denn ich brauche dringend Leute um mich herum. Lediglich den Sonntag halte ich mir frei und hoffe, dass es wirklich noch zu einem Treffen mit Thore kommt.

An diesem Tag bekomme ich dann eine Nachricht, in der er mir unter anderem schreibt, was er so gemacht hatte. Warum tut er das nur?

Er 09.05./ 11:03:

„Habe gestern bis acht gearbeitet, zwei Gartentonnen
vollgemacht. Sonntag fiel mir ein, hat Mutti Konzert. Weiß nicht,
ob ich da fahren muss. Sonst alles möglich. Musst du sagen,
wann es geht! Sonst anderes Mal, wenn es zu kompliziert wird."

Ich 11:04:

„Ich weiß nicht, ob es dann später noch einen Sinn ergibt.
Vielleicht hast du mal Lust zu telefonieren?"

Ich 11:23:

„Meine Pläne sind so: heute bin ich noch zu Hause, morgen
unterwegs zum Herrentag, Freitag und Samstag treffe ich mich
mit Freunden. Sonntag wollte ich eventuell zu meinen Eltern.
Kommt ganz darauf an, ob du dich nun entscheiden kannst. Ich
weiß nicht, warum es wieder so kompliziert wird. Nächste
Woche muss ich arbeiten."

Er 11:36:

„Ich muss erst Mutter fragen, ist jetzt zum Arzt. Dann fahren wir
gleich alle drei ins Ferienhaus bis Samstag. Kann dann SMS
senden. Vielleicht dort am Hafen treffen? Sonst schlage du was
vor!"

Ich 11:57:

„Treffen will ich mich mit dir ehrlich gesagt nur, weil ich das
Ende so nicht akzeptieren möchte. Ich bin kein Mensch der
irgendwelche Rachegelüste oder sonstige negativen Dinge im
Kopf hat, worüber du dir Sorgen machen müsstest. Wir können
uns sicher auch so in die Augen sehen, wenn wir uns
überhaupt mal sehen würden."

Er 12.05./ 22:14:

„Wir waren uns doch einig, es zu beenden. Wir haben zu

verschiedene Beziehungsansichten in unserem Fall. Ich kann und möchte diese Streitereien, erneuten Verhandlungen nicht ertragen. Nun bist du auch noch so ausfällig geworden. Ich wollte nur einen ordentlichen Schnitt machen. Fahre jetzt ins Sommerhaus bis Montag, LG."

Ich 22:17:

„Du hattest angefangen mit den Konsequenzen. Ich war verzweifelt. Ich denke aber, dass du recht hast. Deine Idee mit dem Aussprechen finde aber ganz gut. Wenn du jetzt nicht mehr möchtest, muss ich das akzeptieren."

Er 22:25:

„Können uns ruhig treffen. Auf dem Fischland vielleicht."

Ich 22:26:

„Wann?"

Er 22:27:

„Nach dem Frühstück, ab elf vielleicht."

Ich 22:28:

„Wo? Um elf ist okay."

Er 22:38:

„Lieber um zwölf, dann am Hafen."

Ich 22:39:

„Warum am Hafen?"

Er 22:40:

„Ist schön da."

Ich 22:45:

„Okay, dann 12.00 Uhr bei euch am Hafen."

Er 22:51:

„Ja, okay.

Gut."

Er 22:52:

„Bis dahin.

Ist klar."

Ich 22:53:

„Okay, bis morgen dann."

Ist das wieder anstrengend mit ihm irgendetwas zu vereinbaren!

Ich bin nun aber froh, dass wir uns noch mal treffen werden. Vielleicht bekomme ich mit einem Abschiedstreffen es besser hin, das Ende der Beziehung zu akzeptieren. Nun überlege ich abends noch ein wenig, was ich morgen eigentlich erreichen will. Was will ich unbedingt für mich geklärt haben? Da ich davon ausgehe, dass er mir all meine Fragen wieder nicht beantworten wird, nehme ich mir vor, nun selbst nicht mehr rücksichtsvoll zu sein. Immer hatte ich nur sehr bedacht meine Gefühle und Gedanken geäußert, um ihn nicht damit zu überfordern. Wenn ich morgen all meine Gedanken und emotionalen Reaktionen herauszulassen will, werde ich das tun. Ich hoffe sehr, dass mir das dann auch tatsächlich gelingt.

In der Nacht habe ich viel geweint und wenig geschlafen. Nach dem Aufstehen grübele ich weiter, was ich aus diesem Abschiedstreffen machen könnte. An einem Sonntag, den 13. treffe ich mich nun mit dem Mann, in den ich so viele Hoffnungen gesteckt hatte. Ein Treffen, um unsere Trennung, die ich nicht akzeptieren will, klären zu können. Thore schien absolut nicht mehr ein Weiterführen unserer Beziehung zu wollen. Die dreizehn war immer meine Glückszahl und vielleicht soll ich es tatsächlich einfach als Glück ansehen, ihn endlich loszuwerden.

Gegen zwölf Uhr fahre ich mit dem Auto auf das Hafengelände und suche einen Parkplatz. Bisher habe ich nichts von Thore erblicken können. Weder ein Auto noch ihn selbst. Durch mein ständiges

Weinen bin ich auch heute total durcheinander. Nach dem Einparken schaue ich noch einmal auf mein Handy. Es sind zwei Nachrichten von Frances zu sehen und als ich sie gerade lese, taucht plötzlich Thore neben mir an der Scheibe auf und winkt mir zu. Er wirkt ausgeglichen und gut gelaunt. Ich steige aus und er erzählt nach einem kurzen „Hallo", dass er mit dem Rad da ist und vorn an der Einfahrt zum Hafen gestanden hätte, als ich ankam. „Hast du mich dort nicht gesehen?", fragt er mich. Ich habe natürlich nicht auf ein Rad geachtet und frage ihn dann, ohne auf sein Gesagtes weiter einzugehen, was wir nun machen wollen. Meine Vorschläge sind, dass wir uns irgendwo hinsetzen oder ein Stück spazieren gehen. Er weiß wieder nicht, was er will und so entscheide ich mich erst mal ein Parkticket für eine Stunde zu lösen. Ich denke, dass diese Zeit wohl ausreichen wird für unser Gespräch. Thore fällt dann ein, das im Museum heute freier Eintritt ist und sagt: „Wir können uns das doch mal ansehen!". Ich finde das keine gute Idee und ärgere mich, dass er in dieser Situation wieder nur daran denkt, etwas Schönes zu erleben. Da ich gern wirklich mit ihm über uns und das, was nicht gut gelaufen ist, reden möchte, fühle ich mich von ihm schon wieder nicht ernst genommen. „Wir wollten uns über unsere Trennung und darüber, was noch zu klären ist unterhalten", sage ich. Einen Museumsbesuch lehne ich klar ab.

Um dann schneller auf den Punkt zu kommen, frage ich ihn, was er mit der Nachricht meint, dass ich ja ausfallend geworden sei. Ihm lag meine Aussage quer, dass er ja jetzt seine Mutter wieder hat und mich anscheinend nur als Ersatz für die Zeit, als sie weg war, brauchte. Natürlich fand er auch meine ihm angedichteten Krankheiten nicht gut. Dazu antworte ich: „Mir bleibt ja nichts anderes übrig, bei deinem Verhalten, so etwas zu denken. Ich habe noch nie jemanden kennengelernt, der sich in Konfliktsituationen so verhält, wie du und auch jetzt wieder nur eine schöne Zeit haben will." Dann bleibt er weiterhin dabei, dass wir uns doch einen schönen Nachmittag machen könnten. Mich macht das sehr ärgerlich, wütend und wieder auch etwas hilflos. Keinen Hauch von Konfliktlösungsbereitschaft bringt er mir entgegen und ich werde dann auch in meinen Ausführungen standhafter und bestimmter. Sofort beginnt er mich zu kritisieren: "Sei doch nicht so laut!", sagt er. Ich antworte: "Meine Emotionen drücke ich so aus, wie ich es will und ich bin ganz sicher nicht laut." Ich denke mittlerweile, dass Thore es nur als laut empfindet, wenn jemand emotional mit ihm redet. Vielleicht versteht er es nicht, wenn ich die emotionale Ebene einschalte. Als meine Tochter vier oder fünf war, bat sie mich mal die Nachrichten im Radio etwas lauter zu machen, weil sie sie nicht verstehen konnte. Ich sagte daraufhin, dass dort Englisch gesprochen wird und sie es deshalb nicht verstehen kann. An diese Situation muss ich gerade denken. Sicher kann er diese emotionale Sprache auch nicht versteht.

Nun schlägt Thore dann doch vor, dass wir uns auf den Rasen setzen könnten. Ich stimme dem zu und hoffe wieder etwas mehr auf das Gelingen einer vernünftigen Aussprache. Thore wirkt an diesem Tag nicht nur sehr gefasst, sondern hat auch eine Picknickdecke mitgebracht. Was er wohl sonst noch so geplant hatte für diesen Nachmittag? Scheinbar wollte er ihn schön und gemütlich mit mir gemeinsam verbringen. Ich könnte kotzen, über so viel Resignation. Die Decke holt er von seinem Fahrrad und bevor wir in Richtung Hafen gehen, fragt er mich tatsächlich, ob ich mir nicht auch eine Decke mitnehmen möchte. Ich antworte etwas genervt: "Ist deine nicht groß genug für uns beide oder bin ich zu dick dafür?" Er widerspricht nicht und gewährt mir gütiger Weise einen Platz auf seiner Decke, die er am Ende des Hafengeländes unter zwei Bäume ausbreitet. Wir setzen uns und Thore erzählt dann wieder irgendwelche Dinge in seiner konfliktvermeidenden Ausführung. Ich werde innerlich immer wütender auf ihn und beginne dann auch meine Stellung in seiner Prioritätenliste zu kommentieren: „Ich komme ja wohl noch erst weit hinter dem Rasenmäher dran". Er bestätigt dies mit seiner überzeugt wirkenden Antwort: „Das muss doch gemacht werden. Rasen mähen ist doch wichtig." Er meint es wirklich so und scheint nicht zu wissen, wie schmerzhaft solche Worte sind. Seine emotionale Kälte bekomme ich noch mal so richtig zu spüren und ich frage mich, ob ich mir das wirklich jetzt noch antun muss. In meiner sehr labilen emotionalen Verfassung halte ich es jedoch nicht mehr aus und fange direkt an zu weinen. Da ich von ihm keinen Trost zu erwarten habe, gehe ich mit den Worten: „Das ist ja nicht auszuhalten mit dir." Ich setze mich in mein Auto. Was kann ich mit diesem Mann hier überhaupt erreichen? Sachlich gesehen, weiß ich, dass ich nichts bereden oder klären werde mit ihm. Darum will ich nun ernsthaft nach Hause fahren. Doch zuerst muss ich mich wieder beruhigen und aufhören zu weinen.

Dann fällt mir ein, dass ich seine Sachen noch im Auto habe und so hole ich sie aus dem Kofferraum, um sie ihm zu bringen. Mit der Tüte in der Hand komme ich bei ihm an. Er liegt auf der Decke und überlegt wohl etwas oder vielleicht genießt er gerade einfach nur die Sonne. Ich gebe ihm seine Sachen und er schaut sofort nach, ob auch alles in der Tüte drin ist. Thore fragt nach dem Fotoalbum, was ich ihm bei seinem letzten Besuch gegeben hatte. Ich antworte: „Das brauchst du ja jetzt nicht mehr." Er scheint sehr enttäuscht darüber zu sein, dass er es nun nicht von mir bekommt. Wenn Thore kein weiteres Interesse an mir hat, braucht er die Fotos nun ja nicht mehr, denke ich. Doch vielleicht steckt mehr seine Angst dahinter, dass ich mit den Bildern irgendwas Dummes anstellen würde. Solche komischen Gedanken, dass ich Rachepläne schmieden könnte, hatte Thore tatsächlich öfter mal durchblicken lassen. Ich kann mittlerweile solche Reaktionen von Frauen sehr gut nachvollziehen. Thores verletzendes Verhalten könnte ganz sicher auch sehr negative Reaktionen beim anderen auslösen. Mich enttäuschen seine Gedanken, dass auch ich ihm etwas Böses tun würde sehr. Von Anfang an hatte ich Thore irgendwie zu sehr gemocht und ich wünsche mir nun tatsächlich, ihn wenigstens ein wenig hassen zu können. Doch es geht leider nicht.

Inzwischen habe ich mich wieder etwas beruhigt und versuche noch einmal ein vernünftiges Gespräch mit ihm zu beginnen. Zu meiner Bitte, dass wir jetzt mal ordentlich reden und uns vernünftig Aussprechen, zeigt Thore nun zumindest seine Bereitschaft, dieser zu entsprechen. Er lässt es sein, von seinen geplanten vergnüglichen Aktivitäten zu erzählen. Thore ist nun dazu bereit, von mir etwas über unsere Konflikte zu hören. Ich beginne mit der Frage, die ich ihm schon so oft gestellt hatte: „Warum bist oder warst du nun mit mir zusammen?" Er erzählt dann das, was er mir auch schon geschrieben hatte: „Weil wir uns gut verstehen und es schön mit dir ist." Nach weiteren Fragen erfahre ich wieder, dass er sich von mir verstanden fühlt. Wiederholt äußert er aber auch, dass wir unterschiedliche Beziehungsvorstellungen haben und ich was anderes brauche, als ihn. Er selbst will nicht mehr diese Streitereien, denn die ziehen ihn immer so runter, äußert er. Das sind leider die einzigen konkreten Aussagen zu uns, die ich an dem Tag von ihm zu hören bekomme.

Um die unterschiedlichen Beziehungsvorstellungen besser verstehen zu können, rede ich dann mit ihm über meine eigenen Bedürfnisse. Natürlich mit dem Hintergrund, über seine dann auch etwas mehr zu erfahren. Sie scheinen anders zu sein, als er sie mir zu Beginn unserer Beziehung vermittelt hatte. Thore erzählt mir, dass er zwei oder dreimal in eine Frau verliebt war. Die eine war eine Lehrerin, die dann wegzog. Der Grund, weshalb er nicht mit ihr ging war der, dass er lieber am Umbau des Elternhauses helfen wollte. Dann hatte er eine ältere Frau geliebt, die aber Krebs bekam und darum die Beziehung zu ihm nach zwei Monaten beendete. Da funktionierte es allerdings nicht mit dem Sex. Von einer Dritten sprach er nicht und ich denke kurz darüber nach, ob ich diese Frau sein könnte. Zumindest hatte er doch immer wieder großes Vertrauen zu mir. Wenn wir zusammen waren, verstanden wir uns meist gut. Mit dem Sex weiß ich nicht so genau, welche Maßstäbe ihm da wichtig sind. Nach seinen genannten Vorstellungen zu urteilen, könnte ich die dritte Frau sein, die er geliebt hat. Doch ich frage mich, ob er überhaupt wirklich dazu imstande ist zu lieben. Was er wohl damit meint, wenn er sagt, er hätte geliebt? Spielen da wirklich nur seine sachlichen Ansprüche eine Rolle oder fühlt er wirklich etwas?

Ich weiß wieder überhaupt nichts und dieses Treffen bringt mich mehr durcheinander, als dass es etwas für mich klärt. Ich frage ihn noch ein weiteres Mal, ob er sich wirklich nicht mehr vorstellen kann weiter zu machen mit unserer Beziehung. Er hat sich, wie ich es eingeschätzt hatte wirklich festgelegt, als er schrieb: „Wir sollten konsequent sein". Thore bestätigt es mir jetzt wieder, dass er nicht mehr will. Ich frage ihn, ob er alles aufgeben will, wegen dieser Streitereien, die eigentlich unnötig sind. Darauf bekomme ich natürlich keine Antwort. In Bezug auf unser letztes gemeinsames Zusammensein erkläre ich ihm dann, dass es mir nur darum ging viel Zeit mit ihm zusammen zu verbringen. Er reagiert darauf, als wenn ihm dieses Bedürfnis von mir erst jetzt klar wird.

Wir liegen inzwischen schon eine ganze Weile mit dem Bauch auf der Decke und ich fragte ihn, ob er seine Hand mal auf meinen Rücken legen kann. Ich weiß, dass mich das beruhigen wird. Thore beginnt zu meiner Verwunderung mir den Rücken zu streicheln und ich sage: „Du brauchst deine Hand nur hinlegen!" Er tut dies dann und ich bekomme die gewünschte Beruhigung. Da ich nichts zu verlieren habe, erzählte ich noch einmal über das Asperger Syndrom und wie ich darauf gekommen war. Thore wehrt sich nicht gegen diese Äußerungen, sondern hört interessiert zu. Er äußert dann, dass er das Buch vielleicht auch mal lesen sollte. Ansonsten bekomme ich keine Zustimmung zu meiner Vermutung, aber auch keinen Widerstand. Alles bleibt für mich weiterhin offen und ungeklärt.

Thore scheint jedoch keine Dinge für sich selbst klären zu wollen, denn er fragt mich nichts. Etwas anderes beschäftigt ihn scheinbar viel mehr. Er sagt dann zu mir: „Lene hat nach dir gefragt." Mich erstaunt das sehr und ich frage ihn, was er ihr denn von mir erzählt hatte. Er ließ sie wissen, dass ich die Sandkiste umgegraben und geharkt hatte. Ich nehme das noch einmal zum Anlass, um über sein Verhalten bezüglich des Kennenlernens seiner Familie zu reden. Vom Abblocken eines Zusammentreffens und dem ständigen Erzählen von der Familie, sowie den dadurch von ihm inszenierten Machtspielen, spreche ich. Ich bezweifle jedoch, dass Thore das versteht, was ich ihm gerade versuche klar zu machen. Er hört mir jedoch bereitwillig zu.

Er selbst spricht dann über unsere nun verlorene gemeinsame Zukunft, in Bezug auf den Umbau in meinem Schlafzimmer. Ob es

233

dort inzwischen weiter gegangen ist, fragt er mich. Etwas wehmütig äußert er, dass wir es ja gemeinsam fertig machen wollten. Auch an Neuigkeiten, die ich eventuell aus den letzten Wochen zu berichten haben könnte, ist Thore sehr interessiert. Ich frage ihn: „Warum interessiert dich das denn jetzt noch, wenn du Schluss machen willst?" Darauf gibt es von ihm wiederum keine Antwort. Scheinbar muss ich endlich mal akzeptieren, dass er einfach widersprüchlich und wechselhaft ist.

Nachdem Thores Hand nun mindestens eine halbe Stunde lang reglos auf meinem Rücken gelegen hatte, fragt er ob er sie wieder herunternehmen kann. Ich hätte mal „Nein" sagen sollen. Was er dann wohl gemacht hätte? Doch ich antworte: „Du musst das nicht machen. Es ist deine Entscheidung." Daraufhin lässt er seine Hand weiter auf meinem Rücken liegen.

In unserer sehr einseitigen und mit großen Pausen versehenen Unterhaltung wird mir immer mehr klar, dass Thore mit all seinen Widersprüchlichkeiten nie dazu bereit sein wird sich für unsere oder für irgendeine andere Beziehung zu engagieren. Vielleicht hat es nichts mit Desinteresse zu tun, aber er wird immer den für ihn einfachsten und vor allem ihm bekannten Weg wählen. Jeder Konflikt ist für ihn nur eine Störung und er kann nicht aus eigener Kraft einen konstruktiven Weg finden. Ob die Ursache dafür das Asperger Syndrom, eine andere Persönlichkeitsstörung oder einfach nur eine persönliche Schwäche ist, spielt für mich nun keine Rolle mehr. Wie viele Chancen er wohl immer wieder in seinem Leben verpasst hatte. Aber ich kann ihn leider nicht zu einem Besseren belehren, so gern ich es auch tun würde.

Da Thore inzwischen sehr müde wirkt und ich daran denke, dass er vielleicht gerade eine Reizüberflutung gehabt haben könnte, schlage ich vor auf der Decke im Schatten eines großen Baumes Mittagsschlaf zu machen. Ich gehe zuvor noch mal einen neuen Parkzettel holen und auch zur Toilette. Für mich erscheint ein Mittagsschlaf auch vorteilhaft zu sein, denn ich hatte mich durch seine Nähe innerlich tatsächlich wieder etwas beruhigt.

Als ich wieder zurückkomme, liegt Thore mit dem Rücken zu der Seite gewandt, auf der ich gelegen hatte. Seine Augen sind sicher schon geschlossen. Ich lege mich von ihm abgewandt auf die Decke, ohne dabei etwas zu sagen. Es dauert nur einen Augenblick und Thore drehte sich zu mir um und kuschelt sich bei mir ein. Als er dann, ganz selbstverständlich seine Hand noch fester um mich legt, frage ich ihn, was das jetzt werden soll. Doch Thore antwortet auch darauf nichts und ich genieße widerstandslos einfach noch mal seine Nähe. Ich wünschte, er hätte mich als wir zusammen waren mal öfter so umarmt.

Kurz vor fünfzehn Uhr werde ich wach. Ich hatte etwa eine Stunde geschlafen. Thore liegt immer noch dicht an mich gekuschelt. Ich löse mich aus seiner Umarmung und setze mich hin. Thore wird auch wach und wir stehen auf. Er packt seine Decke zusammen und gemeinsam gehen wir zurück in Richtung Parkplatz. Währenddessen fängt Thore wieder mit seinem Plan, mit mir ins Museum zu gehen an. Jetzt schlägt er sogar vor noch beim Bäcker etwas essen zu gehen. Natürlich lehne ich all das ab. Es ist jetzt klar, dass ich nichts mehr mit ihm klären kann. Auf weitere Widersprüchlichkeiten von ihm habe ich nun auch keine Lust mehr. Was ich loswerden wollte, hatte ich gesagt und nun frage ich ihn, ob für ihn nun auch alles geklärt sei. Ihm fällt nichts ein, was er noch zu sagen hätte und äußert nur etwas wehmütig: „Eine Freundschaft willst du ja nicht!" Das hatte ich schon mehrfach geäußert und diesen Standpunkt vertrete ich auch weiterhin. Daraufhin sehe ich keinen Anlass mehr den Nachmittag weiterhin mit ihm zu verbringen und sage: „Du willst mit mir heute wieder schön Freizeitgestaltung machen, damit dein Nachmittag schick ist und ich bin dir dabei doch völlig egal." Es gelingt mir dabei standhaft aufzutreten. Thore hat nun ein leichtes Grinsen im Gesicht. Dieses Grinsen, was ich von unseren neckischen Wortgefechten kenne, oder wenn er sich wie ein Kind über etwas freut. Ich weiß jetzt nicht, ob er mich nicht ernst nimmt und sich freut, dass er mir trotz seiner vielen Gemeinheiten immer noch so viel bedeutet, oder ob er die Situation gerade nicht richtig einschätzen kann. So viele Widersprüchlichkeiten in seinem heutigen Verhalten kann ich auch mit dem Asperger Syndrom nicht nachvollziehen und ich verabschiede mich von ihm. Ich gebe ihm zum letzten Mal einen Kuss auf den Mund, den er erstaunlicherweise, wie sonst so selten jetzt erwidert und schaue ihn sehr verwundert an. Dann drehe ich mich um, ohne zurückzublicken und gehe zu meinem Auto.

Als ich noch einmal an ihm vorbeifahre, steht er an seinem Fahrrad. Er schaut mir hinterher und hat immer noch dieses Grinsen im Gesicht. Ich versuche zu funktionieren und fahre einfach los. Genau weiß ich nicht, ob ich traurig, wütend oder froh sein sollte. Als ich merke, wie mich die Traurigkeit überkommt, fahre ich auf einen Parkplatz. Dort weine ich eine ganze Weile. Nachdem ich es schaffe mich wieder etwas zu beruhigen, fahre ich nach Hause.

In den nächsten Tagen versuche ich mich immer wieder mit dem, was im Buch über die Trennung von einem Aspie geschrieben steht, zu beschäftigen. Auch das Schreiben im Tagebuch hilft mir sehr, mich mit dem, was ich immer nicht verstand, auseinanderzusetzen und alles ein wenig zu ordnen. Den Fokus versuche ich dabei immer wieder auf mich zu richten, denn ich weiß nur zu genau, dass ein

Verdrängen meiner Gefühle wenig sinnvoll ist. So lasse ich die immer wiederkehrende Traurigkeit zu. Irgendwann sind die Schmerzen sicher ausgeweint, denke ich. In den nächsten Tagen schlafe ich dann schon wieder etwas besser.

Faktisch weiß ich, dass eine Beziehung zwischen Thore und mir nicht gelingen kann. Ich weiß auch, dass er mir überhaupt nicht guttut und diese Liebe irgendwie vergiftet erscheint. Doch die tiefe emotionale Verbindung zu ihm bleibt weiterhin in gleicher Intensität bestehen. Nach ständigem Hoffen darauf, dass sie abflaut oder sogar verschwindet, kommt mir nach etwa zwei Wochen die Idee in Kopf, dass ich mir diese Trennung in Raten gönnen sollte. Vielleicht kann ich ja einfach nur noch mit ihm schreiben. Er selbst wollte eine freundschaftliche Beziehung mit mir führen. Vielleicht hilft mir das, ihn langsam aus meinem Leben zu verbannen. Mit großer Zuversicht und Hoffnung schreibe ich Thore eine WhatsApp Nachricht. Einen Vorwand dafür habe ich schnell gefunden.

Ich 29.05./ 18:30:

Ein Werbeplakat, welches das kommende Dorffest in meinem Heimatort ankündigt.

„Ich bin jetzt Mitglied im Verein."

Er 20:28:

„Schöne Sache."

Ich 20:28:

„Ihr könnt auch kommen."

Er 22:39:

„Nur, wenn du mit reitest ☺."

Ich 22:39:

„Das ist ohne Pferd ☺."

Das Wochenende vergeht, ohne dass Thore etwas schreibt und auf dem Dorffest ist er auch nicht zu sehen. Erst danach bekomme ich wieder eine Nachricht von ihm.

Er 04.06./ 10:36:

> „Ich hoffe, du hast schön mitgemacht. Wir waren auf zwei Kinderfesten."

Ich 13:18:

> „Ich hatte Spaß. Du bist mir übrigens keine Rechenschaft schuldig."

Er 18:15:

> „Nur noch freiwillig."

Ich 19:20:

> „Als wenn ich dich je zu etwas gezwungen hätte."

Mit dieser letzten Nachricht will ich es nun belassen, denn ich habe keine Lust auf solche Art weiter mit ihm zu schreiben. Mein Plan, mich in Raten von ihm zu lösen, geht nun leider nicht auf.

Mir gelingt es in den nächsten Wochen keine weiteren Mitteilungen an Thore zu schreiben. Es geht mit kaum besser und die Trennung schmerzt immer noch sehr, doch ich bleibe eisern. Ein paar Tage Urlaub bei meinen Kindern helfen mir, noch ein Stückchen mehr in mein altes Leben zurückzukehren. Ich merke, dass mir der Abstand zu Thore dabei hilft.

Kapitel 5: Der letzte Traum

Drei Wochen lang hatte ich nun keine einzige Nachricht mehr an Thore geschrieben und auch nichts mehr von ihm gehört. Immer wieder schaue ich jedoch bei WhatsApp, wie sein Onlinestatus ist und eines Morgens sehe ich, dass er wohl gerade sein Handy in der Hand haben muss. Ich bekomme einen Schreck, weil ich ihn so früh nicht online vermutet hatte. Vielleicht schreibt er gerade mit jemandem. Womöglich schaut er auch, genau wie ich, nach meinem Verhalten bei WhatsApp. Wenige Minuten später erscheint eine Nachricht von ihm auf meinem Handy. Mein Herz rast. Ich muss gleich zur Arbeit fahren und lese die Nachricht noch schnell, ohne darauf zu antworten.

Er 27.06./ 7:53:

> „Wie war Urlaub bei den Kindern? Wie geht's sonst? Geht Projekt Schlafzimmer voran? Bei mir hat es mit Job wieder nicht geklappt, schade. Liebe Grüße Thore."

Er wusste von meinen Urlaubsplänen und wollte sicher nun erfahren, was er inzwischen verpasst hatte. Als wir noch zusammen waren, erzählte Thore mir von einem Jobangebot, was ihm große Hoffnung für einen Einstieg ins Berufsleben machte. Es handelte sich dabei um eine Bürotätigkeit mit sehr günstigen Einarbeitungsmöglichkeiten. Ich stelle mir vor, dass seine Enttäuschung, dass es wieder nicht geklappt hatte, nun sehr groß ist.

Seine Nachricht löst wieder sehr viel Unruhe in mir aus und ich weiß nicht, ob ich es lieber lassen sollte, ihm zu antworten. Nachmittags entscheide ich mich dann doch ihm eine kurze Antwort zu schreiben.

Ich 27.06./ 15:58:

> „Es tut mir leid, dass es mit dem Job nicht geklappt hat.

Bei mir ist alles beim Alten und bei den Kindern war es
sehr schön. Wie geht es dir sonst so?"

Er 28.06./ 12:45:

„Schlecht. Mutter muss wieder operiert werden, Schaft lose.
Das hat schwere Depressionen ausgelöst. Ich habe hier
Psychoterror zu Hause seit vier Wochen. Steht völlig neben
sich. Heute war Klinikaufnahme, hat wieder erwartend
bestanden, da Erkältung. Montag geht's los, bringe sie Sonntag
hin. Hoffentlich geht nun der Rest glatt und dann ist sie unter
Betreuung. Nun hat sie auf einmal Erinnerungsausfälle, LG."

Als ich das in meiner Mittagspause lese, bin ich sehr überrascht eine
doch so ausführliche Antwort von ihm zu bekommen. Einerseits
scheint er sich gemeldet zu haben, weil es ihm selbst schlecht geht,
aber andererseits macht mich sein Geschriebenes sehr traurig und
weckt mein Interesse, etwas mehr von ihm zu erfahren. Nach
reichlichem Überlegen, wie ich mich weiter verhalte, antworte ich ihm.

Ich 29.06./ 18:55:

„Das tut sehr mir leid. Ich hätte lieber was Schönes von dir
gelesen und wünsche dir, dass alles bald wieder besser wird.
Das mit den Erinnerungsausfällen würde ich ernst nehmen. Wie
äußert sich das denn? Hat man es gleich festgestellt, dass die
OP nötig ist? Depressionen, weil sie nicht mehr so kann oder
nervt sie nur? Letzteres wäre deine Sichtweise."

Er 30.06./ 10:05:

„Erst Wirrwarr geredet. Nach dem Trinken wurde es besser. Sie
hat halt Erinnerungslücken. Sind nach Hause aus dem
Krankenhaus. Denke wegen der Anspannung dort.
Depressionen sind ernst, sieht alles negativ, hat Hirngespinste,
habe Stunden mit ihr diskutiert. Schlimm seine sonst so taffe

Mama so zu sehen. OP wurde notwendig. Nach vier Monaten Reha festgestellt. Hatte immer noch Hoffnung, dass Hüfte einwächst."

Ich 01.07./ 17:36:

„Und wie geht es dir? Schon eine neue Frau gefunden? Deiner Mutti wünsche ich alles Gute für die OP."

Er 19:27:

„Mir, nicht so gut. Keine Frau. Mit Mutti hat mich sehr heruntergezogen. Hoffentlich wird alles gut."

Ich 02.07./ 18:41:

„OP schon gewesen?"

Er 20:33:

„Sie hat morgens abgesagt. Supergau. Nachmittags Psycho Termin. Morgen wieder melden."

Ich 20:33:

„Ach man, das ist ja problematisch. Ich drücke die Daumen, dass alles gut wird. Es tut mir wirklich sehr leid für euch beide."

Er 03.07./ 20:21:

„Jetzt ist sie in der Psychiatrie."

Ich 20:24:

„Vielleicht kann ihr dort gut geholfen werden. Was meint deine Schwester dazu?"

Er 20:27:

„Nun bereut sie es natürlich. Besuche sie morgen mit Lene. Schwester findet gut, dass sie entsprechend betreut wird."

Ich 20:31:

„Lass dich mal von mir drücken, wenn das hilft."

Ich habe das Gefühl, dass es ihm wirklich nicht so gut geht. Oft hatte er erzählt, wie er sich um seine Mutter und deren Genesung sorgt.

Auch wenn wir nun nicht mehr zusammen sind, hege ich immer noch positive Absichten und Gedanken in Bezug auf ihn. So bleibt es wieder nicht aus, dass ich mit ihm fühle. Meinen bisher erreichten emotionalen Abstand zu ihm beizubehalten, ist weiterhin meine Absicht. Zum Glück ist es auch schnell wieder vorbei mit seinem Schreiben. Sicherlich hatte er nur niemanden, dem er seine Probleme erzählen konnte. Vielleicht wollte er auch nur testen, wie ich nun inzwischen zu ihm stehe. Nun weiß er ja, dass ich ihn drücken würde und er hat seine Bestätigung bekommen. Ich weiß jetzt jedoch auch, dass ich ihm einfach schreiben kann, wenn ich das starke Bedürfnis danach habe und genau das wollte ich ja, um die Trennung in Raten zu bekommen. Drei Tage später lese ich dann allerdings etwas für mich Unfassbares.

Er 06.07./ 11:00:

„Ich werde wohl morgen mit Lene grillen beim Ferienhaus. Wenn du Lust hast, kannst du ja den Salat machen."

Ich 12:56:

„Ich bin ja ein wenig überrascht, aber nehme die Einladung gerne an. Was isst Lene denn alles? Lieber nur Gurke? Wann soll ich denn da sein?"

Er 13:02:

„Lene isst nur Gurke und Paprika extra. Wir können ja gemischten Salat machen, weißt ja noch. Ich kaufe dann Wurst und Fleisch ein, Baguette und Antipasti. Wenn du noch was extra möchtest, musst mitbringen. Kannst auch nachmittags kommen. Werden wohl am Strand sein. Heute muss ich noch abends Marmelade machen, morgen packen und dann raus."

Ich 13:16:

„Salat für uns und Gemüse für Lene bringe ich mit. Ich habe

auch noch ein Kräuterbaguette zu liegen. Das kann ich mitbringen. Das andere mach du mal, wenn denn nichts überlagert ist. Ich bin mit einer Freundin am Strand und komme danach zu euch. Uhrzeit weiß ich nicht. Sag du!"

Er 13:26:

„Weiß noch nicht, wann wir es schaffen. Mittagsschlaf wird wohl nichts. Zwischen drei und vier oder so. Ist FKK."

Ich 17:28:

„Ich bin mit der Freundin ab Mittag am Strand. Zu euch komme ich gegen 16.00 Uhr. Salat kommt derweil in die Kühlbox."

Ich 20:24:

„Ist das okay? Marmelade was geworden?"

Er 23:53:

„Ja okay. Bin noch bei."

Ich stelle mir vor, wie Thore in der Küche wirbelt und Marmelade kocht. Wie oft hatte er das schon gemacht? Mir erzählte er mehrfach, dass seine Mutter viel Obst zu Mus und Marmelade verarbeitet. In all diese Gedanken und Vorstellungen verliere ich mich dann recht schnell. Mein Interesse Lene kennenzulernen, wurde von Thore immer wieder geweckt und dann kam es jedoch nie dazu, dass wir uns begegneten. Warum sollte ich sein jetziges Angebot also abschlagen?

Am nächsten Tag treffe ich mich am frühen Nachmittag mit Clara. Wir verlegen unsere Verabredung wegen des sehr starken Windes auf eine Eisdiele. Ein wenig schlendern wir dann noch durch die Läden und dabei kommen wir auch an ein Blumengeschäft vorbei. Ich entscheide mich, zwei Töpfe Bartnelken als kleines Geschenk für Thore zu kaufen.

Auf dem Weg zum Ferienhaus geht es langsam voran, weil sehr viele Leute unterwegs sind zum Ostseestrand. Ich denke unweigerlich daran, dass Thore es nicht gern hat, wenn man unpünktlich ist oder vom Verabredeten abweicht. Auch darüber, was ich mir von diesem Treffen erhoffe und was ich daraus machen will, denke ich ohne Ergebnis kurz nach. Meine Neugier, Lene endlich kennenzulernen ist so groß, dass ich jegliche Zweifel an der Richtigkeit dieses Unternehmens ausblende. Warum ich jetzt plötzlich auf sie treffen darf, verstehe ich jedoch nicht. Sicher hat Thore seine Gründe dafür. In ein paar Minuten werde ich bei ihm ankommen. Pünktlich werde ich nun nicht sein. Mein Herz beginnt heftig zu schlagen und ich versuche mich zu beruhigen. Thore würde das heftige Pulsieren in meiner Brust sicher bei einer Umarmung bemerken. Ich atme noch mal tief durch, parke mein Auto hinter Thores Mercedes am Straßenrand und steige aus. Das Tor vom Grundstück ist weit geöffnet und ich überlege kurz, ob es vielleicht für mich zum Hinauffahren und Parken offen steht. Eine Antwort auf diesen Gedanken werde ich sicher bekommen, wenn Thore mich begrüßt. Doch ich kann niemanden erblicken. Keine Lene und auch kein Thore sind zu sehen oder zu hören.

Auf dem Grundstück hängen an einem großen Baum eine Baumschaukel und eine Nestschaukel. Das im Frühjahr von mir gesäuberte Blumenbeet sieht zugewachsen aus und der Rasen hatte wohl schon sehr lange keinen Schnitt mehr bekommen. Am Wegrand blüht es ein wenig und ich gehe zögernd, immer wieder Ausschau nach einem Menschen haltend weiter. Alles sieht hier sehr vernachlässigt aus und mir wird klar, wie schlecht es Thore in der letzten Zeit gegangen sein muss. Die Eingangstür vom Ferienhaus steht weit offen und auch die Tür zum Schlafraum ist nur angelehnt.

Ich gehe zögernd weiter hinein und sehe Thore auf dem Sofa in der Veranda liegen. Er schläft und macht dabei einen sehr entspannten Eindruck. Seine Haare sind sehr lang und scheinen dasselbe Leid zu tragen, wie auch der Rasen draußen. Lene schläft sicher im Schlafraum, denke ich. Ich stelle die beiden Töpfe mit den Bartnelken sichtbar auf die Küchenzeile. Nun überlege ich: Fahre ich wieder nach Hause, gehe ich baden oder wecke ich Thore einfach. Enttäuscht über seine Gleichgültigkeit mir gegenüber, gehe ich wieder hinaus. Sicher ist die beste Lösung für mich, einfach wieder zu fahren. Wenn er die Blumen stehen sieht, weiß er ja, dass ich da war.

Ich entscheide mich jedoch die Kühltasche mit den Salatzutaten aus dem Auto zu holen und platziere sie in der Küche neben den Blumentöpfen. Lene und Thore schlafen immer noch und so stelle ich mich in den Türrahmen der Diele und klopfe auf das Holz. Sofort wird Thore wach. Er nimmt mich wahr und bleibt aber ohne Regung liegen, als wenn er sich noch erst sammeln müsse. Hatte er sich gewünscht, dass ich ihn wach küsse? Mir fallen sofort seine geschriebenen Worte zu meinem erstmaligen Wachküssen an unserem ersten gemeinsamen Morgen ein. Damals meinte er: „Das ist entwicklungsfähig." Nach einer kurzen Begrüßung, immer noch im Türrahmen stehend, sage ich: „Komm mal erst richtig zu dir! Ich gehe inzwischen noch etwas nach draußen."

Ich sehe mir nun die verkrauteten Blumenbeete genauer an und gehe zur Aussichtsplattform hinter dem Haus. Beim Blick über den Deich sehe ich die Ostsee mit den wunderschönen riesigen Wellen. Der Wind weht stark und es wird gerade wieder wärmer an diesem Nachmittag. Ich würde so gern schwimmen gehen, bei dieser schönen Aussicht. Nach ein paar Minuten gehe ich dann wieder zurück an die Vorderseite des Hauses, um dort vielleicht endlich Thore wach vorzufinden. Doch ich sehe nur Lene, die auf dem Gehweg steht. Sie sieht noch etwas benommen aus und scheint Thore zu suchen. Ich spreche sie an und stelle mich ihr kurz vor. Sie reagiert nicht und sagt kein Wort. Weiterhin schaut sie sich um, ob sie ihren Papa irgendwo entdecken kann. Nach ein paar Minuten kommt Thore dann auch aus dem Haus und nimmt Lene, ohne ein Wort zu sagen, auf den Arm. Sie drücken sich beide eine gefühlte Ewigkeit. „Das ist Frida", sagt er dann zu Lene in einer fröhlichen und kindgerechten Stimmenlage. Ein wenig befremdlich finde ich diese Situation und ich höre nun das erste Mal meinen eigenen Namen von Thore gesprochen.

Lene hatte Thore draußen gesucht, weil er dort sonst immer auf einer Liege Mittagsschlaf macht, erzählt Thore nun. Dabei redet er mehr mit Lene, als mit mir. Vielleicht hätte ich sie schlafen lassen sollen und wäre doch besser wieder nach Hause gefahren, denke ich kurz. Als ich von den beiden dann irgendwann ein wenig Aufmerksamkeit bekomme, erzähle ich ihnen, dass ich zwei Pflanzen für das Blumenbeet mitgebracht habe. Doch irgendwie nehmen sie mich scheinbar noch immer nicht wahr. Es gibt keine Reaktion auf meine Worte. Ich versuche eine lockere Kommunikation mit ihnen zu finden, aber sie sind dazu scheinbar noch nicht in der Lage.

Ein paar Minuten später fragt Thore mich dann, was wir heute Nachmittag machen wollen. Er selbst hat jedoch keine Pläne. Lene wird nun von Thore erst mal auf die Schaukel gesetzt und ordentlich angeschubst. Vielleicht ist das ihre Art wieder richtig wach zu werden, denke ich und tatsächlich bereitet es ihr zunehmend Freude. Sie lacht und wird nun richtig munter. Ich nutze die Zeit, um meinen Eindruck zum Rasen und zu Thores Haaren kund zu geben. Die letzten Wochen waren wirklich sehr schlecht für ihn, beginnt er zu erzählen. All die Dinge hatte er nicht geschafft, sagt er. Der Grund dafür ist scheinbar die schwierige Situation mit seiner Mutter. Doch über Konkretes zu diesen Umständen mag er gerade nicht reden. Nachdem Lene genug geschaukelt hat, geht es im Schlafanzug weiter ins Nebengebäude des Ferienhauses. Sie holt dort einen Puppenwagen heraus. Ich helfe ihr dabei und erzähle mit ihr über die Puppe, dem dazugehörigen Wagen und der Puppenküche unter dem Carport. Mila heißt ihre Puppe, erzählt sie mir. Lene ist nun scheinbar richtig wach geworden. Sie ist nun sehr aufgeschlossen mir gegenüber und will mich sofort in ihr Spiel mit einbeziehen. Wir gehen dann nach einer kurzen Weile zusammen wieder ins Haus, um die mitgebrachten Blumen zu begutachten und die Salatzutaten in den Kühlschrank zu stellen. Lene bekommt nun ein schickes Kleid angezogen und ihrem blonden, schulterlangen Haaren, versucht Thore einen Zopf zu verpassen. Er wirkt dabei unbeholfen, doch bekommt es dann recht gut hin.

Da Thore immer noch keinen Plan für den Nachmittag hat, schlage ich vor, zum Strand hinunterzugehen. Er reagiert etwas unentschlossen, denn der Wind könnte zu stark und das Wasser zu kalt sein. Mein Zureden und auch Lenes Zustimmung zu diesem Vorhaben überzeugen ihn dann jedoch sehr schnell. Die Stimmung zwischen uns dreien ist in dieser kurzen Zeit fröhlich und locker geworden.

Als wir auf dem Weg zum Wasser die Düne überqueren, fegt uns vom starken Wind kräftig der Sand ins Gesicht. Ich schlage Thore vor, dass er Lene auf den Arm nimmt, um sie vor dem Sandsturm zu schützen. Er tut dies sofort aber schaut etwas verwirrt, als ich ihm den Vorschlag mitteile. Am Strand bauen wir dann einen Windschutz

auf. Lene breitet darin ihr vieles Spielzeug aus und Thore legt zwei
Decken dazu. Ich selbst entscheide mich dann bald baden zu gehen
und animiere Thore dazu mit mir mitzukommen. Ein paar Minuten
später kommt er tatsächlich auch ins Wasser. Lene bleibt in der
Zwischenzeit allein mit ihren vielen Sandspielsachen.

Ich nutze unsere Zweisamkeit dazu, um Thore zu fragen, warum ich
so plötzlich seine Tochter kennenlernen darf. Er antwortet: „Jetzt sind
wir ja nicht mehr zusammen. Das ist ja was anderes." Mich
interessiert auch, was dieses Treffen jetzt für uns beide darstellen
könnte. Thore äußert, dass alles erst mal ganz unverbindlich sei und
er dann schauen möchte. Ich verstehe sofort, was er meint. Er
möchte keinen Druck und ich hoffe, dass seine Vorstellung davon
tatsächlich auch meiner ähnelt. Ich würde mir wünschen, dass wir
noch mal von vorn anfangen und dann alles ganz langsam angehen.
So in etwa hatte ich es bei unserem Abschiedsgespräch auch
geäußert.

Nach einem recht kurzen Aufenthalt in der Ostsee gehe ich zurück zu
Lene und setze mich zu ihr auf die Decke. Sie versucht nun wieder
neugierig auszuprobieren, was ich alles mit ihr spielen kann. Auch
viele Fragen über irgendwelche Dinge, die ihr scheinbar gerade
einfallen, stellt sie mir. Wir unterhalten uns mit viel Spaß und lernen
uns gegenseitig kennen. Trotz unseres seltsamen Starts an diesem
Tag, freunden wir uns schneller an, als ich es erwartet hatte. Ich
frage mich immer wieder, warum Thore das so kompliziert gemacht
hatte mit dem Kennenlernen seiner Tochter.

Thore macht sofort, nachdem wir zurück im Ferienhaus sind, den Grill
an und zeigt mir dann wo ich in der Küche alles finde, um den Tisch
decken zu können und um auch den Salat zuzubereiten. Auf der
Wiese habe ich ein paar Rotfußröhrlinge gefunden und die brate ich

nun mit einer Zwiebel zusammen in der Pfanne. Lene hält sich die ganze Zeit über bei mir in der Küche auf und fragt mich ständig, ob ich mit ihr spiele. Ich vertröste sie auf die Zeit, wenn ich den Salat und alle Vorbereitungen fertig habe. Sie spielt dann dicht neben mir mit einem Boot, was sie zum Geburtstag bekommen hatte. Zwischendurch kommt sie immer wieder an die Arbeitsplatte, um sich ein Stück Gurke oder Paprika von mir zu holen.

Draußen ist es zu kühl und zu windig zum Essen. Darum decke ich den Tisch in der Veranda ein. Nach den Vorbereitungen in der Küche gehen Lene und ich zu Thore an den Grill. Lene mit dem Puppenwagen in der Hand und ich mit dem Bobby-Car an der Leine. Nun möchte sie mit mir zusammen die Puppe füttern. Dazu holt sie verschiedene Geschirrteile und Sand aus der Sandkiste. Dann geht sie zu Thore und er spielt mit ihr Zoo. Ich bin froh, davon verschont zu bleiben. Die beiden sind nun die verschiedensten Tiere und spielen diese abwechselnd nach.

Das Fleisch brutzelt schon eine Weile auf dem Grill. Während die beiden spielen, schaue ich auch immer wieder nach dem Fleisch und den Bratwürsten. Thore hat das Grillgut jedoch sehr gut unter Beobachtung und lässt es nicht dazu kommen, dass ich ihn in dieser Hinsicht unterstütze. Wenige Minuten später steht alles fertig auf den Esstisch. Thore schaltet noch den Fernseher ein, bevor er sich setzt. Wir unterhalten uns dann am Tisch, während im Fernseher ein Fußballspiel läuft. Alles schmeckt wieder mal phantastisch. Ich stecke schnell wieder in dem Gefühl, als kennen wir drei uns schon eine Ewigkeit. Unsere Unterhaltungen und alles, was wir gemeinsam machen, fühlen sind wieder sehr harmonisch an. Nach dem Essen räumen wir schnell alles in die Küche und spielen noch ein paar wenige Runden schwarzer Peter.

Seit einer ganzen Weile ist nun schon zu sehen, dass Lene sehr müde ist. So beginne ich gegen 22.00 Uhr endlich aufzubrechen. Mir fällt es sehr schwer, zu gehen und darum versuche ich es kurz und schmerzlos für mich zu gestalten. Lene hatte am Tag schon einmal versucht mich zu drücken. Doch ich wich ihr aus. Nun beim Abschied möchte sie es wieder gern tun und ich nehme sie auf meinen Arm. Wir drücken uns beide. Dabei versuche ich für mich ein wenig Distanz zu bewahren, denn ich wollte nicht unbedingt bei unserer ersten Begegnung schon einen Kuss von ihr aufgedrückt bekommen. Nicht nur von Lene werde ich herzlich verabschiedet, sondern auch von Thore bekomme ich eine innige Umarmung. Dann bedanke ich mich bei ihm für den sehr schönen Tag und äußere, dass es mir sehr viel Spaß gemacht hatte mit ihnen gemeinsam Zeit zu verbringen. Auch er sagt ein paar liebe Worte zu mir und schlägt vor, dass wir so ein Treffen wiederholen könnten. An diesem Tag höre ich von ihm mehr Emotionales, als je zuvor und denke, dass es einfach mit seiner Tochter im Zusammenhang steht. Ich weiß, dass er sie über alles liebt und er immer sehr glücklich ist, wenn er mit ihr zusammen ist. Beide winken mir noch nach, als ich mit meinem Auto das Grundstück verlasse.

Auf der Fahrt nach Hause begleiten mich die unterschiedlichsten Gedanken und Gefühle. Einerseits freue ich mich über die wieder wunderbare Zeit mit Thore und über das Kennenlernen von Lene. Andererseits jedoch habe ich Bedenken, ob ich mich nicht auch auf sie zu emotional einlassen würde, wenn wir uns weiterhin treffen. Thore hatte bei seinen Erzählungen von Lene nicht übertrieben. Sie ist wirklich clever und hat aus meiner Sicht in vielen Bereichen den Entwicklungsstand eines Vorschulkindes. Doch ihre schnelle Anhänglichkeit lässt mich etwas skeptisch sein. Wieder weiß ich nicht so recht, warum ich mich intuitiv versucht habe von ihr abzugrenzen. Sicher ist es meine Angst mich auch unsterblich in sie zu verlieben. Thore hatte mir erzählt, dass er in der kommenden Woche mit seiner Schwester, ihren Kinder und Lene im Ferienhaus Urlaub machen würde. Ich entscheide mich deshalb ihm eine SMS bezüglich des Schwimmbrettes zu schreiben. Weil ihres vor kurzem gebrochen war, bot ich ihm Saras altes an. Nur war ich mir bei unserem Treffen nicht sicher, ob es tatsächlich noch bei mir zu Hause in der Truhe liegt.

Ich 12.07./ 17:47:

> „Hallo, ich habe tatsächlich noch ein Schwimmbrett zu liegen. Das könnt ihr gerne haben. Hat mir Samstag gut gefallen mit euch! Du hast mit deinen Ausführungen über Lene nicht übertrieben. Sie ist so eine Süße und clever auch, LG."

Er 21:55:

> „Stine hat neues gekauft. Haben immer volles Programm. Heute Strand, Tonnenabschlagen Finale, essen gehen Gestern Regatta, Grillen, Lagerfeuer, Sonnenuntergang und Strand."

Ich 17.07./ 12:17:

> „Bei mir ist ab morgen Urlaub angesagt, am Donnerstag Familienfeier, morgen Torten machen und Vorbereitungen. Wollen wir am Wochenende was zusammen essen oder wieder grillen?"

Er 23:49:

> „Können wir machen. Bin allein draußen. Hier ist Hafenfest, Freitag mit Feuerwerk, Samstag ist auch Party."

Während ich am nächsten Tag mit den Vorbereitungen für eine Geburtstagsfeier beschäftigt bin, denke ich immer wieder an das

Treffen mit Thore und Lene. Es hat mir so sehr gefallen, dass ich mich schon sehr auf ein Wiedersehen mit ihnen freue.

Das Schreiben per SMS ist für mich mit zusätzlichen Kosten verbunden, weshalb ich lieber WhatsApp benutze. Thore ist es jedoch nicht möglich außerhalb der Wohnung seiner Mutter WhatsApp zu nutzen. Während der Pudding für die Torte abkühlt, rufe ich ihn darum gegen Mittag an. Es scheint wieder so, als ob er gerade sehr beschäftigt ist. Ich fühle mich, als wenn ich gerade störe. Mein Anliegen, ob er sich wirklich noch mit mir treffen möchte, findet jedoch wieder Bestätigung. Ich erzähle ihm kurz von meinen Urlaubsplänen und er von seinen Wochenendplänen. Wir vereinbaren dann letzten Endes, uns am kommenden Samstag zu treffen. Etwas Konkretes planen wir jedoch nicht. Am späten Abend sehe ich ihn bei WhatsApp online und bin verwundert, dass er am Telefon nicht gesagt hatte, dass er nach Hause fahren wird.

Ich 18.07./ 23:13:

> „Du bist ja wieder zu Hause. Da hätte ich dich ja heute nicht mit dem Telefonat nerven brauchen."

Er 19.07./ 11:21:

> „Marmelade kam übrigens sehr gut an. War noch in Warnemünde, abschalten. Heute Waschtag, über 5 Maschinen und Garten. Morgen werde ich Mutti wieder zum Café besuchen und weiter rausfahren. Dann können wir Samstag grillen und danach noch zum Hafenfest. Wetter soll ja noch traumhaft bleiben. Will sich wohl fürs letzte Jahr revanchieren."

Ich 11:24:

> „Können wir machen. Wann, wo und wie? Kannst du dir ja überlegen! Ich habe gerade keine Zeit zum Planen. Können auch Morgen noch absprechen am Telefon, wenn du magst."

Ich 11:24:

„Samstag will ich mich dann ausruhen bei dir ☺."

Er 11:37:

„Kannst ja nachmittags schon kommen. 13 oder 14 Uhr zum Strandvergnügen. Ich kann wieder Fleisch besorgen und du vielleicht Salat, wenn du magst."

Ich 12:12:

„Ich weiß noch nicht, wie lange Sara und Ron dann Samstag brauchen, um von hier loszukommen. Kann gegen Mittag sein oder später. Salat bringe ich mit. Kaufe nicht so viel Fleisch! Ich nehme zwei Stücke und keine Bratwurst. Kann ich deine Marmelade zum Frühstück probieren?"

Er 12:22:

„Ja kannst du. Mache ja immer etwas mehr, kommen ja noch mehr Tage."

Ich 12:29:

„Ich meine bei dir zum Frühstück."

Er 12:42:

„Ich doch auch."

Ich 12:44:

„Ich melde mich Samstag, bevor ich hier losfahre. Jetzt muss ich mich sputen. Einen schönen Tag wünsche ich dir ☺."

An dem Samstag, an dem wir uns verabredet haben, rufe ich ihn dann um halb eins gegen Mittag an, nachdem sich Sara und Ron verabschiedet hatten. Thore war gerade damit beschäftigt die Hecke auf dem Sommergrundstück zu schneiden. Dieses Mal bekomme ich jedoch keineswegs den Eindruck, dass ich ihn störe und er sagt sogar, dass er denn jetzt auch aufhört mit dem Arbeiten, um noch für uns etwas zum Grillen einzukaufen. Das stimmt mich sehr froh und hoffnungsvoll. Wir besprechen, was jeder zum Gelingen des wohl wieder perfekt werdenden Grillabends beiträgt. Ich kündige mein Eintreffen bei ihm gegen vierzehn Uhr an.

Wieder ist das Tor von der Auffahrt für mich geöffnet als ich an komme. Es ist nun zwanzig Minuten später als verabredet. Heute fahre ich zum Parken sofort auf das Grundstück. Thore empfängt mich an der Einfahrt. Mit einer sehr herzlichen Umarmung begrüßt er mich dann. Um seine Nähe noch etwas länger genießen zu können, behalte ich diese Umklammerung etwas länger bei. Seine Haare sind inzwischen ordentlich geschnitten und der Rasen sieht auch wieder kurz aus. In seinem Gesicht sehe ich ein Lächeln und ich empfinde es als Freude über meinen Besuch. Nach einer kurzen Entschuldigung über mein etwas späteres Erscheinen, bringe ich meine Sachen ins Haus. Die mitgebrachten Lebensmittel stelle ich in den Kühlschrank. Ich hatte nicht nur einen Gurkensalat zubereitet, sondern auch Tomaten, Kräuter und diverse andere Kleinigkeiten für unseren Grillabend mitgebracht.

Wir machen uns dann auf den Weg zum Strand. Dort verbringen wir etwas Zeit mit Schwimmen, Sonnen und schönen Gesprächen. Thore erzählt über alles, was er im Urlaub mit der Familie hier im Ferienhaus erlebt hatte. Das ist sehr viel und ich höre interessiert zu. Ich selbst erzähle von den Bauarbeiten in meinem Schlafzimmer und der Familienfeier. Auch das Thema Partnerschaft ist an diesem Tag präsent. Thore erzählt von seiner Ex-Freundin aus Schwerin. Sie hatte angerufen, um mit seiner Mutter zu sprechen. Für sie war es eine Überraschung, dass er nun ans Telefon ging. Sie haben zwei Stunden gesprochen, erzählt mir Thore. Ich merke diesmal nur ein wenig von den Eifersuchtsgefühlen, die mir solche Situationen sonst beschert hatten. Konkretes von dieser Unterhaltung erfahre ich jedoch nicht. Ich frage ihn aber auch nicht danach.

Als wir nach unserem Strandbesuch wieder zurück im Ferienhaus sind, bereite ich die Salate vor und decke den Tisch. Thore grillt die vielen Fleischstücke. Obwohl ich eindeutig schrieb, dass ich nur zwei Stücke möchte, liegen nun acht Stücken Fleisch und auch Bratwurst auf dem Grill. Ich frage ihn, ob er das alles essen will. Er wird die Reste dann später essen, sagt er daraufhin. Wir unterhalten uns auch nun in einer gewohnten und angenehmen Art und Weise. Ich merke keinen Unterschied zwischen den Gesprächen von heute zu denen, als wir offiziell zusammen waren.

Am Abend fahren wir zu einem Fest mit Livemusik. Thore fährt mit meinem Auto dort hin. Als wir ankommen, erfreuen sich fröhlich tanzend sehr viele Leute vor der Bühne. Die Stimmung ist gut und die Musik auch. Wir bleiben etwas weiter weg von der Bühne, am Rand der vielen Menschen stehen. Thore beginnt sofort, wie aufgezogen zu tanzen und zu singen. Er animiert mich nun dazu, ich solle doch auch mitmachen. Schnell fragt er dann auch wieder provokant, ob ich diesen oder jenen Song nicht kenne. Ich bekomme wieder das Gefühl, dass er mich heruntermachen will. Doch gerade jetzt sehe ich sein Verhalten nicht so verbissen. Ganz im Gegenteil, ich beginne schnell wieder an seinen Lippen, seinen Augen und all seinen Gesichtszügen zu kleben. Ich suche ab und zu ein wenig seine Nähe, in dem ich ihn beim Tanzen antatsche oder mich hin und wieder bei ihm anlehne. Es fällt mir schwer, mich zurückzuhalten und ihm nicht noch näherzukommen.

Gegen Mitternacht fahren wir dann wieder zurück zum Ferienhaus. Thore macht mir das Sofa in der Veranda zum Schlafen fertig. Dabei fragt er mich, ob ich nicht doch zu ihm ins Bett kommen möchte. Ich

lehne es nochmals ab und sage: „Das hatten wir doch schon geklärt."
Jedoch weiß ich nicht so richtig, ob ich das will oder nicht. Bei ihm zu
schlafen bedeutet bei Thore ja nicht gleich auch mit ihm zu schlafen,
aber auf so viel Nähe bin ich nicht eingestellt. Mir selbst würde der
nötige Abstand dann wieder fehlen.

Im Ferienhaus ist es sehr warm und es gibt viele seltsame und
unbekannte Geräusche, weshalb ich nicht so schnell einschlafen
kann. Ich höre dann noch ein wenig Thores Schnarchen zu, bis ich
selbst einschlafe und gegen halb sieben wieder wach werde. Ein
leises, gleichbleibendes und leicht knarrendes Geräusch hat sich nun
in meinen Ohren festgesetzt und lässt mich nicht los. So beschließe
ich, mich doch zu Thore ins Bett zu legen. Er wollte ja meine Nähe
und ich hoffe, bei ihm wieder schlafen zu können. Obwohl ich mich
sehr ruhig verhalte, wird er wach und wir beginnen ein intensives
Liebesspiel. Zu meiner Verwunderung gehen die Aktivitäten nun von
ihm aus. Sonst war es fast immer andersrum. Thore lässt dabei nichts
aus von seinem Repertoire und verwöhnt mich.

Ineinander verschlungen werden wir erst gegen zehn Uhr an diesem
Morgen wieder wach. Thore fährt mit dem Rad los, um für uns
Brötchen zu holen. Dann gibt es ein ausgiebiges Frühstück mit vielen
Gesprächen. Wir reden auch darüber, dass ich am Abend wieder zu
ihm zurückkommen könnte. Er selbst will nachmittags seine Mutter in
der Klinik besuchen und ist dann gegen 21.00 Uhr wieder zurück.
Thore schlägt sogar vor, dass ich schon früher zu ihm kommen sollte,
um dann die Zeit für einen Strandbesuch nutzen zu können. Thore
schließt dann sogar für mich die Dusche an, damit ich noch bis
Montag bei ihm bleibe. Weil diese angeblich immer tropfte, wurde sie
schon sehr lange nicht mehr benutzt, erzählt er mir. Jetzt scheint sich
das Problem auf seltsame Weise erledigt zu haben. Ich selbst

säubere sie noch ein wenig, weil sie inzwischen auch schon etwas eingestaubt ist. Sein Interesse, Zeit mit mir zusammen zu verbringen, scheint groß zu sein. Ich freue mich sehr darüber.

Schon gegen 20.00 Uhr komme ich an diesem Sonntag wieder zurück zum Ferienhaus. Ich nutze die Zeit am Strand, um ein Buch zu lesen. Es ist jedoch schnell kühl am Wasser und so gehe ich zurück zum Haus. Thore kommt auch gerade an und freut sich, dass ich schon da bin. Auch über die Marmelade, die ich aus seinen restlichen Pflaumen am Nachmittag bei mir zu Hause gekocht hatte, scheint er sich zu freuen. Das entspricht sicher seinen Vorstellungen vom wertschätzenden Umgang mit Nahrungsmitteln, denke ich.

Wir beschließen an dem Abend uns in die Veranda zu setzen, um fernzusehen und endlich mal das Mini Rummy auszuprobieren, wovon Thore so oft geschwärmt hatte. Das Spiel macht auch mir sehr viel Spaß.

Unsere Gespräche gestalten sich einfacher als früher. Alles scheint harmonisch und auch emotionaler zu sein. Ich frage mich: „Warum war es vor unserer Trennung so schwer mit uns beiden?" Auch körperliche Nähe gibt es ganz viel von ihm und ich weiß nicht, warum mir plötzlich all meine Wünsche, die einst unerfüllt blieben jetzt scheinbar nur so zufliegen. Was war in den zwei Monaten passiert? Ist es eine Veränderung seinerseits oder habe ich einfach nur weniger Erwartungen an ihn? Ich hoffe, dass er all das wirklich von Herzen macht und nicht nur denkt, er müsse das für mich tun.

Als ich am Morgen nach dem Duschen im Ferienhaus einen Ohrring im Waschbeckenabfluss versenke, baut Thore emsig den Siphon ab, um das verloren gegangene Stück zu finden. Meine Bemerkung, dass er ihn sicher nicht mehr retten kann und er auch nicht solchen Aufwand betreiben muss, ignoriert er. Beim Abmontieren fällt nun der etwas marode Abfluss auseinander. Eine Reparatur ist nun unumgänglich. Thore überreicht mir stolz den Ohrring und hinterlässt den Abfluss vorerst defekt. Etwas hastig esse ich nun mein Frühstück mit ihm zusammen und fahre gegen neun Uhr los zur Arbeit. Überglücklich von dem sehr schönen Wochenende wird dieser Tag trotz der vielen Pannen von einem wunderschönen Gefühl in mir begleitet. Auf der Fahrt zur Arbeit zeigt mein Auto einen Werkstattschlüssel an und ich bin mir sehr sicher, dass ich nicht zur Routinedurchsicht muss.

Thore schreibt mir dann am Dienstag eine SMS.

Er 24.07./ 12:23:

> „Abfluss wieder fertig. War gestern Abend bei Baumarkt mit Fahrrad. Wohin kann die Rechnung? Danach Lübecker auf dem Zeltplatz besucht."

Ich rufe ihn daraufhin gegen 20:45 Uhr an und schockiere ihn damit, dass meine Autorechnung wohl teurer wird, als sein Abfluss. Ich erzähle ihm von dem Leuchten des Symbols in meiner Fahrzeuganzeige und frage ihn, ob ihm selbst beim Fahren am Wochenende etwas aufgefallen sei. Er hatte nichts bemerkt und wir reden dann darüber, ob ich es zeitlich gut geschafft habe zur Arbeit zu kommen und auch kurz über einige Ereignisse des Tages. Es ist sehr schön, ihn einfach anzurufen und mit ihm zu reden.

Am nächsten Tag ist Thore dann wieder zu Hause und somit auch wieder über WhatsApp zu erreichen.

Er 25.07./ 22:07:

> „Hi, mit Mutti geht es Freitag raus ins Ferienhaus bis Abends. Sonntag möchte ich ja zum Tonnenabschlagen. Wollen wir uns Samstagabend treffen? Sonst ist wohl schlecht."

*Ich 22:*10:

> „Mein Auto scheint was Ernstes zu haben. Weiß nicht, ob es durchhält bis Samstag. Muss ihn Montag in die Werkstatt bringen! Ansonsten komme ich gerne."

*Ich 26.*07./ 12:43:

> „Ich habe jetzt viele Gurken, Kohlrabi und Möhren. Frische Eier auch ganz viele. Die würde ich dann mitbringen. Wann kann ich denn bei dir sein am Samstag?"

*Er 14:*46:

> „Was wollen wir denn damit machen, soll ich auch etwas besorgen? Kannst ja schon früher aufs Grundstück und dann zum Strand. Bin sicher erst gegen halb sechs oder so da."

*Ich15:*06:

> „Wann halb sechs, am Samstag?"

*Ich 15:*08:

> „Mit dem Gemüse schrieb ich, damit du solche Dinge nicht einkaufst. Ich kann mir was ausdenken. Rohkost vielleicht."

*Er 15:*13:

> „Wollen wir wieder grillen? Sag, was ich besorgen soll. Ja, Samstag wolltest du doch."

*Ich 16:*19:

> „Ich würde auch schon morgen kommen. Ich kann auch was kochen. Immer Grillen? Oder wir grillen Fisch!"

*Er 16:*41:

> „Gehe morgen mit Mutti essen, bin gegen 21 Uhr draußen. Können auch Fisch grillen."

Für die Reparatur meines Autos hatte ich nun einen Termin für den kommenden Montag. Kurze Strecken konnte ich bedenkenlos fahren, sagte man mir in der Werkstatt. So ist das Wochenende schon mal gerettet und ich kann zu Thore fahren.

Wieder wird es zu Beginn unseres Zusammenseins an diesem Wochenende sehr schön. Wir führen sehr viele schöne Gespräche. Thore spricht sogar sehr offen über die Situation mit den Verwirrungen seiner Mutter und über ihre bevorstehende Operation. Auch über seine Ängste und Hoffnungen spricht er erstaunlich offen mit mir. Ich freue mich sehr über sein Vertrauen, was er mir damit entgegenbringt.

Am Samstag verbringen wir den Tag mit einem Strandbesuch, einer Radtour und Faulenzen. Am Abend fahren wir nach dem Grillen zu einer Tanzveranstaltung im Festzelt. Wir tanzen dort beide sehr viel und ich treffe dort einen alten Bekannten. Ich unterhalte mich mit ihm über die Veranstaltung und über seine Partnerin, die heute leider nicht dabei sein kann. Thore hält Abstand zu uns und ich bemerke wieder, dass ihm eine Teilhabe an diesem Gespräch schwerzufallen scheint. Da der Bekannte etwas viel Alkohol konsumiert hatte, belasse ich es sehr gern bei einem kurzen Gespräch mit ihm.

Kurz vorm Verlassen der Veranstaltung habe ich spontan das Bedürfnis Thore einfach mal zu umarmen. Er weicht jedoch zurück und sagt sogar: „Was soll das denn jetzt?" Die schöne Stimmung zwischen uns hatte mich selbstverständlich dazu bewegt und seine Reaktion enttäuscht mich sehr. Ich verstehe nicht, warum er sich nicht einfach mit mir freuen kann und wieder so abweisend reagiert. So lasse ich es einfach sein und akzeptiere seinen Wunsch auf keine Nähe. Die Nacht jedoch ist von einem intensiven und ausgiebigen Liebesspiel geprägt. Ich bin wieder hin- und hergerissen wegen dem ständigen Wechsel von Nähe und Distanz. Mir wird langsam bewusst, dass ich meine emotionale Distanz, die ich bisher hatte, zu schnell wieder komplett verlor.

Am Morgen reden wir über das anstehende Dorffest, zu dem Thore heute gern gehen möchte. Es scheint mir jedoch nicht so, als dass er mich dabei haben will. Immer wieder redet er davon, dass er auf Brautschau geht. „Eine zum Heiraten, wäre doch schön", sagt er. Ich bin etwas irritiert und denke anfangs, dass es wieder irgendwelche Tests sind, die er mit mir macht. Doch er bleibt immer wieder dabei und erst als ich sage, dass er dann ja besser ohne mich dort hingehen sollte, lenkt er ein. Er sagt: „Du kannst ruhig mitkommen!" Ich antworte: „Dann lernst du doch keine neue Frau kennen, wenn wir zusammen da hingehen". Thore äußert nun nichts mehr dazu. Wieder wird dieses Thema nicht weiter ausgesprochen und er geht im weiteren Verlauf einfach davon aus, dass ich mitkomme. Da ich zu Hause meinen gebackenen Kuchen vergessen hatte, wollte ich diesen nun holen. Ich setze Thore auf den Weg nach Hause beim Fest ab. Etwas später werde ich dann auch nachkommen, erzähle ich ihm.

Zu Hause erledige ich noch ein paar Dinge im Haushalt, packe den Kuchen ein und fahre wieder zurück zum Dorffest. Was würde Thore eigentlich tun, wenn ich nun trotz der Verabredung nicht nachkomme, überlege ich. Sicher würde er einfach zu Fuß nach Hause gehen. Ein langer Fußmarsch würde ihm sicher nichts ausmachen. Ob er sich eigentlich sicher ist, dass ich wiederkomme?

Auf dem großen Gelände der Veranstaltung komme ich, nachdem inzwischen zwei Stunden seit dem Absetzen von Thore vergangen waren, nun auch dort an. Thore kommt mir entgegen, als er mich erblickt. Er scheint sich zu freuen und macht auch den Eindruck, als wenn er auf mich gewartet hatte. Vielleicht freut er sich jedoch auch nur über den Kuchen, den es nun geben wird. Ich hole mir noch einen Kaffee und dann essen wir gemeinsam, während wir dem Treiben beim Fest zusehen. Wir schauen uns dann noch die vielen Ausstellungen an und fahren zurück ins Ferienhaus. Von einem Suchen nach einer Frau zum Heiraten habe ich bei Thore jedoch während der gesamten Zeit nichts bemerkt. Ich bin mir sicher, dass er mich damit nur provozieren wollte.

An diesem Abend steht nun wieder der Abschied an, denn morgen muss ich früh arbeiten und Thore will heute noch nach Hause fahren. Am Dienstag holt er Lene von ihrer Mutter ab, um mit ihr den Rest der Woche im Ferienhaus zu verbringen. Dann werde ich sicher wieder am Abstellgleis zurückgelassen, male ich mir jetzt schon aus. Doch zu meiner Freude sagt Thore, dass wir doch alle drei zusammen, in der Woche abends grillen könnten. Das stimmt mich zuversichtlich und ich freue mich sehr. Ich helfe ihm noch die Räder auf dem Autofahrradträger zu befestigen und dann verabschieden wir uns voneinander.

Als ich am Montag nach der Arbeit mein Auto aus der Werkstatt wieder abhole, bekomme ich das Ergebnis des Werkstatttestes serviert. Ein Mechatronik-Teil ist defekt und muss ausgewechselt werden. Nun wird das Ersatzteil bestellt und in zwei Tagen kann dann das Auto erst repariert werden. Ich ärgere mich besonders über die hohen Kosten, die diese Reparatur mit sich bringen wird. Doch ich entscheide mich, das Auto erst mal wieder mit nach Hause zu nehmen, um dann von dort aus weiteres zu organisieren. Mit Bus und Bahn komme ich aus meinem kleinen Dorf nicht weg, sodass ich auf ein Auto angewiesen bin. Ein Leihauto zu nutzen, würde die Sache noch teurer machen. Mein erster Gedanke geht an Thore. Vielleicht könnte er mich ja irgendwie unterstützen. Leider habe ich damit wenig

Erfolg. Er ist noch zu Hause und will morgen mit Lene in den Tierpark und danach zum Ferienhaus fahren, erzählt er mir am Telefon. Er zeigt keine Bereitschaft, seine Pläne für mich zu ändern. Ich versuche das zu respektieren, doch ich bin auch etwas enttäuscht. Dann frage ich meine Nachbarn, ob mich einer der beiden fahren kann, oder sie mir ein Auto leihen. Von ihnen bekomme ich sofort Hilfe angeboten. Überlassen können sie mir keines ihrer Fahrzeuge, weil sie es selbst brauchen. Doch mir wird ein Bring- und Holservice angeboten.

Am Mittwoch fährt mich nun mein Nachbar Achim, nachdem ich mein Auto in der Werkstatt abgegeben habe zur Arbeit. Geplant war es, dass er mich zum Feierabend wieder abholt und wir anschließend mein Auto repariert aus der Werkstatt mitnehmen. Nun wurde jedoch das nötige Ersatzteil noch nicht geliefert und ich werde mit der Reparatur auf Freitag vertröstet. Ich lasse mein Auto praktischerweise in der Werkstatt, weil ich am Donnerstag und Freitag freie Tage habe. Dann kann ich auch ohne Auto gut auskommen.

Meine Hoffnung, dass ich Thore in dieser Woche trotzdem sehen kann, hatte ich jedoch nicht aufgegeben. Aus meiner Sicht könnte er mich einfach abholen, denn auch er fährt nur eine gute halbe Stunde mit dem Auto vom Ferienhaus bis zu mir. Ich rufe ihn also am Mittwochnachmittag an, um zu horchen, was denn nun mit unserem gemeinsamen Grillabend werden soll. Es kommen von ihm jedoch keine unterstützenden Worte oder Absichten als Reaktion auf mein Problem, dass ich kein Auto habe. Jedoch bleibt er bei seinem Wunsch, dass wir zusammen grillen. Er sagt sogar, dass Lene sich auch schon darauf freut. Ich sollte doch kommen, aber abholen wolle er mich nicht. Daraufhin beginne ich auf ihn einzureden, dass es ja nicht so viel verlangt sei, dies für mich zu tun und ich ihn auch fahren würde, wenn er in solch einer Situation wäre. Thore reagiert dann genervt mit den Worten: „Nun geht das schon wieder los." Plötzlich verstehe ich, dass er gerade einfach keinen Bock auf mich hat. Ich scheine ihn mit meiner Forderung gerade maßlos zu nerven. Dabei dachte ich, dass auch er sich freuen würde, wenn ich meine freie Zeit mit ihm verbringe. Mich macht sein plötzliches Desinteresse sehr traurig und hilflos. Ich beende das Telefonat, denn ich weiß, dass ich nun nichts mehr mit ihm bereden werde.

Mir wird nun wieder bewusst, dass ich auf Thore niemals zählen konnte in Situationen, bei denen Menschen sich selbstverständlich unterstützen. Er würde nie an meine Bedürfnisse und Empfindungen denken. Ich sitze zu Hause und weine. Nun habe ich zwei freie Tage und werde diese ohne ihn verbringen. Doch ich wollte mir nicht wieder allein den Kopf zermürben und die kommenden Tage mit tiefer Traurigkeit verbringen. Thore erzählte mir bei unserem Telefonat, dass er am Abend mit Lene am Strand den Sonnenuntergang anschauen wird. So weiß ich, dass ich sie beide dort antreffen würde. Gegen 20.00 Uhr leihe ich mir das Auto meiner Nachbarin und fahre zu Thore.

Nachdem ich das Auto neben dem Feriengrundstück geparkt habe, schaue ich noch mal auf mein Handy und lese diese Nachricht, die mich nun äußerst wütend macht.

Er 01.08./ 19:46:

> „Ich fahre nicht mit meiner Kleinen stundenlang durch die Gegend. Es gibt auch öffentlichen Nahverkehr."

So etwas habe ich ja noch nie gehört, dass ich von mir zu Hause mit öffentlichem Nahverkehr zu ihm fahren könnte. Für Thore ist es sehr offensichtlich, dass es in der Realität keine Möglichkeiten dafür für mich gab. Am liebsten würde ich wieder umdrehen. Ich ärgere mich nun noch mehr, dass ich überhaupt meine Energie an ihn verschwende. Doch ich gehe weiter und sehe, nachdem ich den Deich überquere Thore und Lene auf einer Decke sitzen.

Ich begrüße beide und versuche mich relativ neutral zu verhalten. Weil Lene auf mich etwas mehr reagiert als Thore, setze ich mich auf die Decke und beginne mit ihr zu erzählen. Thore bringt sich dann jedoch auch mit ein in diese Unterhaltung. Doch keiner von uns beiden geht auf irgendein Problem, was zwischen uns entstanden war ein. Ich überlege, wie ich meinen Ärger über sein Verhalten ansprechen kann und beschließe, es zu tun, wenn wir später im Ferienhaus ohne Lene reden können. Wir essen dann Kekse, schauen dem Sonnenuntergang zu und ich spiele zwischendurch mit Lene. Wir malen ein Haus mit verschiedenen Zimmern in den Strandsand. Ab und zu animiere ich Thore dazu, auch mitzumachen. Er wirkt ein wenig, wie ein bockiges Kind, als er kopfschüttelnd meinen Vorschlag abwendet. Auch Lene kann ihn nicht zu einer Aktivität bei unserem Spiel beflügeln. Ich frage mich, ob er eifersüchtig ist, dass ich mich mit ihr so gut verstehe.

Als wir beide dann wieder auf der Decke neben Thore sitzen, um den Sonnenuntergang anzusehen, erzählt er mir, dass Lene manchmal „Milchbart" zu ihm sagt. Er äußert dies so, als wenn er es lustig findet und nun meine Meinung dazu hören will. Ich tue es als kleine Neckerei ab. Wir unterhalten uns die gesamte Zeit schon wieder so, als ob nichts gewesen sei. Nur manchmal bemerke ich ein wenig, dass ihn meine Anwesenheit etwas nervt. Sagen tut er jedoch wieder nichts, was dies erklären würde.

Die Sonne ist nun fast untergegangen und es wird kühl, weshalb wir zurück ins Ferienhaus gehen. Thore begutachtet zuvor interessiert das Auto, was ich von meiner Nachbarin ausgeborgt hatte. Dabei frage ich ihn, was seine letzte Nachricht sollte und ob er nicht wüsste, dass bei mir kein öffentlicher Nahverkehr fährt. Er sagt nichts, sondern atmet genervt ein und aus. Als wir dann im Ferienhaus ankommen, bleibe ich in der Tür stehen. Ich sage zu ihm: „Du hast doch gerade einfach keine Lust mit mir zusammen zu sein! Hattest du überhaupt mal richtiges Interesse an mir?" Thore reagiert genervt und wirkt wieder grausam kühl dabei: „Habe ich dir irgendwelche Versprechungen gemacht? Ich sagte doch unverbindlich! Das andere hatten wir doch schon geklärt!" Mich machen seine Worte sprachlos. Nach dem Versuch das Gesagte zu schlucken, antworte ich eher fragend: „Ich dachte es funktioniert jetzt sogar besser zwischen uns, als vorher. An welcher Stelle habe ich denn jetzt etwas nicht richtig mitbekommen?" Thore redet weiter in seiner kühlen Tonlage: „Ich habe dir nie irgendwas versprochen oder irgendwelche Hoffnungen gemacht!" Lene kommt nun aus der Veranda zu uns und stellt sich mit einem Spiel in der Hand vor uns hin. Sie möchte, dass wir mit ihr spielen. Von Thore kommt keine Reaktion darauf. Er erscheint mir etwas hilflos. Ich will das inzwischen hüpfende und bettelnde Kind beruhigen und sage: „Ihr könnt das sicher ein anderes Mal spielen. Heute ist es schon spät. Du gehst gleich schlafen und ich fahre nach Hause." Doch es scheint sie nicht zu beeindrucken, denn sie hüpft nun vor Thore herum und bettelt weiter, dass er doch mit ihr spielen möge. Er nimmt sie auf den Arm und sagt wieder kein Wort, sondern pustet ein wenig überfordert. Ich verabschiede mich von Lene und gehe weinend aus dem Haus. Nun kann ich meine Traurigkeit, die Thores Worte in mir auslösten, nicht länger unterdrücken. Ich setze mich auf eine Bank im Garten und überlege. Dass nun für mich endgültig die Zeit des Abschiednehmens gekommen ist, machten mir seine erschütternd kühlen Worte gerade unmissverständlich klar.

Richtig einordnen kann ich sie jedoch nicht, denn sie wirken wieder sehr unmenschlich auf mich.

Mir fällt nun noch mein Beutel mit den Plastikdosen und ein paar anderen Dingen vom Grillen ein. Ich gehe noch einmal zurück ins Haus. Lene hat nun zwei Spiele in der Hand und wartet scheinbar immer noch auf richtungsweisende Worte ihres Vaters. Thore steht noch in der Nähe der Eingangstür und ich bekomme das Gefühl, dass sich hier an der Situation nichts geändert hatte in den wenigen Minuten meiner Abwesenheit. Nur das Licht brannte inzwischen und die Haustür war geschlossen, aber nicht abgeschlossen. Ich sage, dass ich meine Sachen noch mitnehmen möchte. Thore nimmt den Beutel und drückt ihn mir in die Hand. Dabei versucht er mich regelrecht schnell wieder aus der Tür zu weisen. Offensichtlich will er mich ganz schnell loswerden. Mit den abschließenden Worten: „Du hattest von Anfang an nie ernste Beziehungsabsichten!", und ein paar Beschimpfungen, dass er völlig gestört und ein riesiges Arschloch sei, gehe ich aus der Tür. Wütend, aber auch ein wenig klarer im Kopf über diese Ernüchterung, fahre ich nach Hause.

Meine Wut überdeckt an diesem Abend meine sonst so heftige Traurigkeit. Endlich gab es klare Worte von Thore, die mich nun nicht mehr in die unerträgliche Verzweiflung schicken, wie sonst. Das sinnlose Hoffen ist endlich vorbei.

Kapitel 6: Das Erwachen

Nach dieser weiteren Episode mit Thore ist mir nun endgültig klar, dass ich die Reißleine für mich ziehen muss. Nicht nur die entscheidenden Worte von ihm bringen Klarheit, sondern auch mein innerstes Bedürfnis, endlich von ihm loskommen zu wollen, ebnen mir nun den Weg dazu.

Am nächsten Tag setze ich mich auf mein Fahrrad und fahre ziellos durch den Wald. Manchmal verschwimmt mein Blick von den Tränen und dann mache ich eine Pause. Das Zwitschern der Vögel und das Rauschen der Bäume wirken sehr beruhigend auf mich. Auch am darauf folgenden Tag hilft mir das, durch die schwierige Zeit zu kommen. Irgendwo nur herumzusitzen, fällt mir gerade sehr schwer. Die Ohnmachtsgefühle würden dann Überhand nehmen. Jemanden anderes sehen zu wollen, liegt gerade nicht in meinem Interesse und es würde sowieso schwierig werden ohne Auto. Ich will allein sein und einen klaren Kopf bekommen.

Nun hatten meine Anmaßungen, wie Thore meine Vermutungen nannte, dass er an einer Persönlichkeitsstörung oder dem Asperger Syndrom leidet, mich in keinster Weise weitergebracht. Sicher, habe ich immer wieder nur versucht ihn zu verstehen und Erklärungen gesucht für all die mir unbekannten Dinge. Doch was war in der ganzen Zeit eigentlich mit mir passiert? Weshalb konnte ich nicht loskommen von ihm? Warum hatte ich mir so viel von ihm gefallen lassen und jetzt erst nach seinen klaren Worten wirklich akzeptieren können, dass ein Ende besser für mich ist?

Diese toxische Beziehung hatte inzwischen nicht nur ein seelisches Wrack aus mir gemacht, sondern auch weitere körperliche Symptome bei mir hervorgerufen. Zu den schon sehr lange bestehenden Schlafstörungen und Schmerzen im Brustbereich bekomme ich nun extreme Wechsel zwischen Schwitzen und Frieren zu spüren. Eine Blasenentzündung macht mein Arbeitsleben fast unmöglich. Doch ich quälte mich durch diese Zeit und schiebe immer wieder all diese Symptome auf die Wechseljahre.

Nach den ersten Tagen der Zurückgezogenheit suche ich nun wieder den Kontakt zu anderen Menschen. Ich verabrede mich mit Freunden und Bekannten. Mit dieser Ablenkung und einer halbherzigen Selbstfürsorge komme ich immer besser wieder zurück in eine gewisse Normalität. Innerhalb der nächsten vier Wochen geht es mir immer ein kleines Stückchen besser, aber die Gedanken kreisen immer noch viel zu sehr um Thore. Seit unserer letzten Begegnung gab es keinerlei Kontakt zwischen uns. Ich bin fest im Glauben, dass er früher oder später aus meinem Kopf verschwindet. Doch auch eine gewisse Ahnung, dass das nicht so schnell funktionieren wird, lässt mich nicht los.

Am ersten Wochenende im September treffe ich mich mit meiner Mutter, um gemeinsam ein Hafenfest zu besuchen. Es findet im selben Ort, in dem ich arbeite statt und so nutzen wir den Parkplatz vor dem Kindergarten. Von dort aus ist das Fest schnell zu Fuß zu erreichen. Nach einem Rundgang auf dem Festgelände setze ich mich mit meiner Mutter auf eine Bank, um Kaffee zu trinken und Kuchen zu essen. Es scheinen viele Urlauber hier zu sein. Ich sehe nur wenige mir bekannte Gesichter.

Wenig später entdecke ich eine Kollegin zusammen mit ihrem Mann in der Nähe der Bühne stehen, auf der eine Band Matrosenlieder dudelt. Ich gehe zu ihnen und während wir uns unterhalten, sehe ich Thore an mir vorbeigehen. Ein wenig erschrocken über seine Anwesenheit, gehe ich nach der Unterhaltung mit meiner Kollegin zu ihm. „Hallo, wie geht es dir? Ist es jetzt besser ohne mich

Nervensäge?", sprudelt es aus meinem Mund heraus. Thore antwortet nichts. Er reicht mir jedoch seine Hand, als ich ihm meine entgegenstrecke. Da er irgendwie genervt wirkt, aber auch kein Wort sagt, verabschiede ich mich wieder und gehe enttäuscht zurück zu meiner Mutter. Ich erzähle ihr von der Begegnung mit Thore und meiner Verwunderung über sein unerwartetes Erscheinen. Sein Weg hierher zu diesem nicht übermäßig beeindruckenden Fest ist aus meiner Sicht verhältnismäßig weit. Ich denke daran, dass er doch mehrmals solche Entfernungen als zu groß für mich erklärt hatte, wenn ich etwas von ihm wollte. Die Idee liegt nahe, dass er meinetwegen da ist. Vielleicht hat er gehofft, mich hier zu treffen. Doch warum, wenn er scheinbar nichts mehr mit mir zu tun haben will?

An diesem Nachmittag treffen wir uns nicht mehr direkt, sondern halten immer wieder Ausschau nacheinander. Die Begegnung verwirrt mich wieder sehr. So kommt es, dass ich ihm abends eine Nachricht schreibe.

Ich 01.09./ 19:47:

> „Hallo Thore, als wir uns heute trafen wurde mir klar, dass wir wieder keine vernünftige Trennung hinbekommen haben. Deine Aussage, dass unsere letzte gemeinsame Zeit was Lockeres war und dass du mir keine Hoffnungen gemacht hättest, hat mein komplettes Bild von uns beiden durcheinander gebracht. Du hattest mir auch nie etwas versprochen, als wir „zusammen" waren. Heute, als wir uns trafen, wusste ich wieder nicht, ob du unsicher warst oder tatsächlich genervt. Du sagst auch nie, was du willst oder erwartest. Seit wir uns kennen, habe ich mir immer gewünscht, ich wäre dir irgendwann mal wichtig. Leider war ich das nie, von Anfang an. Das meinte ich, als ich sagte,

dass ich jetzt endlich verstehe. Mein ständiges Hoffen, war wohl auch der Grund, weshalb ich ständig an dir herumgezerrt habe. Ich weiß leider bis heute nicht, was du wirklich von mir wolltest und so bleibt mir wieder nur übrig die vielen Fragezeichen mit irgendwelchen Ideen zu klären. Eine wiederholte Aussprache würde sicher auch nichts bringen. Zwischen uns gab es ja nie eine vernünftige Problembewältigung. Das liegt dir wirklich nicht und unterm Teppich ist sicher noch genug Platz. Für mich stellt sich jetzt die Frage, wie wir in Zukunft mit solchen unvorhergesehenen Treffen umgehen wollen. Ist es dir lieber, wenn wir so tun als wäre der andere nicht da? LG Frida."

Er 22:06:

„Ich hatte am Anfang nach einer unverbindlichen Beziehung gefragt, da ich ahnte, dass es für mehr nicht reichen würde. Dann haben wir probiert, ob mehr daraus wird, was sich nicht einstellte. Alles andere bekommt dir scheinbar in meinem Fall wirklich nicht. Darum sollten wir es ganz lassen. Ich habe genug Stress und Psychoterror zu Hause. Bei weiteren unvorhergesehenen Treffen wäre eine gewisse Lockerheit angemessen. Gruß Thore."

Ich 02.09./ 09:35:

„Die Missverständnisse entstehen, weil du nie sagst, was du dir vorstellst. Mir war es nicht klar, dass du von Anfang an was Lockeres willst, was auch immer das für dich bedeutet. Ich habe auch versucht zu verstehen, was Liebe für dich bedeutet. Geäußert hast du immer, Vertrauen sei wichtig, man muss sich verstehen und guten Sex haben. Gefühle sollten nicht dazu gehören? Mehrfach habe ich bemerkt, dass du nicht nur anders

in deiner Gefühlswelt bist, sondern auch meine nicht
wahrnimmst. Wenn du sie wahrgenommen hast, ist dein
Verhalten sehr verwerflich! Eine gewisse Lockerheit hatte ich
gestern, aber du nicht."

Er 12:46:

„Na klar sollten Gefühle mit dabei sein. Das war ja nun nicht.
Als du sagtest, das sei so okay für dich, wie es jetzt ist, als wir
öfter im Ferienhaus waren, dachte ich, jetzt haben wir eine
unverbindliche Beziehung. Ich habe dir nichts versprochen oder
gar Liebe vorgegaukelt. An meiner Lockerheit arbeite ich noch."

Ich 12:58:

„Das stimmt, dass du mir nie Gefühle vorgegaukelt hast. Du
hast leider auch nie welche für mich gehabt. Das ist für mich
sehr enttäuschend. Was in den letzten Wochen war, fand ich
tatsächlich besser so, als wie es früher war. Egal, ob es in
deinen Augen was Festes war oder nicht. Ich war nicht auf dein
plötzlich wechselndes Interesse eingestellt. Deine Nachricht,
dass ich mit öffentlichen Verkehrsmitteln zu dir kommen kann,
finde ich unglaublich gemein. Danke, dass du damit viel für
mich geklärt hast. Wie willst du an deiner Lockerheit arbeiten?"

Ich 14:51:

„Obwohl, manchmal war ich sehr erstaunt darüber, wie sensibel
du manche Gefühlsregungen bei mir erkannt hast. Du bist nur
nie darauf eingegangen! Speziell denke ich an dem Moment,
als es für mich dann wieder zu spät war alles mit Abstand zu
betrachten. All die Gefühle für dich wieder komplett da waren.
Kannst du dich daran erinnern?"

Ich 03.09./ 15:37:

„Du bist auch jetzt wieder nicht bereit mir Fragen zu

beantworten. Ich hatte in den letzten Wochen versucht mir dein Verhalten mit dem Asperger Syndrom zu erklären. Doch nun denke ich, dass ich einfach nur verblendet war. Dein Verhalten entspricht lediglich einem Schwächling, der nicht nur keinen Bock hat zu arbeiten, sondern für sich und sein Handeln auch ungern Verantwortung übernimmt. Hauptsache es ist alles schön im Leben. Du hast meine Liebe zu dir maßlos ausgenutzt und mit deinem nicht Beantworten meiner Fragen mehr Unehrlichkeit gezeigt, als man es mit einer Lüge tun kann. Du hast so oft von Vertrauen gesprochen und hast meines massiv zerstört. Ich meine damit nicht nur das Vertrauen zu dir. Ich gehe davon aus, dass du keine weiteren Beschimpfungen und Beleidigungen mehr lesen möchtest. Du kannst mich hier auch sperren! Dann hast du endlich Ruhe vor der Nervensäge."

Ich 22:06:

„Du hast dich bewusst so verhalten. Es sei noch zu früh hattest du immer wieder gesagt oder mir irgendwelche anderen Lügen und Ausreden aufgetischt. Je mehr ich darüber nachdenke, bist du nicht nur ein Milchbart und Versager, sondern ein richtiger Schmarotzer! Wenn du nicht nur mit Menschenhaut überzogen bist, dann vermeide ein direktes Zusammentreffen mit mir in naher Zukunft. Ist wirklich nicht schön so verarscht zu werden!"

Ich 04.09./ 05:30:

„Du hast mir auch bewusst emotionslose Nachrichten geschrieben. Auch dass es mit Familie und Freunde noch zu früh ist, hast du bewusst so dargestellt."

Ich 20:46:

„Mit meinem Brief ganz zu Anfang habe ich dir schon vermittelt, dass ich die richtige für deine Spielchen bin und dann noch ein wenig Manipulation dazu. Schon bekommst du alles auf dem Silbertablett serviert. Schön, nicht wahr? Ich hätte dich schon bei deinem ersten Besuch bei mir zu Hause herausschmeißen sollen. Das, was du da abgezogen hast, ist unglaublich, wie sehr vieles Andere auch. Ich weiß immer noch nicht, was in mich gefahren war, mir all das von dir gefallen zu lassen. Freust du dich eigentlich, dass du jetzt immer noch so viel Aufmerksamkeit bekommst?"

Ich 05.09./ 07:16:

„Ich verstehe nicht, warum du sogar zu schwach bist, mich einfach hier zu sperren. Hab mal positives und negatives von dir aufgelistet. Positiv war meine Liebe zu dir. Negativ, dass du sie nicht erwidert sondern nur ausgenutzt hast. Negatives habe ich noch ganz viel. Das Schlimmste daran ist, dass du von dir eine falsche Selbstwahrnehmung hast. Du glaubst, du bist so toll und andere sind die komischen und blöden Menschen. Du glaubst, du arbeitest genau. Das stimmt nicht. Die Lichtschalter hast du so fest montiert, dass der Wipper ganz schwer geht. Beim Radwechsel am Auto hättest du dann sicher eine Schraube auch nicht vergessen, wenn du genau arbeiten würdest. Wenn deine Mutter krank ist und dir das Leben schwer macht, ist das kein Psychoterror. Ist eben wieder anstrengend für dich und unbequem! Dass es für dich wichtig ist, dass man weiß, wie Schauspieler und Prominente heißen, ist einfach dämlich. Mich hast du nie mit Namen angesprochen. Hattest du den etwa vergessen? Du hast keine Qualitäten, die in Beziehungen von Vorteil sind. Mich hast du sicher nur angezogen, weil du so anders und schillernd bist. Jetzt kommt die harte Ernüchterung für mich. Nun noch kurz zum Sex. Es fehlten Zärtlichkeit und Engagement. Das gehört auch zur reinen Sexbeziehung dazu. Küssen kannst du gar nicht! Alles ist viel zu mechanisch und unsensibel. Vielleicht später noch mehr dazu. Positives bleibt leider nichts übrig. Das war alles nur meine Vorstellung, die nichts mit der nackten Realität zu tun hat. Du bist eben einfach ein Loser, der seine Unsicherheit mit Machtspielen und Beleidigungen zu verbergen versucht."

Er 10:39:

„Was kann ich dafür, dass sich keine Gefühle für dich aufbauten! Da küsst man auch nicht gerne. Schon mal daran gedacht? Nun beleidigst und beschimpfst du mich aufs übelste. Geh mal zum Psychologen. Dass ich dich bisher nicht gesperrt habe, liegt an der guten Erziehung. Aber das muss ich nicht länger haben. Alles Gute!"

Nach dieser Nachricht hat Thore mich dann endlich bei WhatsApp gesperrt. Ich kann ihm keine weiteren Nachrichten mehr schreiben. Genau das war meine Absicht, denn ich möchte nicht, dass er weiterhin ständig nach mir schaut und mich so auf seine Art an sich bindet. Sicher könnte ich dem auch einfach widerstehen, doch dazu hatte er mich zu oft mit irgendwelchen Nachrichten oder Handlungen überrascht. Für mich soll es nun kein Zurück mehr geben und ich möchte, dass dies auch langfristig so bleibt. Nun schrieb ich alles, was mir dazu in den Sinn kam. Endlich hatte ich nach meinen Bedürfnissen gehandelt. Was diese Worte für Thore bedeuteten war mir egal. Sicher hatte ich ihn damit sehr verletzt. Doch ich wollte diese Dinge genau so texten. Einerseits konnte ich nun meinen Emotionen Luft verschaffen, aber was mir am wichtigsten war, ich wollte von ihm nie wieder mit Hoffnung gefüttert werden. Eine Beziehung mit ihm zu führen, war immer meine Hoffnung, die ich während der ganzen Zeit nicht aufgeben wollte. Nun endlich war ich mir sicher, dass dieses Hoffen sinnlos war.

Nachdem Thore mich bei WhatsApp gesperrt hatte, tat ich dies mit seiner Nummer natürlich auch. Dass es nun keine weiteren Annäherungsversuche mehr geben würde, garantierte mir dies nicht, aber ich war mir nun sehr viel sicherer.

Kapitel 7: Der Traummacher

Diese ungesunde Beziehung mit dem Asperger Syndrom verstehen und erklären zu wollen, hatte immer weitere Fragen und Ungereimtheiten in mir aufkommen lassen. Warum war keine normale Kommunikation mit Thore möglich? Ich wusste inzwischen, dass Menschen mit dem Asperger Syndrom Gefühle des anderen nicht erkennen können, aber sie durch gezielte Kommunikation ein Verständnis darüber erlangen würden. Thore ging jedoch nie auf solche von mir begonnenen Gespräche ein. Eine normale Interaktion war mit ihm nie möglich. Probleme wurden nicht ausgesprochen und schon gar nicht bearbeitet. Auch meine Gedanken über seine seltsamen Regeln und Vorstellungen im Zwischenmenschlichen hatte ich nicht richtig diesem Syndrom zuordnen können. Ich empfand seine Worte und vor allem sein Verhalten oft eher willkürlich und hatte immer gehofft, dass sich diese Routine, wie sie ein Aspie braucht, noch einstellen würde.

So suchte ich natürlich nach weiteren Antworten. Über Beziehungsängste, toxische Liebe und viele andere Themen stieß ich im Internet auf den Narzissmus als Persönlichkeitsstörung. In Verbindung mit einem starken Ego-Verhalten hatte ich vom alltäglichen Narzissmus schon etwas gehört. Ich stellte mir jedoch Menschen, die auf charismatische Weise ihren eigenen Willen durchsetzten dabei vor. Auch ein überzogenes Selbstwertgefühl oder selbstbezogenes Auftreten, kannte ich gut. Auch manipulatives Verhalten war mir nicht unbekannt. Es gibt viele narzisstische Eigenschaften und in einem gesunden oder auch ungesunden Maße stecken sie in jedem von uns. Doch als Persönlichkeitsstörung war mir der Narzissmus völlig unbekannt. Schon gar nicht hatte ich je etwas vom verdeckten Narzissten gehört oder gelesen. In diesem

Thema fand ich nun allmählich auf all meine Fragen die richtigen Antworten.

Eine Persönlichkeitsstörung steht selten jemandem ins Gesicht geschrieben. Speziell bei einem verdeckten Narzissten, ist es ganz und gar nicht leicht, diesen zu entlarven. Ein solcher Mensch wirkt charismatisch, schillernd und selbstsicher. Das selbstsichere Auftreten lässt sie selbstbewusst und standhaft wirken. In den medizinischen Klassifikationen, auf wissenschaftlicher Basis, fand ich die narzisstische Persönlichkeitsstörung in zwei Systemen. Das internationale ICD-10 und das amerikanische DSM-5, in denen es unterschiedliche Einstufungen für die narzisstische Persönlichkeitsstörung gibt. Im ICD-10 als Gesamtkatalog aller bekannten Erkrankungen oder Gesundheitsprobleme wird sie unter „sonstige spezifische Persönlichkeitsstörungen" sehr nebensächlich aufgeführt. Das amerikanische System katalogisiert alle psychischen Erkrankungen zusammen im DSM-5.

Für mich gab es immer den Beweggrund zu verstehen, was mir mit Thore passiert war. Eine Klassifizierung für ihn vorzunehmen war nie mein Ziel. Selbst wenn ich es nach den darin enthaltenen Kriterien versucht hätte, würde ich nicht eindeutig die Merkmale genau diesem Störungsbild der narzisstischen Persönlichkeit zuordnen können. Doch eine Vielzahl dieser darin enthaltenen Merkmale macht es mir möglich, Verständnis zu erlangen um das Erlebte zu verarbeiten.

Das Verhalten in Beziehungen bei Menschen mit dieser Persönlichkeitsstörung ist stark geprägt von Idealisierung, Entwertung und Schwierigkeiten im Umgang mit Nähe und Distanz. Mangel an Empathie, Überschätzen der eigenen Fähigkeiten und starkes Verlangen nach Anerkennung sowie eine überzogene Anspruchshaltung, sind grundlegende Merkmale. Die

Anspruchshaltung wird jedoch nicht, wie man annehmen würde, aus einem geringen Selbstwertgefühl heraus erfolgen. Es handelt sich eher um ein Lebenskonzept dieses Menschen, was auf Erfolg aus ist und mit ständigem Getrieben sein nach Suche von Bestätigung einhergeht. Narzissten verfügen über ein unrealistisches Selbstbild, ein übertriebenes Gefühl von Wichtigkeit und hoffen immer eine Sonderstellung verdient zu haben. Solche Menschen zerstören aus Missgunst das, was andere haben oder sich mühselig aufbauten. Sie treten oftmals arrogant, überheblich und herablassend auf. Ihr großer Stolz und auch der hohe Anspruch an sich selbst bringen eine starke Empfindlichkeit gegenüber Kritik mit sich. Diese wird als Kränkung empfunden und löst Gefühle wie Wut, Scham oder Demütigung in hohem Maße aus. Diese, in der Klassifizierung der narzisstischen Persönlichkeitsstörung enthaltenden Merkmale, treffen für mich sehr passend auf Thore zu. In vielen Ausführungen des Internets erfahre ich weitere Eigenschaften und vor allem die daraus resultierenden Mechanismen in Beziehungen.

Die Eigenschaften, die Thore mir zu Beginn unserer Beziehung vermittelte, waren nicht echt. Er war nicht aufmerksam und fürsorglich aus Wohlwollen zu mir, sondern er verfolgte dabei ausschließlich seine eigenen Bedürfnisse und Ziele. Ein Mensch mit einer narzisstischen Persönlichkeitsstörung würde nie seine eigentlichen Beweggründe offensichtlich sagen, sondern verpackt seine Selbstliebe oftmals in eine Opferrolle. Thore nutzte dies schon sehr früh für sich aus. Er schaffte es immer wieder, indem er andere für Schwierigkeiten verantwortlich machte, sich als hilfebedürftig und sensibel mir gegenüber darstellte. Zu Beginn unseres Kennenlernens entdeckte ich jedoch noch andere Eigenschaften an ihm, die ihn sehr interessant für mich machten. Nicht nur seine Standhaftigkeit, sondern auch seine Redegewandtheit, mit der so schön klingenden Stimme, ließen mich ihn als stilvollen Menschen einordnen. Natürlich fiel mir auch die andere Seite seines Sexappeals auf, die eine gewisse Arroganz und Respektlosigkeit zeigte. Doch zu dem Zeitpunkt ordnete ich diese negativen Züge unter normale menschliche Schwäche ein.

Im Narzissmus als Persönlichkeitsstörung sind arrogantes und respektloses Verhalten Mechanismen, die an keinerlei Selbstreflexion anlehnen. Die schwerwiegendste Störung in dieser Persönlichkeit ist die Unfähigkeit sich selbst realistisch zu reflektieren. Während unseres ersten Treffens sagte Thore: „Was hattest du denn für Männer!", als ich von früheren Beziehungen etwas erzählte. Jetzt weiß ich, dass er tatsächlich davon überzeugt ist, dass nur er der einzig wahre und richtige Mann ist. Mit seiner innersten Überzeugung hatte er es mir ebenso überzeugend gesagt.

Auf meine Fragen zur Empathiefähigkeit und Kommunikationsbereitschaft, die meiner Ansicht nach nicht in das Asperger Syndrom passten, finde ich im Narzissmus nun die entsprechenden Antworten. Der Mangel an Empathie rührt bei einem Aspie daher, dass Gefühle und Emotionen des Gegenübers tatsächlich schwer erkannt werden können. Bei jemandem mit einer narzisstischen Persönlichkeitsstörung verhält sich dies jedoch ganz anders. Dieser Mensch kann Gefühle und Bedürfnisse anderer sehr gut erkennen. Jedoch hat er kein Interesse daran. Er ist nicht bereit diese anzuerkennen und sich mit diesen zu identifizieren. Wenn ein Narzisst also etwas von jemand anderem will, kann er sehr gut Gefühle und Bedürfnisse des Gegenübers erkennen. Diese Empathie wird jedoch ausschließlich für eigenen Zwecke genutzt. Ich finde den Begriff der kalten Empathie dafür sehr passend.

Alles dreht sich um den Narzissten. Im Gespräch mit anderen werden nur eigene Vorteile und Anliegen bedacht. Ich hatte Thores „Informationsdeponie" als Mitteilungsbedürfnis eingeordnet und mich gewundert, dass meine Worte und Gedanken dann nie gefragt waren. Eine zielführende Kommunikation war mit Thore kaum möglich. Noch so kleine Probleme wurden nie bewältigt. Wie sollte es auch eine Zielorientierung zwischen uns geben, wenn sich tatsächlich alles immer nur um sein eigenes Ich drehte?

Bei einer narzisstischen Persönlichkeitsstörung bewirken eine zu starke Selbstbezogenheit und das ständige Kreisen um das eigene Ich, dass solche zwischenmenschlichen Interaktionen unmöglich werden. Narzissten haben ein starkes Grandiositätsgefühl und sehen sich selbst als überaus wichtig. Dazu überschätzt ein solcher Mensch seine Fähigkeiten und Möglichkeiten maßlos. Defizite werden verdrängt. Das, was er selbst gut kann, steht in seinem Fokus und er übertreibt diese Eigenschaften oft maßlos. Von seiner Grandiosität ist er einfach so sehr überzeugt, weshalb er glaubwürdig und selbstsicher auf andere Menschen wirkt. Er ist begeistert von sich selber. Auch grenzenlose Fantasien über das, was noch im Leben erreicht werden soll, sind Eigenschaften eines Narzissten. Dabei werden realistische Möglichkeiten und eigene Defizite komplett ausgeblendet. Solche Fantasien können in verschiedenen Bereichen des Lebens auftreten und haben immer mehr oder weniger mit Erfolg, Macht, Brillanz, Schönheit und idealer Liebe zu tun.

Thore war immer sehr stark davon überzeugt, dass er perfektionistische und gewissenhafte Eigenschaften besitze. Auch dass er anständig erzogen wurde, sagte er mir mehrfach. Von einem sehr starken Glauben, der in seiner Familie angeblich herrschte, konnte ich im Nachhinein nur erkennen, dass er selbst sehr stark an sich glaubte. Nie hatte ich in irgendeiner Weise eine Gottesgläubigkeit bei ihm entdeckt. Es gab weder Gebete noch demütiges Verhalten. Sein Glaube, den er sicher meinte, war der an die eigene Grandiosität. Ein so enormer Glaube an sich selbst, bewirkt jedoch dieses Zuviel an Selbstliebe.

Die Forderung der Bewunderung durch andere Menschen, ist ein weiterer sehr wichtiger Aspekt im Narzissmus. Eine ihm angemessene Bewunderung durch den anderen, ist gleich zu setzen mit dem Wort Liebe. Dies macht verständlicherweise eine Beziehung auf Augenhöhe unmöglich. Zu der unreflektierten Selbsteinschätzung des Narzissten kommt eine Anspruchserwartung, die er an andere hat. Für ihn ist es selbstverständlich, dass ihm gewisse Sachen zustehen. Für andere Personen gilt ein solcher Anspruch natürlich nicht. Besonders bei unseren Absprachen darüber, wann und wie wir gemeinsame Zeit verbringen, gestanden Thore mir ein Einbringen meiner Bedürfnisse und Anliegen nicht zu. Ich sollte ihm immer so zur Verfügung stehen, wie er es gerade wollte.

Ein Narzisst nutzt andere aus, um seine innere Leere zu füllen und um sich so seiner eigenen Persönlichkeit in hohem Maße sicher zu sein. Solange du mir nutzt, bin ich freundlich zu dir und du bekommst etwas von mir, stellt die Grundlage einer Beziehung dar. Hier kann man die manipulativen Mechanismen erahnen, die dem Ziel nachjagen, andere in den verschiedensten Bereichen auszubeuten. Wenn er nicht mehr bekommen kann, was er will, lässt er den anderen fallen.

Dankbarkeit und Zufriedenheit treten in unserer heutigen Gesellschaft immer weniger in einem gesunden Maß auf. Der Narzisst kennt diese jedoch überhaupt nicht. Das Wort: „Danke" wird ausschließlich für manipulative Zwecke benutzt. Ein Narzisst geht auch davon aus, dass andere Menschen genauso gierig und neidisch sind, wie er selbst. Er ist nicht nur neidisch auf andere, sondern glaubt auch, dass diese ihn beneiden. Neid ist aus seiner Sicht ein Grund, weshalb ihn andere schlecht behandeln. Daraus resultiert sein entwertendes und arrogantes Verhalten. Dies beschreibt gut den Hintergrund für Thores Auftritt, als er mein Haus kritisierte. Ich war immer dankbar und zufrieden mit dem, was ich inzwischen erreicht hatte. Doch er zeigte schon zu dem Zeitpunkt all seine Feindseligkeiten.

Wenn sich nun jemand nicht selbst reflektieren kann und andererseits ein grandioses Bild von sich hat, lässt sich eine fehlende Kritikfähigkeit gut nachvollziehen. Jegliche gut gemeinte Anregung, Beanstandung oder sogar Maßregelung löst schnell eine Kränkung aus. All das entspricht nicht einer angemessenen Würdigung seiner selbst. Thore beschrieb mir sein Gefühl von Kränkung immer wieder mit Druck und Ablehnung. Sein innerliches Brodeln, nach unserem ersten Konflikt, der für Thore eine Kränkung darstellte, könnte eine nach innen gerichtete Wut gewesen sein. Für mich stellte diese körperliche Reaktion auf jeden Fall einen Stau der Emotionen dar. Aus der narzisstischen Kränkung heraus entstehen die Gefühle Wut und Rache, erfuhr ich inzwischen. Diese Gefühle äußerten sich bei Thore glücklicherweise nicht in einer nach außen gerichteten körperlichen Gewalt. Ob und in welchem Ausmaß er diese überhaupt anwenden würde, wenn seine Manipulationen nicht wirken würden, blieb mir weitgehend unbekannt. Nach außen gerichtete Wut lernte ich bei Thore nur am Telefon, als er mich abwertend beschimpfte kennen. Ich wollte wieder einmal etwas von ihm und es gab wohl noch weitere Forderungen von Menschen an diesem Tag. Mich erschrak seine gehobene Stimme einst sehr. Sicher würde Thore bei längerem Zusammensein auch diese Merkmale, die von Wut und

Rache gezeichnet sind, offensichtlicher zeigen. Thore ging immer wieder davon aus, dass ich Rachegefühle ihm gegenüber ausleben könnte. Das lag natürlich an seiner eigenen Vorstellung, die er auf mich projizierte

All die Merkmale der narzisstischen Persönlichkeitsstörung erklären mir allmählich, mit welchen Manipulationen und Strategien Thore in Beziehung zu anderen Menschen geht. Auch welche Dynamik sich dadurch zwischen ihm und mir entwickelte, verstehe ich nun immer mehr. All diese Eigenschaften mit den daraus resultierenden Verhaltensweisen und Manipulationen, ergeben einen nicht endenden Kreislauf, der bei jedem Menschen mit einer narzisstischen Persönlichkeitsstörung, egal welcher Nationalität oder sozialen Schicht er entspringt, gleich abläuft. Man könnte auch sagen: „Kennst du einen Narzissten, kennst du sie alle."

Bevor ich auf Thore traf, kannte ich jedoch keinen. Mehrere Monate hatte ich nach der endgültigen Trennung damit verbracht, all das Erlebte einzuordnen und zu verstehen. Die Merkmale eines verdeckten Narzissten in der Beziehungsdynamik zu verstehen, fiel mir anfangs sehr schwer. Doch allmählich ließen die gewonnenen Erkenntnisse die Schuppen von meinen Augen fallen. Klarheit machte sich immer mehr breit.

Für einen gesunden Menschen ist es kaum nachvollziehbar, sich in die Motivation des Narzissten mit all den damit verbundenen Mechanismen einzufinden. Sehr viele Märchen beschreiben Geschehen, in denen Manipulationen eine verheerende Rolle spielen. Im Märchen: „Der Wolf und die sieben Geißlein", macht sich der Wolf das Nachahmen der Geiß zunutze, um an sein Fressen zu kommen. Geschickt findet er die passenden Details heraus, die er an sich verändert, um seine geeignete Rolle spielen zu können. Thore tat dies in einem ähnlichen Maße und passte auch seine Rolle immer wieder meiner momentanen Situation an.

Das Märchen vom Schneewittchen, in dem die böse Stiefmutter mit unterschiedlichen Rollen dem Mädchen etwas Falsches vorgaukelt, um an ihr Ziel zu kommen, kennen wir alle. Deren Sucht, die Schönste im ganzen Land sein zu wollen, bildet einen vergleichbaren Hintergrund für die narzisstische Persönlichkeitsstörung. Ein Narzisst hat eine Sucht nach Grandiosität. Immer dann, wenn ich dieser nicht gerecht wurde, weil ich meine eigene Position auf Augenhöhe verlangte, wurde ich von ihm ignoriert oder beleidigt. Konstruktive und bindungsorientierte Verhaltensmuster nach denen ich handelte und agierte, sah Thore dann als manipulativ an. Oftmals war er davon überzeugt, dass ich mit ihm Machtspiele führte. Mit dem kompletten Störungsbild des Narzissmus kann ich nun klar erkennen, dass wir keine gemeinsame Basis für eine Beziehung hatten. Er wollte seine Leere auffüllen und sich als grandios erkennen. Ich wollte eine gleichberechtigte Partnerschaft auf Augenhöhe mit ihm führen.

Die innere Leere ist nicht nur bezeichnend für einen Narzissten, sondern sie ist von ihm auch sehr gefürchtet. Quälendo Langeweile, wie man sie beispielsweise bei Depressionen kennt, begleiten ihn immer wieder. Diese kommen unweigerlich, wenn niemand da ist, der ihn mit Emotionen und Zuwendung erfüllt oder es keine anderen äußeren Reize gibt, die diese Leere beleben könnten.

Immer war ich voller Hoffnung, dass ich dieses verborgene Innere von Thore doch bald kennenlernen würde. Dann, wenn er vertraut und sich mir öffnet. Sicher ist dies ein Aspekt, der Thore einerseits hilflos erscheinen lässt und andererseits in mir immer wieder meine Hoffnung nährte. Doch diese inneren Eigenschaften bleiben bei einem solchen Menschen unwiederbringlich verschlossen. Ein

Narzisst wird immer seinem erlernten Mechanismus folgen. In der Psychiatrie werden Persönlichkeitsstörungen als unheilbar angesehen. Durch langzeitige Therapien könnten jedoch im Verhalten Veränderungen erzielt werden. Nur landen diese grandiosen Menschen selten auf dem roten Sofa.

Nun versuchte ich mit diesen Erkenntnissen herauszufinden, welche Dinge genau Thore sich bei jeder Begegnung mit mir ausmalte, dass er sie von mir bekommen könnte. Was genau sollte ich in ihm auffüllen? Sicher war es anfangs sogar die Liebe, die er sich erhoffte. Ein Narzisst liebt, wenn er die ihm würdige Bewunderung und Aufmerksamkeit bekommt. Sein Verständnis hat nichts mit der üblichen Bedeutung von Liebe zu tun. Er braucht und missbraucht sein Gegenüber. Je mehr er bekommt, umso mehr liebt er.

Ein Brief, den Thore mir einst als Antwort geschrieben haben könnte, würde mit grausamster Ehrlichkeit in etwa so aussehen:

„Liebes Opfer,

mit deinem Namen spreche ich dich nicht an, weil dieser unwichtig für mich ist. Vergessen habe ich ihn nicht, aber warum sollte ich ihn verwenden. Ich sehe dich nicht als Person. Du bist ein tolles Gerät, denn genau darum habe ich dich ausgesucht. Ich habe dir vorgespielt und ich werde es weiterhin tun, dass ich mich für dich interessiere. Du hast mir genug Stoff gegeben, um mir das möglich zu machen. Nun kenne ich dich besser, als du mich überhaupt kennenlernen kannst. Ich denke mir immer wieder neue Dinge aus, die dir vermitteln, dass wir beide eine ganz besondere Anziehungskraft haben. Das magst du doch, denn du hattest gesagt, dass ein Partner für dich etwas Besonderes an sich haben müsste. Ich bin sogar sehr besonders. Alles, was ich dir über mich erzählte, war ein wenig übertrieben. Ich bin großartig, möchte aber, dass die Welt mich noch als viel großartigeren Mann ansieht. Also erzähle ich von ehrenwerten Leuten und du wirst mich selbst als solchen erkennen. Manchmal übertreibe ich auch mit meinen Lügen. Ich muss es tun, denn so bin ich nun mal. Du wirst aber nichts dagegen haben, weil ich dir schöne Lügen erzähle. Lügen, die dir gefallen, dir schmeicheln, dich zum Lächeln bringen und vor allem mich großartig erscheinen lassen. Solche Lügen werden dir den Kopf verdrehen und dein Herz schneller schlagen lassen. Es ist nichts falsch daran, dass ich dich gut fühlen lasse. Ich werde dich dazu bringen, dich in mich zu verlieben. Ich werde dein Herz im Sturm erobern und du wirst lieben, wie du noch nie zuvor jemanden geliebt hast. Du wirst nie wieder jemanden so lieben können, wie du mich geliebt hast. Das hoffe ich zumindest. Ich hoffe wirklich, dass du diejenige sein wirst, die diese Leere in mir füllen kann. Mit deiner vollkommenen Liebe.

Doch zuerst lass uns einfach ein wenig Spaß haben. Ich möchte, dass du mich als deinen König anerkennst und mich zum Mittelpunkt deines Lebens machst. Für mich ist nur das wichtig, was du für mich tun kannst. Du entsprichst genau dem, was ich von dir brauche und will. Du kannst mich mit Fürsorge, Zuwendung und Essen versorgen, wenn Mutter für eine Weile nicht da ist. Auch mit Sex könntest du mich in dieser Zeit beglücken. Ich verspreche dir, du wirst süchtig nach mir werden. Doch ich werde gut zu dir sein, wenn du gut zu mir bist und so werden wir kreisen. Es ist alles Sonne, Liebe und Romantik. Ich werde schnell voranschreiten und das Leben wird sich schnell entwickeln. Du wirst nicht mehr wissen, wie es dazu gekommen ist, wenn ich schon bald in deinem Bett schlafe, mein Auto in deiner Garage zerlegt habe und ich immer

*wieder mal all das, was du mir zu geben hast, nutzen werde. Doch
ich werde dir auch alles geben. Was ich dir gebe, ist nicht echt, aber
das spielt keine Rolle. Wichtig ist, dass du denkst, dass es echt ist.
Warum solltest du dich auch beschweren, wenn sich alles wie die
Wahrheit anfühlt?*

*Von deinen Freunden und der Familie werde ich dich geschickt
isolieren. Das ist mir schon bei so vielen Anderen vor dir gut
gelungen. Darin hatte ich schon viel Übung. Ich kann nicht anders
und ich brauche dich allein in meiner Welt. Dort gibt es keinen Platz
für deine Familie und deine Freunde. Wir beide sind
Seelenverwandte. Ich mache dieses charmante Spiel so oft, dass es
zu meinem zweiten „Ich" geworden ist. Ich kann es einfach nicht
lassen. Kein Wunder, dass ich manchmal meine eigenen Lügen
glaube.*

*Du wirst jetzt die schönste und atemberaubendste Zeit deines
Lebens haben. Es wird jenseits von dem sein, was du zuvor erlebt
hast. Ich werde dich verzaubern, begeistern, faszinieren und in
Erstaunen versetzen.*

*Ich möchte, dass du die Richtige bist und mir sehr lange zur
Verfügung stehst. Lass mich nicht im Stich!*

Dein Narzisst."

Solche Worte beschreiben die knallharten Beziehungsabsichten, die
ein Narzisst verfolgt. Natürlich würde ein verdeckter Narzisst dies nie
offen legen. Doch jede einzelne Situation, die ich mit Thore erlebt
hatte, betrachtet mit einem solchen Hintergrund, lässt all meine
Fragen mit eindeutiger Klarheit beantworten.

Kapitel 8: Das Bühnenstück

Zu irgendeinem Zeitpunkt hatte auch Thore mich auserwählt. Schon beim Schreiben auf der Internetseite und beim darauffolgenden ersten Treffen hatte er mich mit seiner kalten Empathie durchleuchtet. Schon lange bevor ich die beginnende Dynamik zwischen uns erkennen vermochte, nutzte Thore meine momentanen Stärken und Schwächen für sich aus. Sein Märchenspiel konnte beginnen.

Schon auf der Internetseite begann er äußerst effektiv mit mir in einem manipulativen Stil zu schreiben. Mit den Worten: „Bin über die Ferien im Urlaub bei der Familie in Hessen, können uns danach erst wieder zu einem Treffen verabreden" oder auch diese: „Sicherer ist SMS, die erreicht mich immer, da am Mann", suggeriert er mir, dass er ganz wichtig ist. Da Thore das immer wieder auf diese Weise mit mir kommunizierte, erzielte er auch schnell die entsprechende Wirkung bei mir. Er wurde tatsächlich zu schnell zu wichtig für mich. Thore stellte sich somit als enorm wichtig, richtig und auch passend für mich dar. Mit etwas unterschwellig angedeutetem, wie dem Satz: „Einfach ist es ja nicht etwas Passendes zu finden", ließ er mich meine eigenen Gedanken darin einfließen. Man solle nicht so viel von einem Partner erwarten, denn so viele Möglichkeiten gab es nicht mehr, war ein möglicher Appell in dieser Nachricht. Solche suggestiven Wortaneinanderreihungen mischten meine eigenen Vorstellungen und Gedanken ganz schön auf. Im weiteren Verlauf unserer Unterhaltung über das Internetportal wurde auf diesen Gedanken dann nicht mehr eingegangen. Dieses Thema blieb unbearbeitet. Doch die mit den eigenen Glaubenssätzen verbundene Information wirkte bei mir unterschwellig weiter.

Seine Nachrichten hatten ständig diesen seltsamen Schreibstil inne und ich merkte lediglich, dass er nicht richtig auf mich einging beim

Schreiben. Dieses nicht Ausdiskutieren von Informationen und die damit verbundene Unterschwelligkeit nahm ich irgendwie wahr, doch in dieser Phase des Kennenlernens zeigte ich Verständnis dafür. Ich wusste, das Schreiben im Internet eben nicht so offen sein kann, wie eine Unterhaltung in der Realität.

In seinen Nachrichten bekundete Thore immer wieder großes Interesse daran mich kennenzulernen. Dann kam jedoch immer wieder irgendetwas dazwischen, weshalb er gerade nicht mit mir schreiben konnte. Entweder hat er kein Internet, seine Tochter war gerade bei ihm oder er schien für jemanden anderes sehr wichtig zu sein, weshalb ich zum Warten angehalten wurde. Schon da begann er nach einer gewissen Regelmäßigkeit in unserer Unterhaltung die Kontinuität immer mal wieder zu unterbrechen. So gelang es ihm schon vor unserem ersten Treffen eine gewisse Abhängigkeit in mir zu installieren. Thore konditionierte mich schon sehr früh und ich bemerke von seinen Manipulationen nichts.

Nun kam es im weiteren Verlauf unseres Kennenlernens so, dass ich beim ersten Telefonat mit Thore von seiner Stimme und seinen Worten sehr beeindruckt war. Er strahlte eine gewisse Stärke aus und gab mir noch mehr Wichtigkeit und Richtigkeit seiner Person als Gefühl mit auf den Weg. Seine Nüchternheit bei unserem Telefonat wirkte lediglich klar und sachlich auf mich. In keinster Weise kam in mir die Idee oder eine Ahnung auf, dass irgendetwas von seinem selbstsicheren Auftreten einen anderen Hintergrund haben könnte, als ich annahm.

Bei unserem ersten Treffen wirkte Thore genau so auf mich, wie ich ihn mir durch das Schreiben und Telefonieren vorgestellt hatte. Sein Verhalten an diesem Nachmittag war außerdem zunehmend charmant. Er zeigte Geduld und Fürsorge, als er mir beispielsweise

Vorschlug einen kostenfreien Parkplatz aufzusuchen und später auch beim Finden einer Toilette. Sein anfänglich ruhiges, zurückhaltendes aber nicht schüchternes Auftreten zeugte von Bescheidenheit. Mit seinem Charme, aber auch mit seiner nach Unterstützung schreienden Sensibilität hatte er mein vollstes Interesse geweckt. Mein Gefühl von ihm durchleuchtet zu werden, verwechselte ich mit Interesse und gutem gegenseitigen Verständnis. Er hatte seine empathischen Fähigkeiten dazu benutzt, um dann die geeignete Rolle für mich spielen zu können. Das erste Mal ist ihm das schon sehr gut gelungen, als er mir meine eigenen Vorstellungen und Maßstäben für eine gute Beziehung als die seinen präsentierte. Besonders hatte mich beeindruckt, dass wir identische grundlegende Werte für eine Partnerschaft hatten. Ich sprach darüber zuvor nicht mit ihm und war darum enorm verblüfft, dass er meine eigenen Gedanken aussprach. Mit der Spiegelung meiner Selbst hatte er mir vermittelt, dass wir super zueinander passen. Wie eine Art Seelenverwandtschaft fühlte es sich für mich an. So erschlich Thore sich schnell mein Vertrauen, denn ich war mir nun sicher, dass wir beide die gleichen Absichten verfolgten.

Als ich mich schon an diesem Tag im hier und jetzt fühlte, war ich schon längst in seinen toxischen Schnüren eingesponnen. Diese magischen Momente im Auto, die ich erlebte, ordnete ich meinen eigenen möglichen Sehnsüchten nach körperlicher Nähe zu. Heute weiß ich, dass es genau das war, was Thore zu dem Zeitpunkt glaubte, von mir kriegen zu können.

Mir fiel es lange nach dieser Beziehung schwer zu verstehen, wie Projektionen in solch einer toxischen Beziehung funktionierten. Ich dachte oft, dass ich meine Wünsche und Vorstellungen auf ihn projizierte. Doch es war im Nachhinein gesehen genau anders herum.

Das, was ich geglaubt hatte in ihm zu sehen, spielte er mir nur vor. So konnte ich auch nur das sehen, denn etwas anderes gab es in seiner ansonsten leeren Hülle nicht. Die Dinge, die Thore mir spiegelte oder auch vorspielte, waren immer verändert. Sie passten zu jedem Zeitpunkt gut in sein Märchenspiel.

Innerhalb weniger Wochen hatte Thore es sogar geschafft meine eigene Mimik und Gestik nachzuahmen. Als ich mir später Bilder anschaute, die ich von uns beiden gemacht hatte, erkannte ich die Gemeinsamkeiten sehr gut. Die gleichen Gesichtszüge beim Lächeln entdeckte ich auf allen gemeinsamen Fotos. Bei Bildern, auf denen er allein zu sehen war, schaute Thore ganz anders. Dann wirkten seine Augen sehr klein und zeigten eine gewisse Leere oder auch sein seltsames Grinsen. Wenn ich dieses Phänomen auf mein Lieblingsfoto, auf dem er mit Lene zu sehen war, bezog, wurde mir sein häufig wechselndes Erscheinungsbild klarer. Ich mochte seine leuchtenden Augen auf diesem Bild besonders. So hatte ich ihn mir immer gewünscht, dass er mich so anschaute. Hier hatte er selbstverständlich beim Zusammensein mit Lene das Kinderstrahlen imitiert und wer könnte schon einem Kinderlächeln widerstehen. Natürlich machte Thore auch das nicht bewusst und es handelte sich auch nicht um Zauberei. Wie ein Schwamm nur ausgefüllt seiner Aufgabe gerecht werden kann, tat Thore dies auch, indem er seine innere Leere mit den positiven Emotionen seines Gegenübers auffüllte.

Bei unserer Unterhaltung im Auto, während des ersten Treffens, erlebte ich das erste Mal live einen Wortsalat, dem ich auch zeitweise die Bezeichnung „Informationsdeponie" verlieh. Beim Schreiben von Nachrichten hatte ich es schon erlebt, wenn Thore aneinandergereihte Wörter schrieb, ohne Sätze oder Wortgruppen dabei zu bilden. Auch die Worte ich, du oder wir, tauchten dabei fast nie auf. Ich dachte immer, es sei Bequemlichkeit so zu schreiben. Als ich dieses Thema mal ansprach, gab es von Thore die Erklärung: „Das stammt sicher noch vom Schreiben einer SMS." Bei einer SMS musste man sich ja wegen der beschränkten Zeichenmenge auf die wichtigsten Informationen beschränken. So nahm ich seine Erklärung als plausibel an. Doch ein Wortsalat sollte mit gezielten Gedankensprüngen, Äußerungen und Sichtweisen dem Zweck dienen, mich zu verunsichern. Als ich Thore des Öfteren bei einer Unterhaltung bald nicht mehr folgen konnte, hatte diese Taktik bei mir gewirkt. Ich zweifelte dann meine eigenen Fähigkeiten an und dachte tatsächlich, dass ich unkonzentriert wurde und nicht richtig zuhörte. So schaffte er es auch mit dieser Taktik, dass ich immer mehr an meinen eigenen Fähigkeiten zweifelte.

Nun hatte Thore mich in kürzester Zeit nicht nur eingesponnen, sondern auch enorm verunsichert. Alles, was ich während des ersten Treffens gehört und erlebt hatte, konnte ich nicht einmal in Ruhe zu Hause für mich abklären und einordnen. Mein Bauchgefühl sagte mir: „Es ist zu schön, um wahr zu sein". Doch es war irgendwie zu schillernd, um sich klar positionieren zu können. Meine gesammelten Fakten ließen ihn als eine gute Partie für mich erscheinen. Er schien gute Wertevorstellungen und Eigenschaften zu haben. Das einzige Problem zeigte sich in seiner langfristigen Arbeitslosigkeit. Doch darauf wollte ich ihn zu dem Zeitpunkt in seiner Persönlichkeit nicht reduzieren.

Gleich nach unserem ersten Treffen widerfuhr mir eine weitere Manipulationstaktik von Thore. Das plötzliche Erscheinen einer Ex-Freundin in seiner WhatsApp Nachricht verunsicherte mich sehr. Was sollte diese Frau für unsere Beziehung bedeuten? Eine dritte Person wurde nun von ihm dazu benutzt, um sich wieder interessant und wichtig für mich zu machen. Ich sollte doch klar erkennen, was er für ein toller Mann ist, dass seine Ex-Freundin nicht von ihm lassen konnte. Da Thore mich zu diesem Zeitpunkt schon längst in eine Abhängigkeit gebracht hatte, konnte ich selbst dieser rot aufleuchtenden Warnung nicht folgen. Thore war so unglaublich wichtig für mich geworden und ging mir nicht mehr aus dem Kopf. Meine Versuche ihn wieder loszuwerden, waren zum Scheitern verurteilt. Er hatte mich angezogen wie ein Staubsauger und ließ nicht locker.

Als ich ihm dann in meiner Verwirrtheit einen Brief geschrieben hatte, dachte ich immer, dass ich ihm damit einst zeigte, welch leichtes Spiel er mit mir haben würde. Doch aus heutiger Sicht hatten meine Worte ihm etwas anderes vermittelt. Gegenseitiges Verstehen, gemeinsam schöne Dinge erleben und vielleicht auch noch Sex zu haben, sind wichtig um mit mir eine Beziehung zu inszenieren, erzählte ihm mein Brief. Das waren die Dinge, die Thore durch meine Worte von mir erfahren hatte. Später stellt er mir diese dann immer wieder als die für ihn wichtigsten Beziehungsparameter dar. Vertrauen, sich verstehen, guten Sex haben und eine schöne Zeit zusammen verbringen, sah er als unser Beziehungskonzept. Ich schrieb konkret, dass er sich auf Sex sicher nicht reduzieren will. Unser Zusammensein erwähnte ich positiv und auch unser gutes Verständnis füreinander. Nur das war für ihn wichtig in meinem Brief. Alles andere waren sicher nur unwichtige Gefühlsduseleien. Das Bedürfnis nach Vertrauen könnte er womöglich aus meiner geschilderten Unsicherheit gefolgert haben. Näher liegt jedoch meine Annahme, dass sein Vertrauensbedürfnis darin begründet liegt, in seiner Grandiosität nicht von mir entsagt zu werden. Ich hatte ihm einen Brief geschrieben und ihm somit ungeheuerlich seinen großartigen Wert bestätigt.

Bei unserem zweiten Treffen erschien Thore mir ein wenig verändert. Aus den Mechanismen der Spiegelung und Projektion resultierend, war dies das Ergebnis einer nicht vorhandenen Zufuhr-Quelle an diesem Vormittag. Im weiteren Verlauf unseres Zusammenseins konnte ich ihn mehrmals so erleben. Thore wirkte dann immer schwach und depressiv auf mich. Dieses Erscheinungsbild veränderte sich jedoch schnell, wenn wir zusammen waren. Bei unseren Treffen gelang es Thore immer wieder schnell, die passende Rolle für mich zu spielen. Sein Ziel war es, gerade zu Beginn unseres Kennenlernens, sich für mich als den einzig wahren und tollen Mann darzustellen. So war es auch bei unserem zweiten Treffen.

Der Gedanke, im Januar schon die Wäsche für die Sommersaison ins Ferienhaus zu bringen, verwunderte mich etwas. Doch ich dachte zu dem Zeitpunkt nicht weiter darüber nach. Nicht nur der Vorwand mit der Wäsche, sondern auch die Tatsache selbst das Ferienhaus aufsuchen zu wollen, dienten Thore lediglich dem Zweck der Selbstdarstellung. All seine Erzählungen über die wichtigen Leute, die auf dem Weg zum Ferienhaus wohnten, oder damit im Zusammenhang standen, sollten mir, wie ich es in dieser Situation auch schon vermutete, imponieren. Nicht nur seinen Status wollte er damit erhöhen, sondern ich sollte so immer wieder unmissverständlich verstehen, was er doch für ein toller Hecht ist. Mit seinen erstklassigen Sachinformationen gelang ihm dies auch tatsächlich. Thore erschien mir immer mehr ein wirklich positiver Mensch zu sein und diese Einstellung hatte er bald in mir fest verankert. Jemand, der so tolle Sachen machte, erlebte oder um sich hatte, konnte doch einfach nur ein guter Mensch sein.

Im Gegensatz dazu zeigte Thore wenig Interesse bei Dingen, die mir wichtig waren. Ob es sich dabei um früheren Erlebnisse und Erfolge handelte oder es um momentane Dinge oder Ziele ging. All das interessierte ihn nicht meinetwegen. Ich konnte sein häufiges Desinteresse und Schweigen einst nicht deuten. Inzwischen verstand ich nun, dass es ihn wirklich nicht interessierte. Es war nichts, was etwas mit ihm zu tun hatte. Darin gab es keine Position für ihn zum Darstellen seiner Wichtigkeit und Richtigkeit. Jedoch hatte es nichts damit zu tun, dass ich ihn nicht interessierte. Sein Interesse an mir war einfach ein komplett anderes, als in meiner Vorstellung.

Thores Mischung aus Charme, Hilflosigkeit und Hochmut machten ihn besonders zum Anfang für mich schillernd und unwiderstehlich. Mittels all seiner geschickt abgestimmten Taktiken bemerkte ich nicht, dass ich inmitten eines Liebessuchtszenarios steckte. Ohne diese berauschende Entwicklung wäre mir klar geworden, dass dieser Mensch andere Spielregeln im Leben verfolgte, als ich. Auch die Themen Flirten, sich kennenlernen und Vertrauen finden, hatten bei ihm ein anderes Verständnis, als bei mir. Flirten bedeutete, den anderen mit Manipulation und Selbstdarstellung in eine Abhängigkeit zu bringen. Sich Kennenzulernen beinhaltete für Thore, die Schwächen und Stärken des anderen herauszufinden, damit er diese für eigene Zwecke benutzen konnte. Vertrauen hieß, dass er in seiner Großartigkeit bestehen blieb und ich sein wahres Selbst nicht erkannte.

Auch wenn Thore mir mehrfach ernsthafte Beziehungsabsichten versicherte, war das Führen einer Partnerschaft mit ihm nicht möglich. Der Beweggrund, eine Beziehung zu einem anderen Menschen einzugehen, kann so unterschiedlich sein, wie Menschen nun mal sind. Bedürfnisse, wie Familiengründung, Sicherheit,

Gemeinschaft, gute Lebensqualität, körperliche und sinnliche Freuden, finanzieller Wohlstand oder viele andere Gründe könnten die unterschiedlichsten Fundamente für eine Beziehung bilden. Je weniger die Bedürfnisse eine Rolle spielten, umso bedingungsloser könnte eine Liebe gelebt werden. Wahre Liebe lässt den anderen sein, was und wie er ist. Doch was würde passieren, wenn der andere scheinbar nichts brauchte? Alle mir bekannten Dinge an menschlicher Bedürfnisbefriedigung brauchte Thore aus meiner Sicht nicht. Könnte diese Beziehung dann nicht sogar die einzig wahre Liebe werden? Doch war sie wirklich bedingungslos? Thores Bedingungen für eine feste Beziehung verstand ich nicht und er hatte mir tatsächlich aus seiner Sicht nie etwas vorgegaukelt. Ich konnte nicht erkennen, dass er doch etwas von mir brauchte. Er brauchte mich als Spiegel, um in sich selbst das zu erkennen, was er da sah und um so die Leere in sich zu füllen. So blieb ich weiter mit meiner Hoffnung im Traum der bedingungslosen Liebe stecken.

Dass das nicht auf Dauer gut gehen konnte, lag auf der Hand. Zwei so extrem unterschiedliche Persönlichkeiten würden, genau wie schwarz und weiß niemals bunt werden, keine ausgelassene und fröhliche Beziehung entstehen lassen können. Es entstand zwischen uns eine Dynamik, in der ich im Märchenspiel gefangen blieb und es für Thore bald wieder zu langweilig wurde. Er erzählte mir tatsächlich mal, dass er sich in Beziehungen zu Frauen schnell langweilte. Das war zu dem Zeitpunkt, nachdem wir uns in einem Gespräch über den Stand unserer Beziehung geeinigt hatten. Dieser lautete, dass wir nun zusammen in einer festen Beziehung waren. Die Spannung sei nach einiger Zeit für ihn dann verschwunden, sagte Thore mir. Bei solchen Äußerungen dachte ich jedoch immer, dass es eine provokative Mitteilung von ihm sei, mit der er meine Reaktion testen wollte. Ich versuchte herauszufinden, was der Grund für seine aufkommende Langeweile sein mag. Auch das konnte ich letzten Endes nicht erfahren und gab diesen Worten wieder nicht die richtige Bedeutung.

Langeweile könnte aus meiner Sicht entstehen, wenn man gern etwas machen möchte und jedoch gerade überhaupt nichts tun kann. Auch das man etwas tun muss, obwohl man lieber etwas anderes täte, könnte eine mögliche Ursache für Langeweile sein. Thore selbst wusste nur selten, was genau er gern machen möchte. Unsere gemeinsamen Aktivitäten hatte ich meist vorgeschlagen und zur Umsetzung gebracht. Andererseits musste er aber auch nichts machen, was er nicht wollte. Thore konnte wegen seiner wenigen Verpflichtungen eigentlich immer seinen Tag frei gestalten. Doch immer wieder getrieben zu sein, sich eine geeignete Quelle als Mittel zum gerade aktuellen Zweck suchen zu müssen, stellte ich mir mit zunehmender Erkenntnis, sehr anstrengend vor. Ich verstand bald sehr gut Thores Worte: „Die sind immer für mich da", die er häufig über seine Familie äußerte. Eingebettet in dieser Konstellation wusste er, dass er dort seine nötige Anerkennung und Würdigung bekommen würde. Hier konnte er im Alltag überleben.

Sicher unternahm Thore mit seiner Familie und insbesondere mit Lene auch ein entsprechendes Spiel mit eigenem Charakter. Vielleicht kannten diese Mitspieler sogar die Spielregeln. Ich kannte sie nicht, während ich im toxischen Kreislauf gefangen war. Auf jeden Fall wurde ich, während Thore mit seiner Familie zusammen war, für ihn uninteressant. Sein Märchenspiel mit mir war dann einfach nicht angesagt. Er hatte nun einen anderen Spielkameraden. Doch sicher wurde jedes Spiel ab und zu mal langweilig für ihn. Es hatte wohl nach einer gewissen Zeit ausgedient. In Paarbeziehungen trat dies immer dann ein, wenn die Frauen alle waren, weil Thore sie in den entsprechenden Bereichen ausgenommen hatte. Auch als ich am Ende war, wurde ich extrem langweilig für ihn. Ich spürte das sogar, aber ich konnte nichts daran ändern.

Dann gab es noch die aus dem Erlebnishunger resultierende Langeweile. Diese brachte Thore dazu, immer wieder etwas Schönes erleben zu müssen. Wie ein Junkie durchs Leben zu ziehen und sich mit schönen Aktivitäten zu reizen, sollte seine innere Leere auffüllen. Die vielen Unternehmungen, die er mir in seinen Nachrichten schrieb und die er auch mit mir zusammen machte, sollten ihm den nötigen Kick verschaffen.

Ich stelle mir einen Luftballon mit einem Gesicht darauf vor. Doch der Ballon hat ein kleines Loch. Er sieht farbig aus und lächelt, wenn er aufgeblasen ist. Nun versuche ich ihn mit meiner Atemluft aufzupusten. Ich sehe dabei sein Lächeln, doch sobald ich aufhöre zu blasen, um nach Luft zu schnappen, hört er allmählich auf zu lächeln und beginnt in sich zusammenzufallen. Schnell atme ich tief ein und gebe ihm einen kräftigen Luftstoß, damit er weiter lächelt. Das tue ich immer wieder. Früher oder später geht mir jedoch die Puste aus. Vielleicht hat jemand anderes eine Maschine, die den Ballon gleichbleibend mit Luft auffüllen kann. Ich habe leider keine. Nun kann ich ihn nicht mehr zum Lächeln bringen.

Immer wieder fragte ich mich, warum Thores Interesse an mir immer solchen extremen Schwankungen unterlag. Nach einer gewissen Distanz war sein Interesse plötzlich wieder groß und dieser ständige Wechsel, war für mich nie berechenbar. Zunehmend wollte ich dann nur noch nehmen, was er mir zu geben bereit war. Doch auch das hatte nicht funktioniert. Nicht nur mein Selbstwertgefühl, sondern meine gesamte Lebensenergie ging immer mehr verloren. Natürlich blieb Thore dies nicht unbemerkt. Gewiss hatte er diese Veränderungen gesehen. Für ihn bedeutete dies, dass meine Liebe zu ihm schwinden würde. Weil ich zunehmend destabilisiert wurde, hatte ich ihm natürlich auch immer weniger zu bieten. Die ersten Aktivitäten sagte ich wegen meiner nicht so guten Verfassung ab. Doch das Ende dieser entwertenden Phase ist der Punkt, an dem ich komplett alle bin. Als ich nach der Erkältung und der Gürtelrosenerkrankung körperlich und seelisch am Ende war, wurde ich extrem depressiv. Nun weinte ich auch in seinem Beisein und war nicht mehr ich selbst. Thore jedoch hatte in diesem Moment in meiner Wohnküche getanzt und gesungen. Nur zu genau wusste er, wie es um mich steht. Doch ich war zu einer Sache nur für ihn da. Ich sollte ihn zu einem grandiosen Menschen machen und ihn natürlich auch als solchen ansehen. Sich an meinem Fall in den schwarzen Abgrund ergötzen zu können, muss für ihn die größte Erhöhung dargestellt haben. Er fühlte sich einfach unglaublich großartig, weil ich ihm nach heulte und nun selbst innerlich leer war.

Später, als er die Beziehung angeblich beenden wollte, bot er mir seine Freundschaft an. Diese hätte für mich nichts anderes bedeutet, als dass, was er zuvor mit mir gemacht hatte. Mit dem Hintergrund einer Freundschaft würde er mich immer wieder zu einem weiteren Märchenspiel zurückholen können. Wie das aussehen würde, war ungewiss. Der Kreislauf jedoch wäre immer wieder der gleiche und zu jedem Ende des Bühnenstückes würde ich wieder, wie ein ausgedientes Spielzeug in der Ecke landen.

Kapitel 9: Die Spielregeln

In unserem Fall begann dieses Spiel zwar mit dem kleinen
Regelwerk, was wir uns beim ersten Treffen stillschweigend gesetzt
hatten, was aber von Thore nie eingehalten oder berücksichtigt
wurde. Auch ich schlug dieses Werk, in dem ich meine wichtigsten
Beziehungsregeln verankert hatte, immer weniger auf.

Doch nun soll es vorerst um die Spielregeln, die Thore benutzte
gehen. Einige hatte er noch aus seiner vorherigen Beziehung
mitgebracht. Davon lautete eine, dass mein Haus für ihn
entsprechend hergerichtet werden musste, damit es ihm würdig wird,
darin mit mir Zeit zu verbringen. Die Mutter von Lene hatte ein
eigenes Haus, in dem er mit ihr zusammen das gemeinsame Kind in
den ersten Monaten betreute. Thore erzählte mir, dass er dort viel
gemacht hatte und vor allem dafür sorgte, dass Lene gestillt wurde.
Als diese Frau ihn dann nicht mehr brauchte, hatte sie ihn angeblich
rausgeschmissen. Die Dynamik in ihrer Beziehung liegt jedoch nur in
meiner vagen Vorstellung und hing letzten Endes von der Frau selber
ab.

Seine eigene Wohnung im Elternhaus trug auch dazu bei, einen
seiner angestrebten Werte mitzugestalten. Hierbei ging es nie darum,
dass man sich etwas Schönes erschafft, etwas aus eigener Kraft
hervorbringt und dieses dann schätzt. Ob nun das Eigenheim oder
die Mietwohnung, beiden muss in gewisser Weise Aufmerksamkeit
und Wertschätzung geschenkt werden. Diese durch Mietzahlungen
oder eigene Leistungen zu erbringen, macht es selbstverständlich
erforderlich immer eine gewisse Verantwortung dafür zu tragen. So,
wie jeder Erwachsene sich sein Heim selbst erschaffen würde, lief
dies bei Thore nach einem anderen Mechanismus ab. Schön sollte es
immer sein, sagte er mir oft und er würde auch dabei helfen, dies

erreichen zu können. Nur konnte er auch in dieser Hinsicht nichts aus eigener Kraft entstehen lassen. Das Thema Wohnen wurde aus seiner Anspruchshaltung heraus bestimmt. Danach steht es ihm zu, entsprechend schön zu wohnen. So sollte ich es mir nicht nur praktisch, sondern auch schön machen in meinem Haus. Dieses dann zu nutzen, strebte er an. Dabei zu helfen, diente ausschließlich der Selbstdarstellung.

Immer wieder fragte ich mich, warum Thore so viele Dinge, die im Elternhaus und auch im Ferienhaus erledigt werden müssten, nicht nachging. Er mähte Rasen, harkte Laub, hackte Holz und fegte Schnee. Es gab jedoch auch viele Dinge, die nicht fertiggestellt waren oder dringend eine Reparatur benötigten. Darum kümmerte sich Thore nicht ein einziges Mal während unserer gemeinsamen Zeit. Er thematisierte diese Dinge auch nie. Alles wurde von ihm nur notdürftig so erledigt, wie er es brauchte, um es nutzen zu können. Weil ihm jedoch ein Wohnen in einem schönen Haus von den Eltern und auch der Mutter von Lene geboten wurde, entstand daraus die Qualität in seiner Anspruchshaltung. Sicher hatten nicht nur seine Eltern ein hochwertiges Anwesen, sondern auch Lenes Mutter. Ich, als seine nächste Zufuhr-Quelle, sollte nun nach den gleichen Maßstäben das Heim herrichten. So würde mein Haus dann auch seiner würdig sein.

Zu Thores wichtigstem Anspruch in einer Beziehung gehörte immer wieder Vertrauen. Er sagte mir mal, dass es aus seiner Sicht etwa ein Jahr dauern würde, bis man dem anderen vertrauen kann. Dass man sich bis dahin vielleicht erst richtig kennen könnte, lag auch in meiner Vorstellung. Thores Bedeutung für das Wort Vertrauen, konnte ich nie richtig verstehen. Manchmal glaubte ich, dass er gerade sehr viel davon hatte. Immer dann, wenn aus meiner Sicht alles harmonisch verlief und er mir wieder etwas mehr zu geben bereit war. Doch jetzt weiß ich, dass dieser Wechsel von Harmonie und Disharmonie nur dem Ziel diente, mich weiterhin an ihn zu binden. Vertrauen kann man nur durch Interaktion mit dem anderen finden. Für mich bedeutet es hauptsächlich, dass ich innerlich davon überzeugt bin, dass der andere richtig und wahrhaftig ist und auch dem entsprechend handeln würde. Doch wie könnte man Vertrauen finden, wenn die emotionale Wahrnehmung abgespalten war und wie viel Vertrauen hätte man dann in sich selbst?

Oft glaubte ich, etwas von Thores Innenwelt entdeckt zu haben. Immer wenn er sich wieder mal wie ein Fünfjähriger verhielt, konnte ich emotionale Regungen bei ihm erkennen. Nicht nur nach einigen Konflikten, weil ich meine eigenen Interessen durchsetzen wollte, verhielt er sich dann bockig, wie ein Kindergartenkind. Auch wenn er sich sehr auf etwas freute, erschien er mir mit seinem Lachen ein wenig kindisch. Es wird bei einer Persönlichkeitsstörung in vielen Fällen davon ausgegangen, dass in der Kindheit durch traumatische Ereignisse die Gefühlswelt ein Stück weit abgespalten wurde. Das Innerste wurde einfach verschlossen. Wenn bei Thore dies nun beispielsweise im fünften Lebensjahr passierte, blieb er womöglich in dieser emotionalen und seelischen Entwicklungsphase stecken. Intuitiv versuchte ich tatsächlich so manches Mal, besonders in Konfliktsituationen, mein erlerntes pädagogisches Wissen für das Kindergartenalter anzuwenden. Natürlich funktionierte das nicht. Mein Verdacht, dass es im Innersten von Thore doch etwas gab, ließ mich immer wieder hoffen, dass er sich mir gegenüber doch langsam öffnen würde. Doch Thore besaß kein Vertrauen, wie ich es kenne. Sein Mechanismus lief anders ab. Wie in dem Brief des Narzissten beschrieben, erhofft sich dieser, dass sein Opfer ihm lange zur

Verfügung stehen würde. Genau das beinhaltete Thores Vorstellung von Vertrauen. Er wollte einfach diejenige finden, die ihn lange und gut mit möglichst vielen Dingen versorgte.

Niemand konnte Thore bisher mit dem versorgen, was er ständig brauchte. Immer würden Frauen wieder gehen, weil sie sich selbst schützen wollten oder weil er sie wegschmiss, wenn sie ausgedient hatten. Ich verstand nun schnell auch Thores Angst von mir vergiftet zu werden. Sicher lag es an seiner eigenen Negativität, die er von sich auf andere schloss. Mit seiner inneren Leere konnte Thore immer so viel Vertrauen haben, wie sein gegenüber ihm in Form von positiven Emotionen und Anerkennung spiegelte. Aus sich heraus ein gesundes Selbstvertrauen haben zu können oder dieses zu finden, wäre ihm nicht möglich. Wenn Vertrauen jedoch davon abhängt, wie lange der andere ihn mit nährender Energie versorgte, um so seine Grandiosität und inneren Leere zu füttern, ist aus meiner Sicht auch dieses Vertrauen nicht echt und nur ein weiteres Bühnenstück seines Märchens.

Immer wieder fragte ich mich im Nachhinein, ob Thore wusste, welches Bühnenstück er mit mir spielen würde. Was er gerade am meisten im Leben brauchte, spielt dabei die entscheidende Rolle. Das hing natürlich immer von der jeweiligen Lebenssituation ab. Ich wurde gebraucht, während seine Mutter in der Klinik und zur Kur war. Schon bei unserem zweiten Treffen kündigte Thore mir die Operation seine Mutter für Ende Januar an und auch von der anschließenden Kur berichtete er. Seine dabei vermittelte Sorge galt jedoch mehr seinem dann bevorstehenden Alleinsein. Intuitiv hatte ich diesen Beweggrund schon oft in Erwägung gezogen, doch ich wollte es scheinbar nicht wahrhaben. Dieser Gedanke war mir einfach zu absurd.

Meine emotionalen und fürsorglichen Fähigkeiten hatte Thore schnell in mir erkannt. So war ich für den Ersatz der Mutter wohl auch genau die Richtige. Mein eigenes Haus war für ihn vorerst angemessen, was er schon früh versuchte herausfinden. So malte er sich schnell aus, gemeinsam Zeit mit mir darin zu verbringen und schöne Unternehmungen von dort aus zu bestreiten. Das schützte ihn vor dieser gehassten Langenweile. Später nahm Thore auch Holz und Steine mit nach Hause, welche bei meinem Nachbarn herumlagen. Er schaute oft, was er in der Nähe meines Grundstückes für sich ergattern konnte. Da es Abfälle waren und er dieses Holz zum Verbrennen im Ofen benutzen wollte, sah ich dies nicht als negative Eigenschaft von ihm an. Von mir hatte er glücklicherweise keine materiellen Güter oder Wertsachen für sich in Anspruch genommen oder entwendet. Sicher hatte er bemerkt, dass ich in diesem Fall meine Grenzen so schnell nicht von ihm überrennen lassen würde. Doch Thore sprach immer wieder unterschwellig meinen Schuppen an, in dem er sein altes Auto ausschlachten könnte. Er sagte oft, dass es schön ist, dass ich das Nebengebäude habe und plante sogar, wie man die sehr enge Einfahrt befahrbar machen könnte, um ein Auto darin unterzubringen. Auch sagte er immer wieder, dass er seinen alten Passat am liebsten ausschlachten würde. Er hatte das Auto in unserer gemeinsamen Zeit auch nie verkauft, was mich vermuten ließ, dass er seinen Wunsch nicht so schnell aufgeben wollte. Doch er fragte mich nur ein einziges Mal direkt, ob er es bei mir zum Auseinanderbauen unterbringen könnte. Mir gefiel dies nicht und an Veränderungen am Nebengebäude hatte ich auch kein Interesse. Darum lehnte ich seine Idee überzeugend ab. Doch so manches Mal dachte ich später tatsächlich darüber nach es ihm zu gewähren. Die Hoffnung, dass wir dann öfter zusammen sein würden war sehr verlockend für mich. Nun ging in diesem Fall sein Spielplan nicht auf und ich bin wirklich froh darüber, in dieser Hinsicht nicht meine Grenzen verloren zu haben.

Mit meinem eigenen Haus entsprach ich sicher auch seiner Vorstellung vom guten Status. Dass meine berufliche Stellung als Erzieherin unterhalb seinen unzähligen Statuserfahrungen mit Lehrerinnen lag, würde ich inzwischen nicht mehr bezweifeln. Lenes Mutter hatte ihm als Lehrerin den entsprechenden Anspruch auch in dieser Hinsicht für seine nächste Beziehung mitgegeben. Doch sicher musste auch Thore hin und wieder gewisse Abstriche in seinem Leben machen. Er schaute immer weiter, was ich ihm sonst zu bieten hätte. Während seines ersten Besuches bei mir zu Hause sprach er die Firma meines Vaters an. Dabei interessierte es ihn weder welche Leistungen in dem Unternehmen erbracht wurden, noch dass mein Vater über das Rentenalter hinaus tätig war. Thore schlussfolgerte vielmehr, dass ich sicher von der Firma profitierten würde und mein Vater wohl auch gut finanziell für die Familie vorgesorgt hätte.

Im Sauseschritt werde ich ausgetestet und klargemacht, sodass ich nicht richtig mitbekomme, wie er immer wieder versucht meine Grenzen zu übertreten. Thore versuchte immer wieder herauszufinden, wie weit er gehen konnte, um sich mit Dingen von mir versorgen zu lassen. Wie ein Wirbelwind hatte er sich bald nicht nur in meine Emotionen eingeschlichen, sondern mischte sich zu früh immer mehr in meine persönlichen Angelegenheiten ein.

Als er bei seinem zweiten Besuch bei mir zu Hause nach einer Gaststätte im Internet suchte, nahm er ungefragt mein Handy, zog mit dem Finger das richtige Sperrmuster und begann darin zu schauen. Ich war sehr erschrocken über seine Dreistigkeit und dass er das Sicherungsmuster wusste. Mit meiner Empörung darüber, gab ich ihm da eine klare Grenze, die er dann im weiteren Verlauf unseres

Zusammenseins nach meinem Wissen, immer einhielt. Sicherheitshalber veränderte ich jedoch immer wieder dieses Sperrmuster. Mir wurde nicht klar, dass ich selbst kein Vertrauen zu ihm hatte. Ich verwechselte seine vorgespielte Grandiosität und auch Projektion mit Vertrauen.

Bezüglich meines Hauses war mir sein Einmischen schon zum Anfang zu viel. Deshalb fragte ich ihn, als er so viele Dinge verändern wollte, ob er nicht gleich bei mir einziehen möchte. Durch meine Standhaftigkeit in vielen Bereichen, die mein Hab und Gut angehen, hatte er mich in dieser Hinsicht nur mäßig schädigen können. Doch in vielen anderen Bereichen konnte Thore es immer wieder schaffen, dass ich meine Grenzen für ihn weiter öffnete.

Thores Bedürfnis, ständig etwas erleben zu müssen, war für mich zu Beginn sehr angenehm. Ich fand es, bis zu einem gewissen Punkt sogar schön, so viele Dinge mit ihm gemeinsam erleben zu können. Doch auch hier war alles wieder ein Tick zu viel. Als ich dann schon die ersten Schlafstörungen hatte, wünschte ich mir besinnliche Momente, in denen ich zur Ruhe finden würde. Da begann ich darüber nachzudenken, weshalb Thore ständig etwas Schönes erleben wollte. Es sich immer angenehm machen zu wollen im Leben, empfand ich bald als ungesunde Einstellung von ihm. Ich wusste aber nicht, dass ich ihn mit gemeinsamen Aktivitäten füttern sollte, um seinen Erlebnishunger zu stillen. Wenn wir beide jedoch mal nicht unterwegs waren, arbeiteten wir im Haus oder aßen etwas. In ruhigen Momenten auf dem Sofa schlief Thore meistens einfach ein und ich dachte des Öfteren, er sei dann erschöpft. Doch was sollte er machen, wenn ihn gerade niemand mit Energie versorgte und es keine aufputschenden Erlebnisse gab? Dann könnte man doch auch ebenso gut schlafen.

Ich erinnere mich daran, als Thore meine Räder wechselte. Ich dachte, dass er an diesen Tagen irgendwie schwächelte. Doch es lag an mir. Er hatte es natürlich bemerkt, dass ein Wrack an ihm klebte und ich nun wieder ein Mal Zeit mit ihm einforderte. Seine Zufuhr-Quelle ging nun langsam aus. Das Heiß-Kalt-Spiel hatte mir die Luft ausgehen lassen und mit einem platten Ball spielt keiner mehr gerne. Thore hatte nun einfach keinen Bock mehr etwas für mich zu inszenieren. Seine Motivation mich mit Zuwendung oder guten Taten zu beeindrucken war gerade nicht vorhanden und auch nicht notwendig. Er wusste ja, dass ich ihm schon verfallen war. Das ist dann der Punkt, an dem die gefürchtete Langeweile in ihm aufkam. Aus Langeweile heraus kann es dann schnell mal geschehen, einfach mal eine Mutter beim Montieren der Räder locker zu lassen. Upps, das kann doch mal passieren. Zum Glück hatte ich ein paar Tage später aus Gewohnheit noch einmal alle Muttern nachgezogen. Auch bei zwei der von ihm montierten Lichtschalter musste ich später nachbessern. Bei einem war eine Schraube wahllos hineingesteckt worden und somit nicht verschraubt, dass der Wipper sich bald an einer Seite löste. Bei einem weiteren ließ sich der Wipper für das Licht kaum bewegen, weil dieser verkeilt war. Ich bin mir nun sicher, dass all das keine Versehen waren. Nach vielerlei Überlegungen, welchen Unfug er mir noch hinterlassen haben könnte, bin ich inzwischen sehr froh, dass ich zu der Zeit nur Abrissarbeiten mit ihm an meinem Haus durchführte. Alles andere würde nun sicher mit mehreren Fehlern behaftet sein.

Normal würde ich davon ausgehen, dass dieser Mensch mir bewusst Schaden zufügen wollte. Doch warum sollte er sein eigenes Ferienhaus unter Wasser setzen wollen? Auch da war es aufkommende Langeweile. Das war kurz nach unserem zweiten

Konflikt. Wir waren schnell wieder zusammengekommen, denn ich hatte es ihm leicht gemacht. Es gab kein Stress oder Drama und so empfand er mich dann auch schnell wieder enorm langweilig. Nun wollte ich ihm sogar noch freiwillig im Ferienhaus helfen. Ich bin mir inzwischen sicher, dass es kein Zufall war, dass ihm das Missgeschick mit dem undichten Ventil an der Wasserzuführung im Ferienhaus passierte. Ich hatte mich schon gewundert, dass er für die Reparatur plötzlich alle nötigen Mittel bei sich hatte. Dass er ganz zufällig das passende Ventil im Ferienhaus zu liegen hatte, bezweifle ich inzwischen. Ich gehe davon aus, dass er etwas absichtlich nicht richtig verschraubte.

Auf der Fahrt nach Hause stellte er mir dann die Frage, ob ich auch grobmotorisch veranlagt wäre. Ich dachte, dass sich diese auf meine praktischen und handwerklichen Fähigkeiten bezog. Doch diese Frage gehörte zu seinem Spiel aus Langeweile. Er wollte meine Reaktion darauf austesten. Vielleicht würde ich ja ein wenig darüber reden, wie toll er doch das Problem mit dem Anschluss behoben hatte. Womöglich hätte ich seine Lüge aber auch durchschauen können. Das wäre dann der wirkliche Spaß gewesen. Dann hätte er wieder etwas zu tun gehabt, womit er mich manipulieren könnte. Doch ich gab ihm leider keinen zusätzlichen Kick in seinem Spiel, weil ich ihn nicht verstand. Heute weiß ich, dass er wie ein fünfjähriger Junge, gerade ein wenig Spaß und Spannung brauchte. Hätte ich ihm doch nur öfter mal eine ordentliche Überraschung mitgebracht. Tatsächlich könnte man die Spielregeln selbst mitgestalten, wenn man mit solch einem in der Persönlichkeit gestörten Menschen, wie Thore zusammen ist. Dazu müsste man jedoch die Mechanismen kennen und wissen, dass eine Beziehung auf Augenhöhe unmöglich ist.

Als Thore das letzte Wochenende bei mir zu Hause war, hatte ich ihn enorm gelangweilt. Ich war ihm nicht nur hörig, sondern inzwischen auch ein energieloses Wrack. Seine Mutter sollte nun auch bald aus der Kurklinik entlassen werden. Er wollte mich nun loswerden, denn er hatte genug gespielt. Ich hätte sonst irgendetwas an diesem Wochenende zu ihm sagen können. Nichts hätte etwas an seinem Verhalten geändert. Er wollte einfach nicht mehr unsere Beziehung weiterführen. Zu mir sagte Thore, es lag angeblich an den Streitereien und am ständigen Hin und Her zwischen uns.

Ich stelle mir nun ein Spielzeugregal vor. Einige mehr oder weniger schöne Spielsachen sind darin schon platziert. Ein paar davon sind eingestaubt, defekt, oder erscheinen inzwischen einfach uninteressant. Nun werde ich achtlos dort hineingeschmissen. Ob ich ein Ball ohne Luft, eine Puppe mit zerzausten Haaren oder eine Schaufel mit Modder sein werde, weiß ich nicht. Auch weiß ich nicht, ob er mich später noch einmal zum Spielen benutzen wird. Vielleicht braucht er mich noch einmal. Doch vielleicht bleibe ich auch ewig dort sitzen mit demolierter Seele. Wer weiß das schon?

Als Thores Mutter wiederholt in die Klinik musste, wollte er doch wieder mit mir spielen. Was ich ihm alles bieten konnte, wusste er schon und nun hatte er sogar eine neue Spielidee. Thore stellte mir den Stress, den er mit seiner Mutter hatte so dar, weil er genau wusste, dass ich darauf mit Mitgefühl reagieren würde. Seine Mutter würde wieder ins Krankenhaus müssen. Das wusste er schon. Nun brauchte er mich einfach noch ein paar Wochen länger, um ihn mit Aufmerksamkeit, Bewunderung, Bestätigung und nun auch Sex zu versorgen. Es sich gemeinsam schönzumachen und Sex zu haben, waren nun seine Hauptinteressen an mir. Er wusste, dass ich immer noch wie eine Süchtige an ihm klebte.

Dazu kam nun, dass er mein Interesse Lene kennenlernen zu wollen dazu benutzte, um mich weiter zu locken. Wie einen Wurm am Haken schmiss er seine Angel heraus. Lene kennenzulernen war der Wurm. Wenn ich ihn nun schon fresse, könnte ich doch auch erzieherische Tätigkeiten bei seiner Tochter ausführen. An dem Tag als ich Lene kennenlernte fragte Thore mich, ob ich nicht was machen könnte, damit sie beim Schlafen keine Windel mehr braucht. Ich erklärte ihm, wie er dabei vorgehen könnte, doch ich wollte mich eigentlich nicht in diese Dinge einmischen. Aus meiner Sicht war dies die Aufgabe der Eltern. Also nutzte er das, was ich ihm bisher schon geboten hatte. Thores Vorstellung, dass es nun etwas Lockeres zwischen uns sei, vermittelte er mir zwar auf seine Weise, doch letzten Endes war es nichts anderes, als zuvor. Er benutzte mich weiter. Ich dachte immer, dass es nun besser mit uns funktionierte, denn es fühlte sich entspannter an mit ihm zusammen zu sein. Sicher lag es an unserem Umfeld. Wir verbrachten ausschließlich Zeit im Ferienhaus und unternahmen von dort aus etwas. Durch den Strand und das gesamte Umfeld in der Urlaubsregion, gab es genug um ihn herum, um sein Bedürfnis nach schönen Erlebnissen zu befriedigon. Auch ich hatte diese Zeit als erholendes Zusammensein mit ihm empfunden. Er gestand mir diese Erholung sogar zu, indem er mir mehrmals anbot, schon ohne ihn mich mit Strandvergnügen zu erfreuen. Diese Bezeichnung Strandvergnügen stammt von Thore und bringt seine Einstellung, wie ich fand, klar zum Ausdruck.

Doch warum war er plötzlich um mein Wohl bedacht? Er wollte einfach, dass ich ihn bewundere und all das, was er mir nun zu bieten hatte. Das gut gelegene Ferienhaus, mit den tollen Erlebnismöglichkeiten stellte auch tatsächlich etwas Wunderschönes für mich dar. Ich hatte die Zeit teilweise wirklich sehr genossen.

Davon profitierte Thore wiederum auch. So kreisten wir und das Ende des Spiels kam doch wieder für mich unberechenbar daher.

Thore wollte, wie er es sagte etwas Lockeres. Ich verstand dies nie richtig und wollte scheinbar auch meine Hoffnung auf eine Beziehung mit ihm immer noch nicht aufgeben. Für Thore bedeutete eine lockere Beziehung, dass er mich nun nur noch in bestimmten Dingen ausbeuten würde. Seine Ansprüche waren jetzt anders. Ich hatte nun nicht mehr den Status der Anwärterin für seine große Liebe, der Königin neben dem einzig grandiosen König Thore. Mit meiner mehrmaligen Kränkung, die ich ihm angetan hatte, was er als Streitereien deklarierte, hatte ich diesen Status verwirkt. Das war das schlimmste, was ihm passieren konnte, gekränkt zu werden. Nun hatte ich noch maximal den Status einer Mätresse.

Thore sah mich ganz zu Anfang als eine Zufuhr-Quelle, in die er die größte Hoffnung steckte. Ich sollte ihn mit Fürsorge, Zuwendung und tollen Erlebnissen beglücken, während seine Mutter nicht da ist. Doch auch die große Liebe könnte ich werden. Das ist bei jeder neuen Frau seine große Hoffnung.

Nun denke ich noch einmal zurück, an den ersten Kuss. Nach unserem dritten Date küsste ich ihn sachte auf die Wange. Da sah Thore mich mit aufgerissenen Augen, die starr schauten an. Er erschien mir, als sei er überfordert mit meiner Annäherung. Ein gefühlvolles, fröhliches und verbindendes Miteinander wäre mit seiner gestörten Persönlichkeit nicht möglich. Warum also sollte man sich freundschaftlich küssen? Nur zum Sex gehören für ihn Küsse dazu und diese sind dementsprechend wenig sinnlich.

Mit meinem eigenen Verhalten machte ich es ihm einfach, sich seine toxische Liebe auch sehr schnell durch Sex zu holen. Mit meinem Anstacheln über WhatsApp, meinte er dann, dass ich ihm auch das geben würde. Ich selbst dachte dabei eher an Gefühle und wirkliche Zuwendung. Thore jedoch scheinbar an Sex.

Vor unserer ersten sexuellen Begegnung sagte er, dass er den Wein zum hörig machen mitgebracht hätte. Ich gab diesen Worten keine Bedeutung, weil ich sie nicht verstand. Inzwischen weiß ich, dass er den Sex dann dazu benutzte, um mich weiter an ihn zu binden. Das gehörte zu dem Spielplan „Hörig machen", wie er ihn nannte. Doch ich war dies zu diesem Zeitpunkt schon längst. Ich wollte ihn unbedingt und ich konnte es fast nicht mehr erwarten von ihm endlich mit Gefühlen, Zuwendungen und körperlicher Nähe überschüttet zu werden. So ließ ich mich dann auch beim Sex schneller überrumpeln, als mir lieb war. Natürlich schüttete nun jedes Mal, wenn wir miteinander schliefen, mein Körper neben den Stress- und Glückshormonen auch noch das Bindungshormon aus. Dieser toxische Cocktail ließ mich immer mehr zugrunde gehen.

Bei Thore gibt es zwei unterschiedliche Muster, nach denen er Sexualität lebt. Beim anfänglichen Bindungssex floss immer das Heiß-Kalt-Spiel mit ein. Er wollte mich nicht als seine wichtigste Zufuhr-Quelle verlieren. Es ging hier eher um die Erhaltung seiner emotionalen Futterstation. Thore war deshalb auch mal mehr oder weniger an sexuellen Aktivitäten interessiert. Bei unserer späteren lockeren Beziehung, wie er sie nannte, ging es dann nicht mehr darum, mich an ihn zu binden. In dieser letzten Phase unseres Zusammenseins waren auch unsere sexuellen Begegnungen anders als zuvor. Ich war plötzlich nicht mehr Alleininitiator. Er spielte nun mit seinem Spielzeug einfach ein anderes Märchen. Sex wurde nun zu einem anderen Instrument für ihn. Ich sollte ihn ausschließlich mit Spaß und schönen Unternehmungen zur Verfügung stehen. Natürlich sollte ich ihn wie zuvor in seiner Grandiosität bestätigen. Doch auch das spielte auf einer anderen Ebene. Er demonstrierte jetzt des Öfteren seine Männlichkeit. Nicht nur in ausgedehnten Liebesspielen, sondern auch demonstrativ für die Nachbarschaft. Nachdem wir an einem Morgen miteinander geschlafen hatten, ging er mit seinem noch etwas erigierten Glied vor die Tür. Es schien so, als ob er allen, die ihn womöglich sehen würden, sagen wollte: „Hey! Schau mal was ich für ein toller Kerl bin". Ich bat ihn jedoch hereinzukommen, was er dann auch tat. Sicher hätte er auch daran Gefallen gefunden, wenn ich bei einem Orgasmus die ganze Nachbarschaft zusammengeschrien hätte. Dann hätten sie alle gewusst, was er für ein toller Hengst ist. Thore lag wirklich sehr viel daran, dass er mich nach seinem Bemessen zufriedenstellen konnte. So einmalig es auch immer wieder war, mit ihm zu schlafen, fühlte es sich ohne Gefühle seltsam an. Dieser Spielplan ähnelte sehr stark einem Porno.

Als ich nach unserer ersten sexuellen Aktivitäten glaubte, am darauffolgenden Tag ein Leuchten in seinen Augen gesehen zu haben, irrte ich mich nicht. Doch es war wieder nur der Spiegel, den er mir zeigte. Ich hatte ihn mit meinem Verliebtsein mit so viel Sonnenschein gefüllt, dass er einmal auch für mich leuchtete. Doch zufrieden machte ihn das natürlich nicht. Zufriedenheit, bedeutet Frieden in sich zu haben. Bei einer eigenen inneren Leere konnte es auch diesen nicht geben. Das Gegenteil von Zufriedenheit ist jedoch Gier und diese ist unweigerlich mit Neid gekoppelt. Seine fordernden Küsse, die ich immer nur als sehr speziell ansah, waren vom Gefühl der Gier erfüllt.

An dieser Stelle denke ich an meinen Kater Franz. Meine Tochter hatte ihn als ausgesetztes junges Kätzchen im Wald entdeckt. Das ist inzwischen schon etwa vier Jahre her. Als wir ihn aufnahmen, muss er schon einige Tage im Wald ohne Mutter verbracht haben. Sara sah

ihn zusammen mit einer weiteren Katze schon sehr viel früher dort umherlaufen. Nun konnten wir den Kater nicht sofort einfangen, sondern hatten ihn immer wieder mit Futter versucht zu locken. Als es uns dann gelang, stürzte er sich völlig ausgehungert auf das Fressen. Er schien die Nähe von Menschen gut zu kennen. So konnten wir ihn problemlos mit nach Hause nehmen. Dort verhielt er sich dann jedes Mal, wenn es etwas zu Fressen gab, wie ein ausgehungertes wildes Tier. Er schlingt heute noch sein Fressen, als ob es kein Morgen gäbe. Mit der Katze Lou, gibt es ständig Stress wegen seines Futterneides. So in etwa stelle ich mir den Mechanismus vor, der sich entwickelt, wenn man ständig leer ist und immer wieder etwas braucht. Nie zu wissen, ob man vielleicht nicht satt werden könnte, bringt einen dazu immer mehr haben zu wollen. So beherrscht noch heute gieriges und neidisches Verhalten meinen Kater Franz. Eigenschaften, wie Gier und Neid, sowie manipulatives und wechselhaftes Verhalten sind keine guten menschlichen Eigenschaften. Ob Thores Charakter nur schlecht oder überhaupt nicht vorhanden ist, darüber könnte man sich streiten. Kompetenzen, die Voraussetzung für ein positives moralisches Verhalten bilden, entstammen nicht aus seinem inneren Selbst. Er spiegelt immer sein Gegenüber und auch die moralischen Werte dieses Menschen. In seiner Familie fand Thore ein Konstrukt einer grundlegenden Moral, in der er womöglich von ehrenwerten Eigenschaften profitierte. Hier fand ich nun die Lösung zu meiner Frage, warum er sich fast immer Lehrerinnen als Partnerin aussuchte. Diese versprachen ihm nicht nur ein hohes Maß an Toleranz und Verständnis, sondern auch eine gute moralische und ethische Wertevorstellung. Damit gefüttert zu werden, musste ihm ein echtes Gefühl von Liebe vermittelt haben.
Ich hatte Thore immer als sehr ehrlichen Menschen empfunden. In

welchen Dingen eine Lüge steckte, konnte ich auch im Nachhinein nur soweit nachvollziehen, dass ich wusste, er hatte mir vieles nicht erzählt oder maßlos übertrieben. Manches erkannte ich auch nur als sehr widersprüchlich an. Thore schrieb mir mal als Begründung für sein nicht annehmen meines Anrufes, dass er geschlafen hatte und der Akku vom Telefon leer war. Wenn das Handy nicht geklingelt hatte, gab es auch keinen Anlass für ihn sich zum Aufstehen zu zwingen. Also eine sehr widersprüchliche Nachricht. Doch selbst wenn ich dazu etwas geäußert hätte, würde er es mit einer kurzen selbstverständlichen Antwort abtun.

Ich sagte mal zu ihm, dass er sich oft schwer entscheiden könne, welche Torte er sich im Café auswählt. Darauf antwortete Thore, wie selbstverständlich: „Ich nehme doch immer die Schoko Torte." Das stimmte jedoch nicht, denn meist nahm ich diese und er eine andere. Doch wer regt sich schon über solche Kleinigkeiten auf? Ich tat es nicht.

Wie würde es jedoch mit wirklich wichtigeren Dingen aussehen? Beispielsweise erklärte er mir mal, dass er die in seinem Keller stehenden Fahrräder geschenkt bekam oder erworben hatte. Es waren wohl an die 30 Stück, die er dort untergebracht hatte. In mir kam damals die Frage auf, ob sie nicht jemand ungünstig abgestellt hatte und Thore diese dann unberechtigt mitnahm. Doch seine Aussagen über den Erwerb der Räder machte er so überzeugend, dass ich ihm glaubte.

Als wir dann im Ferienhaus zusammen Zeit verbrachten, erzählte er mir eine Situation mit seinem Nachbarn. Der hätte ihm einst eines seiner Fahrräder versprochen, weil er es nicht mehr brauchte. Dann gab es eine Gelegenheit, bei der Thore gerade den Fahrradträger an seinem Auto hatte. Die Räder des Nachbarn standen nun auch am

Zaun. Eine Person sei nicht zu finden gewesen, mit der er noch hätte über sein Vorhaben reden können. So nahm Thore das vom Nachbarn versprochene Fahrrad mit nach Hause. Mir erzählte er diese Geschichte, weil er von mir einen Rat wollte, wie er mit der darauf folgenden Situation umgehen sollte. Der Nachbar beschwerte sich bei ihm, dass er das Rad einfach nahm, ohne etwas zu sagen. Er selbst schlug dem Mann vor, dass er das Fahrrad dann wiederbringen würde, doch das wollte dieser nicht. Thore wusste nun nicht, wie er mit dieser Kränkung umgehen sollte. Ich riet ihm noch einmal das Gespräch mit dem Nachbarn zu suchen und vielleicht ein Bier mit ihm zu trinken oder ihm eine angemessene Entschädigung zu geben. Daraufhin gab es dann jedoch wieder kein zielführendes Ende zu diesem Problem. Vielleicht war es auch nur eine angezettelte Lügengeschichte, um mich zu testen, wie grandios und ehrlich ich ihn nun ansah.

Thores Übertreibungen über Fähigkeiten oder andere Dinge, die er sich zusprach, waren seine Überzeugungen. Er hatte mir alles immer ebenso überzeugend herübergebracht. Darum glaubte ich ihm in hohem Maße. Trotz allem war sehr vieles einfach nicht echt. In welchem Umfang, vermag ich nicht zu beurteilen. Nur das, was mir Unbehagen oder auch Unverständnis vermittelte, zweifelte ich später an. Dinge, die er mir über andere Menschen erzählte und die vielen Orte, an denen er angeblich schon gereist war, mögen auch eine kleine oder große Lüge in sich tragen. Für mich brachte der Aspekt des Lügens eine entscheidende Frage mit sich. Wie viel Verantwortung könnte man Thore für den psychischen und seelischen Missbrauch, den er anderen Menschen antat abverlangen? Trotz meines Verstehens des Mechanismus zwischen uns und in ihm, blieb meine Frage unbeantwortet.

Psychische Gewalt kommt ohne Schläge aus und kann mittels unterschiedlicher Verhaltensweisen und Strategien verübt werden. Ziel ist es, den anderen zu schwächen, aus dem Gleichgewicht zu bringen und zu verunsichern. Nicht nur das hatte Thore bei mir geschafft, sondern auch mein Selbstbild enorm verändert, mein Vertrauen in mir selbst und zum sozialen Umfeld zerstört. Wie bewusst oder unbewusst Thore seinen krankhaften Mechanismen folgte, mit denen er mich zerstörte, ist für mich nicht klar erkennbar geworden. Doch allein sein Verhalten aus Langeweile hat aus meiner Sicht vorsätzlichen Charakter. Er weiß, dass lockere Muttern am Rad eines Autos gefährlich werden könnten. Solche Regeln und Gesetzmäßigkeiten kennt jeder. Als Autofahrer, Kunde oder in anderen Konstellationen kennt auch Thore die entsprechenden Regeln und weiß, dass er sich an diese halten muss. Vielleicht tut er das auch in der einen oder anderen Hinsicht nicht.

Kapitel 10: Schockverliebt

Trotz all den Dingen, die er mir antat, schaute ich auch immer wieder mich selbst in dieser Situation an. Warum ich aus dieser ungesunden Beziehung nicht sofort gehen konnte, verstand ich nie und auch nicht, dass ich mir immer wieder sein Fehlverhalten gefallen ließ. Schnell erkannte ich im Nachhinein zwei ineinander wirkende Mechanismen. Den einen nenne ich Trauma und den anderen Sucht.

Ein Trauma ist, auf psychologischer Ebene eine Erschütterung, die im Unterbewusstsein oder im Bewusstsein noch lange wirksam ist. Etwas hat einen so überwältigt, dass man sich hilflos oder ohnmächtig dem gegenüber fühlt. Es hat einen ergriffen und man hat keinerlei Möglichkeiten, mit dieser Situation umzugehen. Das Ereignis hat dabei immer die Grundstimmung: „Zu viel, zu schnell, zu plötzlich". Der zweite Mechanismus, den ich als Sucht benenne, kommt dabei schnell ins Spiel und beide greifen dann immer wieder ineinander. Ein Süchtiger hat ein übersteigertes Verlangen nach etwas oder nach einem bestimmten Tun. Sucht basiert auf eine Fehlsteuerung des Belohnungssystems im Gehirn. Suchtmittel aktivieren verschiedene Botenstoffe, die unter anderem Wohlbefinden und Euphorie auslösen. Das Gehirn lernt relativ schnell, ein bestimmtes Suchtmittel als positiven Reiz wahrzunehmen. Fehlt dieser Reiz, gibt es eine Art Belohnungsdefizit. Die Folge ist ein unkontrollierbarer Wunsch nach dem Suchtmittel.

Ich wurde süchtig darauf, mit Thore zusammen zu sein. Mein Fokus richtete sich zunehmend auf ihn und schon bald konnte ich nicht mehr ohne ihn sein. Dinge, wie das Hören seiner Stimme, das Auflegen seiner Hand auf meinen Körper oder nur seine Anwesenheit beruhigten mich in meiner sonst sehr starken Unruhe. Trotz meines zunehmenden Bewusstseins über meine eigene ungesunde

Entwicklung in dieser Beziehung, fand ich jedoch keine Möglichkeiten, um auszusteigen. Dies hatte nichts mit Charakterschwäche zu tun, sondern mit krankhaften Veränderungen im Hirn. Womöglich hatte meine frühere Zigarettensucht eine geeignete Disposition für ein weiteres Suchtverhalten dargestellt. Innerhalb kürzester Zeit hatte ich ein unwiderstehliches und auch anwachsendes Verlangen nach Thore entwickelt. Auch alle anderen Anzeichen einer Sucht verstärkten sich schnell. Ich wollte ihn immer öfter sehen und den Abschied am liebsten ganz verschwinden lassen. Interessenverlust, Bagatellisierung, Verheimlichungstendenzen und Stimmungsschwankungen waren die unsichtbaren Abhängigkeitserscheinungen, die ich hatte. Doch auch Schlafstörungen, Konzentrationsschwierigkeiten, depressive Verstimmungen, Schwitzen, Frieren und Herzrasen zeigten sich bald als die entsprechenden körperlichen Anzeichen. Jedoch erst als ein gewisser Punkt überschritten war konnte ich mich dieser Droge entziehen. Zuvor irrte ich unbewusst, wie ein Drogenjunkie umher und erhoffte den nächsten Kick zu bekommen. Das war das Zusammensein mit Thore.

Er hatte mich auf diese Sucht konditioniert. Seine Strategien, um mein Belohnungssystem anzusprechen griffen schnell. Er hatte mein spontanes Verhalten zielgerichtet durch positive und negative Konsequenzen nachhaltig verändert. Auf Belohnung folgte Bestrafung und umgekehrt. Ich empfand das als unwillkürlichen Wechsel von Nähe und Distanz oder auch heiß und kalt. Diese Konditionierung ließ meine eigenen Grenzen in vielerlei Hinsicht durchlässig werden oder sie verschwanden teilweise komplett. Ich war immer wieder auf die Belohnung aus und die hing von Thores Verhalten ab. Er hatte so immer mehr Macht über mich bekommen und es gelang mir nicht mich daraus zu befreien.

Nicht nur die Konditionierung, sondern auch eine immer wieder greifende Destabilisierung, die Thores Verhalten in mir auslöste, machte mich zu einer sehr schwachen Person. Durch meinen verschärften Fokus auf ihn verlor ich den Blick auf meine eigenen Stärken und Schwächen. Mein Selbstkonzept vom Leben und von einer Partnerschaft wurde durch Thores Regelwerk zerstört und ließen mich zu einem grenzenlosen Mitspieler dieser Beziehung werden. Dass ich auf ihn keinen wirksamen Einfluss bekommen konnte, ließ mich komplett zugrunde gehen.

Natürlich blieb es Thore nicht unbemerkt, dass ich süchtig nach ihm war. Doch er wollte es so. Seine eigene Verlustangst brachte ihn zu diesem Handlungsmuster. Wenn ich nicht dieses Ende, verbunden mit den erheblichen Kränkungen bei Thore herbeigeführt hätte, würde ich heute noch in seinem Spielzeugregal sitzen. Ab und zu würde er nach mir schauen und wenn seine Mutter womöglich weg wäre, würde er mich wieder zum Spielen aus dem Regal holen. Ich hoffe, sie erfreut sich noch lange an einer guten Gesundheit und an einem langen Leben.

Nach der Trennung von Thore ging es mir dann richtig schlecht. Weitere Entzugserscheinungen machten sich bemerkbar und bestehende verstärkten sich. Wieder dachte ich daran, dass es sich um einen heftigen Trennungsschmerz und um Erscheinungen der Wechseljahre handelte. Doch etwas später wurde mir bewusst, dass dies die Auswirkungen eines Entzuges waren, die ich zu spüren bekam. Zu den schon häufig auftretenden Symptomen, wie Schlafstörungen, Wechsel von Hitze und Kälte, Schmerzen im Brustbereich und starke depressive Verstimmungen, kamen nun auch Übelkeit, Ohnmachtsgefühle und ein nicht mehr steuerbares Weinen dazu. Erhebliche Schwierigkeiten beim Umgang mit Belastungen machten mir den Alltag sehr schwer. Später zeigten sich immer wieder enorme Angstzustände und auch ein starker Rückzug aus engsten sozialen Kontakten. Angst begleitete mich noch sehr viele Monate nach dieser toxischen Beziehung. Viele Kontakte, die mich in nur geringem Maße gestresst hatten, brach ich ab oder setzte den Umgang mit einigen Menschen auf ein Minimum. Ich wollte das große innere Chaos, was Thore in meinem Leben hinterlassen hatte wieder ordnen. In Situationen, bei denen ich den Umgang mit Menschen nicht vermeiden konnte, distanzierte ich mich häufig innerlich und war nur körperlich anwesend. Dieser Zustand ist mir besonders klar geworden, wenn ich mit meinen eigenen Kindern zusammen war. Ich fühlte mich dann emotional einfach nicht richtig dabei.

In den ersten Monaten nach der Trennung gingen bei mir im Haus Dinge kaputt, die eben einfach passieren. Das waren für mich jedoch so niederschmetternde Situationen, in denen ich mich dann hilflos und ausgeliefert fühlte. So bildete nur der Defekt meiner Armbanduhr ein riesiges Drama für mich. Ich hatte schon ganz viele andere Dinge in meinem Leben gemeistert, doch nun brachen die kleinsten Probleme wie eine Bombe bei mir ein. Ich trug eine große Verzweiflung und Hoffnungslosigkeit in mir. In diesem Chaos versuchte ich irgendwie wieder Halt zu finden, um mich zu ordnen und zu stabilisieren.

Ich begann mehr nach mir selbst zu schauen und verordnete mir täglich ein gutes Erlebnis. Das waren entweder ein Strandbesuch, eine Radtour, ein Kaffee in einem Restaurant oder sonst etwas, was ich gern mochte. Auch zum Arzt ging ich, um mich von der Arbeit kurzzeitig befreien zu lassen. An psychologische Hilfe dachte ich anfangs nicht, denn es erschienen mir ganz normale Probleme zu sein, die ich hatte. Nun gab es auch noch einen weiteren, nicht unerheblichen Grund dafür. Ich hatte vor Jahren eine Psychologin aufgesucht. Bei meinem zweiten Besuch sagte diese zu mir, nachdem ich meine Hausaufgabe gemacht hatte: „Mit ihnen ist doch alles in Ordnung. Ich habe andere Patienten, die meine Hilfe dringender benötigen." Ich wollte es nun nicht riskieren in meiner doch schon sehr destabilisierten Situation noch eine weitere Demütigung zu erfahren.

In einer Phase der Zurückgezogenheit las ich sehr viel im Internet und schaute mir Videos über die narzisstische Persönlichkeitsstörung an. Zwischendurch maßregelte ich mich damit, mich mit Freunden, die mir guttaten zu verabreden. Ich wollte nicht Gefahr laufen in meiner Aufarbeitung in falsche Bahnen zu geraten. Meine ersten Versuche, jemanden in meine Situation einzuweihen scheiterten. Doch ich verstand die Reaktionen. Wie sollte ich jemandem etwas erklären, was ich selbst nicht verstand? Bald gab ich es auf, über meine Probleme, die aus der toxischen Beziehung zu Thore resultierten, mit anderen zu reden.

Alle mir möglichen Mittel verwendete ich, um wieder zurück zu mir selbst zu finden. Ich schrieb Tagebuch, in dem ich bewusst meine Fortschritte dokumentierte. Anregungen holte ich mir im Internet, hauptsächlich durch Videos. Dabei ließ ich mich leiten, welche Fragen ich hatte und was mir gerade wichtig erschien. Die Mechanismen zu verstehen, die zwischen Thore und mir abliefen, war die eine Sache, die langsam Ordnung in mir herstellte. Doch auch das Bearbeiten meiner eigenen Problematiken musste nun erfolgen. Nach der Trennung von Thore hatte ich mich anfangs in eine Esssucht gestürzt. Sie war nicht übermäßig, doch ich beruhigte mich täglich mit Essen und vor allem mit Süßigkeiten. Inzwischen weiß ich, dass es besser ist, diese Suchtverlagerung in Kauf zu nehmen, als bei einem Menschen, wie Thore zu bleiben. Ohne jeglichen Kontakt zu ihm, hatte ich mich nach mehreren Wochen wieder so weit stabilisiert, dass die schwerwiegendsten Erscheinungen verblassten. Mit gezielten Aktivitäten konnte ich schnell meinen Heilungsprozess richtig in Gang setzen. Das Radfahren baute ich als regelmäßiges Element mehrmals in der Woche ein. Es tat mir seelisch und körperlich enorm gut. Besonders freute ich mich darüber immer wieder neue Gegenden zu erkunden, die man mit dem Auto nicht erreichen würde. Ich begann nach weiteren Wochen nun auch damit, meine Essgewohnheiten umzustellen. Mehr Gemüse und weniger Kohlenhydrate standen auf dem Speiseplan. Auch nach vielen Monaten hielt ich mich noch an diese Umstellung. Das regelmäßige Backen von Brot machte ich mir in dieser Zeit auch schnell zu eigen. Die teure Autoreparatur und die vielen Unternehmungen mit Thore hatten meinen Geldbeutel geschmälert und mich immer wieder vergessen lassen, mit meinen finanziellen Mitteln besser umzugehen. Nun wollte ich auch in dieser Hinsicht wieder besser da stehen. Mit einem konsequent aufgestellten Finanzplan gelang mir das innerhalb weniger Monate.

Die schwierigsten Baustellen wurden jedoch mein eigenes Selbstbewusstsein und mein Selbstwert. Nie wieder wollte ich mir so über meine Grenzen latschen lassen. Doch auch in eine Verbitterung wollte ich nicht hineinfallen. Mit besonderer Achtsamkeit versuche ich nun mit mir umzugehen. Es ist nicht mein Ziel einem Narzissten in Zukunft aus dem Weg zu gehen. Ich will nun einfach nicht mehr interessant für ihn sein, denn dann bin ich geheilt.

Kapitel 11: Die Kränkung

Meine Auseinandersetzung mit den ungesunden Mechanismen zwischen Thore und mir, brachte mir immer mehr Klarheit. Nun bemerkte ich mehrfach, dass er mir gewisse Eigenschaften von sich, die narzisstischen Charakter haben, immer wieder mal nebenbei sagte. Doch ich nahm sie einst nicht als solches an. Er erzählte mir, als wir uns wieder im Ferienhaus trafen, dass er nach einer Trennung manchmal schnell die Partnerin vergaß. Er meinte, dann wäre die Festplatte gelöscht und die Frau wäre aus seinem Gedächtnis verschwunden. Ich verband dies mit dem normalen Zuklappen einer Beziehung. Doch das dieses Vergessen endgültig und nachhaltig sein könnte, kam mir nicht in den Sinn. Vor allem erzählte Thore mir auch oft etwas von seinen Ex-Freundinnen und die hatte er ja nicht vergessen. Nun weiß ich, dass dieser Erinnerungsverlust eine gefürchtete Erscheinung bei einem Menschen mit einer narzisstischen Persönlichkeitsstörung ist.

Dass Thore nun zu dem Fest in der Nähe meiner Kita kam, auf dem ich das letzte Mal mit ihm sprach, sollte dem Zweck dienen, mich dort zu treffen. Doch nur aus dem Grund, weil er mich nicht vergessen wollte. Dies sich vorstellen zu können, war für mich sehr schwierig. Es hatte nichts mit dem Vergessen oder hinter sich lassen einer Beziehung, wie man es normal kennt zu tun. Ich wusste, dass in Verbindung von starken Emotionen eine Erinnerung besser bestehen bleibt. Doch wenn jemand selbst in sich nichts hatte, konnte er auch eine Erinnerung nicht in sich tragen. Welchen Namen würde er sich dann merken wollen, den er mit dieser Erinnerung in Verbindung bringen würde. Er sprach mich nie mit meinem Namen an.

Mir war an dem Tag, als dieses Fest war, seine Art des Vergessens noch nicht bewusst. Ich hatte Thore angesprochen, weil ich immer noch auf eine Klärung meines innerlichen Chaos hoffte. Schon zu diesem Zeitpunkt war nichts von unserer Beziehung, die er mit mir gespielt hatte in seinem Inneren am Leben. So glänzte er wieder mit seinem Schweigen. Nun hatten wir auch keine Freundschaft, die ihm weitere Spielmöglichkeiten bieten würde, vereinbart. Was sollte er also tun, außer nach mir zu schauen? Er gab mir das Gefühl mit, mich immer weiter in seinen toxischen Schnüren gefangen halten zu wollen. Mit meinen Nachrichten versuchte ich nun richtig von ihm loskommen. Aus meiner inneren Notwendigkeit heraus schrieb ich ihm diese bösen Nachrichten. Er sollte mich einfach nicht wieder zurückholen. Wie stark ich ihn damit gekränkt hatte, weiß ich nicht. Doch da nie eine Reaktion von ihm kam, gehe ich davon aus, dass er mich einfach unter nicht mehr funktionstüchtig eingestuft hatte. Inzwischen weiß ich, dass unsere Streitereien immer eine Kränkung für ihn darstellten. Beim ersten Mal war es für mich noch nachvollziehbar. Ich hatte ihn mit seiner schlimmsten Schwäche konfrontiert. Nicht mehr ins Arbeitsleben zu finden, war eines seiner gravierendsten Probleme. Dort gab es sicher immer wiederkehrende Kränkungen. Jedes noch so kleine Wort zu diesem Thema löste eine Erniedrigung in ihm aus. Wenn ich mir vorstelle, dass jemand so von sich überzeugt ist, dass er nur den besten und ihm würdigsten Arbeitsplatz besetzen kann, verstand ich nun die Zusammenhänge um seine ewige Arbeitslosigkeit.

Thore erzählte mir mal, dass er für einige Zeit vom Arbeitsamt genötigt wurde, eine Arbeit in einem Callcenter verrichten zu müssen. Mich wunderte seine Bezeichnung „Nötigung" sehr. Doch beschrieb dieses Wort sein grandioses Bild von sich selbst. Wiederum sagte er dann, dass er es bereute, dort nicht über die vom Arbeitsamt eingeräumte Dauer hinaus beschäftigt worden zu sein. Nun denke ich, dass ihn niemand in seinem Grandiositätsdenken unterstützte und er somit eher dies bereute, als dass er diese Arbeit gerne weiter getan hätte.

Unser zweiter Streit entstand, weil ich Position von ihm forderte. Das muss schon sehr heftig für ihn gewesen sein, als ich ihn zwang mir etwas Gutes über mich zu erzählen. Nun wollte ich endlich wissen, weshalb er mit mir zusammen war und was er an mir mag. Etwas Nettes zu mir zu sagen bedeutete ja, dass er seine eigene grandiose Position infrage stellen müsste. Ich verstand sein Schweigen absolut nicht. Selbst unschöne Dinge hätte ich mir angehört, doch was hätte er mir sagen sollen, ohne mich bewusst anzulügen? Nun stelle ich mir vor, dass ich einem drei oder vier Jahre altem Kind dieselbe Frage stellen würde, während es spielt. Es würde womöglich antworten: „Du bist lieb und spielst mit mir". Der Unterschied wäre wohl nur der, dass das Kind dabei fröhlich lachen würde. Wenn dieses sich jedoch von mir gestört fühlte, in seinem Spiel, könnte es durchaus genauso genervt reagieren, wie Thore es einst tat. Auch er sagte mir kurz, dass es schön mit mir sei. Dann reagierte er genervt und stöhnte bockig.

Beim dritten Streit gab es einfach nichts mehr bei mir zu holen. Ich war alle und Mutti würde bald wieder für ihn sorgen. Es erschien mir sehr grausam, einen solchen Gedanken als die Wahrheit anzuerkennen. Je mehr ich mich damit beschäftigte, erschien mir sein Verhalten zunehmend unmenschlicher. Ich hatte an diesem Wochenende, als er sich so anders verhielt und ich sehr traurig war, mich sehr um ihn gesorgt. Er wirkte so träge und schlapp. Es ging ihm jedoch nicht schlecht. Nun gab es einfach keinen Grund mehr für ihn, weitere manipulative Spiele für mich anzuzetteln, die mich an ihn binden sollten. Er wollte sich nur noch einmal richtig toll fühlen, als er in meinem Wohnzimmer tanzte und sang, während ich aus tiefstem Schmerz weinte. Dieses Wochenende hatte er meinen Abschuss geplant. Wie bewusst oder unbewusst er dies tat, kann ich nicht beurteilen. Er begann jedoch schon mit seiner Nachricht, dass er noch zu Mutti müsste, mich noch mehr zu destabilisieren. Sein desinteressiertes Verhalten in Bezug auf die Fotos vom Urlaub, seine Trägheit beim Wechseln der Räder an meinem Auto oder sein unglaublich langes Schlafen waren alles weitere klare Zeichen für das bevorstehende Ende seines Spiels.

Thore hatte mir mehrfach vermittelt, dass es ihm wichtig sei, die Freundschaften zu einigen wenigen Frauenbekanntschaften beibehalten zu können. Ich fragte ihn, was er denn noch von denen will und was zwischen ihnen immer noch nicht geklärt sei. Er antwortete, dass diese ihn eben einfach gut kennen und ihn verstehen. Diese Frauen, egal wie viele und wer sie auch sein mögen, hatten alle eins gemeinsam. Es gab einen Platz für sie in seinem Spielzeugregal. Ob sie oben oder ganz unten in die Ecke geschmissen wurden und wie oft er sie zum Spielen benutzte, kann ich nicht beurteilen. Welche Ausmaße diese Freundschaften haben könnten, malte ich mir in den unterschiedlichsten Weisen aus. Thore hatte mir von den Treffen mit zweien seiner Ex-Freundinnen erzählt. Schon allein aus dem Grund der Selbstdarstellung hätte er auch keine Geschichte über eines der Treffen ausgelassen, wie ich inzwischen wusste. Es könnte auch möglich sein, dass es diese Zusammenkünfte tatsächlich so nicht gegeben hatte. Doch mit dieser Maßnahme schaffte er es immer wieder in mir Eifersucht zu wecken. Obwohl ich ihm immer glaubte und an seinen Ausführungen kaum zweifelte, kam in der Zeit, als wir im Ferienhaus zusammen waren, eine Ahnung in mir hoch. Der Gedanke, dass Thore sich womöglich auch gut prostituieren würde, wenn jemand diese Absicht geschickt verfolgte, flackerte bei mir auf. Inzwischen fand ich auch für diese Unklarheit einen Platz in diesem toxischen Spielfeld. Thore würde alles tun, um sich von seinem Gegenüber das zu holen, was er gerade brauchte. Manchmal brauchte er viel aus den unterschiedlichsten Bereichen. Dann war es auch egal, was die Frau zu bieten hatte. Hauptsache er hatte irgendeine Tankstelle. Wenn sie beispielsweise, während Thore begann sie zu durchleuchten sich so präsentierte, dass sie gerade geilen und hemmungslosen Sex bräuchte, würde er dieses Spiel für sie inszenieren. Wenn sie gerade eine langweilige Ehe führte, würde er ihr ein Spiel von Aktion und Abenteuer verschaffen. Man könnte sicher auch bewusst dieses kranke Spiel mitgestalten, wenn man daran Interesse hätte.

Von einer Ex-Partnerin, mit der er noch befreundet war, erzählte Thore mir, dass sie ihm schon mehrmals dazu verholfen hatte, gewisse Größen im Musikgeschäft bei einem Konzert erleben zu können. Diese Frau war wegen eines Unfalls, der nach dem Ende ihrer Beziehung geschah, an den Rollstuhl gefesselt. So konnte Thore als Begleiter mit ihr kostengünstig solche Veranstaltungen besuchen. Was sie dafür von ihm bekam, bleibt für mich nur Spekulation. Vielleicht war es nur seine Begleitung, die sie brauchte. Doch wenn sie wollte und ihn in seiner Grandiosität bestätigte, könnte sie sicher vieles von ihm bekommen. Da gäbe es keine Tabus, das ist sicher.

Immer wieder hatte ich mich gefragt, wie ich unser seltsames Abschiedsgespräch am Hafen einordnen sollte. Auch ich hätte an diesem Tag vieles von ihm bekommen können, Sex, ein Essen im Restaurant oder auch eine Massage. Wir hätten noch eine Ewigkeit Arm in Arm auf der Decke liegen bleiben können, wenn ich das gewollt hätte. Der Verlust einer Zufuhr-Quelle stand nun an. Wenn ich ihn nun nicht mehr mit toxischer Liebe füttern würde, sollte der Tag doch wenigstens nicht langweilig werden. Thore hätte an diesem Tag vieles mit sich machen lassen.

Meine Ausführungen über ihn, die ich machte, als wir auf der Decke unter den beiden Bäumen am Hafen saßen, interessierten ihn sehr. Es ging nun endlich um ihn. Meine Einschätzung über seine Persönlichkeit lieferte ihm Informationen zum derzeitigen Spielstand. Sicher war er sich nun, dass ich in seinem Spielzeugregal für das nächste Spiel mit ihm warten würde. Wenn ich ihm eine Freundschaft zugestanden hätte, würde er mich nach seinem Belieben für schöne Unternehmungen und was er sonst noch so von mir haben wollte missbrauchen können. Deshalb fand er es auch wirklich sehr schade, dass ich die Freundschaft nicht wollte. Für Thore bedeutete das leider, dass er mich wieder zurückholen und dem entsprechend bearbeiten müsste, wenn er mich noch einmal missbrauchen wollte. Das wäre dann wohl zu anstrengend.

Ich fand, dass sein blödes Grinsen bei unserer Verabschiedung all seinen inneren Müll widerspiegelte. Die gesamte Negativität, die er mit seinen Manipulationen auf mich richtete, gab er mit diesem verhöhnenden Lachen einen triumphierenden Ausdruck seines teuflischen Sieges. Dass er nun ganz oben auf dem Podest stand und ich am Boden lag, ließ ihn als einen Sieger aus dem abscheulichen Spiel hervorgehen. Mein letzter Kuss beim Abschied wird die Dauer seines Grinsens sicher noch eine Weile verlängert haben. Nun hatte ich aus heutiger Sicht mit dem Abschiedstreffen für mich absolut nichts erreicht, sondern Thore wieder nur zu gut zugespielt in diesem verwirrenden Drama.

Nach dem Sperren des Kontaktes bei WhatsApp, verschwand nun

endgültig ein demoliertes Spielzeug aus Thores Spielzeugregal. Da ich jedoch wusste, dass bei seiner Mutter eine weitere Operation mit einer darauffolgenden Kur anstand, war ich mir immer unsicher, ob es noch weitere Annäherungsversuche seinerseits geben würde. Doch sie blieben glücklicherweise aus. Sicher gab es eine andere Frau, die er in dieser Zeit ausnahm. Vielleicht gab es auch niemanden und er vegetierte als leere Hülle umher.

Kapitel 12: Die Abstinenz

Meine Sucht nach Thore erkannte ich unbewusst schon, als ich mich mit dem Asperger Syndrom beschäftigte. Eine Loslösung auf Raten hieß es dort. Schon zu dem Zeitpunkt begriff ich, dass die Trennung von ihm nicht so einfach werden könnte. Die Sucht, die dabei in mir wirkte, wurde mir erst etwas später bewusst.

Die ersten Wochen nach der Trennung schaute ich immer wieder nach meinem Suchtobjekt. Bewusst beschränkte ich mich nur noch darauf, nach seinem Onlinestatus im Internet-Portal zu schauen. Ich meldete mich jedoch nicht selbst wieder dort an. Zu groß war das Risiko, mit ihm in Kontakt zu kommen. Mir wurde sehr schnell klar, dass zu meiner eigenen Heilung nur ein strikt eingehaltenes Kontaktverbot beitragen würde. Auch nur einmal kurz nach ihm zu schauen, gestattete ich mir irgendwann konsequent nicht mehr. Es gelang mir jedoch erst sehr viel später mein Suchtmittel komplett unbeachtet zu lassen.

Die Angst wiederholt rückfällig zu werden, begleitete mich noch sehr lange. Ich machte mir immer wieder Gedanken darüber, wie ich bei allen Eventualitäten Thore keine Angriffsfläche mehr zu bieten hätte. Mich selbst zu stärken war natürlich im Großen und Ganzen das Patentrezept. Doch das brauchte viel Zeit. Meine immer noch bestehenden Ängste, die diese toxische Beziehung in mir auslösten, würden für Thore eine weitere Angriffsfläche bieten, das wusste ich inzwischen nur zu genau. Gezielte Verhaltensstrategien, die ich mir aneignete, sollten mich nun vorerst vor ihm schützen. Doch ich wusste natürlich nicht, ob sie greifen und ob ich stark genug sein würde, diese anzuwenden.

Im nächsten Sommer, also zehn Monate nach der Trennung von Thore, bekam ich die Gelegenheit meine Fähigkeit zur absoluten

Abstinenz zu testen. Zusammen mit einer Freundin ging ich oft am Wochenende zu Musikveranstaltungen und Sommerfesten. Das erste Fest war für mich mit sehr starker Aufregung und Unruhe verbunden, denn der Gedanke Thore dort anzutreffen, war sehr präsent. Die Möglichkeit dafür bestand auch. Doch ich konnte den Abend, ohne ihn zu entdecken genießen.

Bei einem weiteren Fest war es dann jedoch ganz anders. Thore tauchte mit seiner Schwester und den Kindern dort auf. Sie platzierten sich auf der anderen Seite des Festzeltes direkt an einem Getränkewagen. Trotz des großen Abstands zwischen uns, hatte Thore mich schnell entdeckt. Ich konnte ihn ja schließlich auch sehen und erkennen. Anfangs hielt ich die Augen offen, ob er sich mir nähern würde. Doch er blieb glücklicherweise weg. Ich meisterte meine Rolle richtig gut und konzentrierte mich wieder auf mich und auf die Leute, mit denen ich mich unterhielt. Vielleicht wirkte ich so sogar wieder als geeignete Quelle für ihn, denn ich erfreute mich an dem Abend tatsächlich sehr. Ich vergaß meine Ängste und die mir bekannten Menschen um mich herum, gaben mir meine nötige Sicherheit.

Dann zu später Stunde positionierten sich die Leute am Ufer, um von dort aus ein Feuerwerk zu sehen. Kurz vor dessen Ende sah ich aus dem seitlichen Blickwinkel Thore an mir vorbeischleichen. Mich erschauerte es kalt, denn er wirkte auf mich, wie eine schleiche Katze, die ihr Jagdobjekt fokussierte. Ich wand mich weiter meiner vorherigen Blickrichtung, dem Feuerwerk, zu. Dabei dachte ich an meine Strategie, sich wie ein grauer Stein zu fühlen. Es klappte und ich verhielt mich regungslos und emotionslos. Thore schlich weiter. Danach hatte ich ihn an diesem Abend nicht mehr gesehen.

Im selben Sommer traf ich ihn noch während zwei weiteren

Veranstaltungen. Er hatte mich bei beiden Festen schnell entdeckt und schlich kurz darauf dicht an mir vorbei, um mich wieder zu durchleuchten. Doch die Graue-Stein-Taktik funktionierte wieder gut. Ich gab ihm keinerlei Angriffsfläche, sondern blieb starr und ungerührt in meinem Ausdruck. Der Kontaktabbruch zwischen uns sollte unbedingt bestehen bleiben. Nur ein kleines Hallo oder eine andere Reaktion von mir, würde mich nicht nur wieder angreifbar machen, sondern ihm auch den Nährboden für Rache oder weitere Aktionen bieten. Ihm keine noch so kleine Emotion zu präsentieren, war mein Schutz. Er sollte einfach kein Interesse an mir finden und mich als unbefriedigendes Jagdobjekt betrachten.

Wenn Thore mich jedoch ansprechen sollte, würde es schwierig für mich werden. Dann müsste ich versuchen seinen Fokus auf Dinge zu lenken, die für mich unwichtig sind. Vielleicht könnte ich ihm erzählen, dass ich einst seinen Nachbarn vom Gartenhaus traf. Dieser hätte mit mir über sein Fahrrad gesprochen. Dann würde Thore sich wohl über die Sache mit dem Fahrrad ärgern und verunsichert sein. Er würde dann womöglich meinen Ausdruck: „Gartenhaus" mit dem Wort „Ferienhaus" berichtigen. Dann könnte ich darauf antworten, ob er schon weiß, dass die Gemeinden bald erheblich die Zweitwohnungssteuer für Feriengrundstücke erhöhen wollen. Wenn ich dabei auf einem Kurs bleibe und ihm keinerlei Emotionen zeige, wird er letztendlich zum Schluss kommen, dass dieses Spielzeug kaputt ist und nicht funktioniert.

Ich fragte mich natürlich, wie sich das Vergessen bei Thore gestaltete und mit wie vielen Erinnerungen ein Wiedersehen mit mir verbunden war. Vielleicht würde er bei meinem Anblick denken: „Mit der hatte ich mal was". Womöglich fiel es ihm dann aber nicht ein, was und wie es war. Auch dass meine letzten kränkenden Nachrichten ein Gefühl von

Rache hinterließ, konnte ich mir vorstellen. Diese Dinge blieben jedoch für mich unklar in meiner Vorstellung. Doch eines wusste ich mit Bestimmtheit. Thore würde ein ewig Suchender bleiben und seine Aktivitäten folgten immer demselben Muster. Diese Verhaltensmuster gestalteten nicht nur seinen Alltag, sondern würden ihn früher oder später mit der nächsten Frau einen toxischen Kreislauf durchlaufen lassen. Bei erneutem Kontakt zwischen uns würde auch für mich dieser Kreislauf von Neuem beginnen. Welches Beziehungskonstrukt dann jedoch entstehen würde, hing von mir ab. Nach Belieben könnte ich eine toxische Beziehung mit ihm gemeinsam kreieren. Sein Mitwirken dabei wäre jedoch wieder nach dem gleichen Muster geprägt. Der Kreislauf würde wieder mit dem Scannen und Durchleuchten seiner Auserwählten beginnen. Schnell hätte er die entsprechenden Grenzen herausgefunden und sofort versucht diese zu überrennen. Durch Spiegelung würde er dann die jeweils falsche Identität spielen und so hätte er sein Opfer schnell eingesponnen in seinem toxischen Geflecht. Mittels Konditionierung würde er die Auserwählte an sich binden und auch bald entwerten. Wenn diese dann destabilisiert wäre, würde er nach einer neuen Quelle Ausschau halten. Das Zurückholen und auch die Zerstörung seines Opfers, würden immer wieder in diesem Kreislauf stattfinden und erst enden, wenn sein Gegenüber aus diesem austritt. Die meisten Frauen taten dies, wie Thore mir berichtete. Die, die es nicht taten, führten nun eine Freundschaft mit ihm und scheinen weiterhin in seinem Spielzeugregal gefangen zu sein. Vielleicht gestalten sie aber auch dieses toxische Spiel bewusst selber mit.

Kapitel 13: Der alltägliche Wahnsinn

Bei jedem wieder Zusammenkommen nach einem Konflikt oder nach der vorübergehenden Trennung, fragte Thore mich immer, wie es mit meinem Umbau im Schlafzimmer voranging. Sehr großes Interesse zeigte er dann, was diese Aktion betraf. Nun hatte er mir dabei schon viel geholfen und ich überlegte im Nachhinein oft, wie seine Hilfsbereitschaft zu werten war. Natürlich ging es dabei nicht um mein Wohl, sondern nur darum, dass er derjenige war, der dann als mein Retter und Held in dieser Angelegenheit hervorging. Nun wollte er immer wieder den Stand der Dinge herausfinden, inwiefern er diese Stellung nun noch besetzt haben könnte. Vielleicht hing es auch mit seinem Vergessen zusammen. Seine harte Arbeit, in der er sich vollkommen verausgabt hatte, sollte ihm aus meiner Sicht jedoch in Erinnerung bleiben. Ich erinnerte mich zurück an den Tag, als der Stemmhammer versagte und Thore mit dem Handhammer, den halben Tag lang, den Putz von den Wänden abschlug. Er tat mir leid, weil ihm anschließend die Hände sehr weh taten. Es handelte sich scheinbar nicht um eine von ihm gespielte Hilfsbereitschaft. Thore tat diese Arbeit aus seiner Überzeugung heraus, dass Hilfsbereitschaft eine gute Eigenschaft von Menschen ist. Natürlich erhoffte er sich von mir, die ihm würdige Anerkennung dafür. Ich wusste auch einst nicht, warum er das provisorische Kabel, was der Elektriker während seiner Abwesenheit im Schlafzimmer gelegt hatte, bei seiner Rückkehr noch einmal anders legen musste. Natürlich ging es auch dabei nur darum zu zeigen, dass der andere nicht so gut arbeitete wie er. Aus meiner Sicht war diese Änderung einfach sinnlos.

Hilfsbereitschaft als wichtige Eigenschaften eines Gutmenschen anzuerkennen war ein enormer Beweggrund für Thore, diese zu leisten. Nun schaute ich mir dieses Wort selbst genauer an. Hilfsbereitschaft besteht aus den Wörtern Hilfe und Bereitschaft. Thore gab mir zwar mehrfach Hilfe, die er glaubte, dass ich sie brauchte. Doch ich hatte ihn um die Dinge nicht gebeten. Er wollte die Lichtschalter und Steckdosen von sich aus wechseln. Ich selbst sah zuvor keine Notwendigkeit dafür. Auch meinen Umbau im Schlafzimmer voranzutreiben, ging von ihm aus. Seine Bereitschaft zur Hilfe entsprach seinen eigenen Maßstäben. Hilfe gab es, wenn er es gerade wollte und nicht wenn ich diese wirklich brauchte. Nie konnte ich mit ihm rechnen oder ihn für etwas einplanen. Also war seine Hilfsbereitschaft auch nur ein Fake.

Bezüglich des Umweltschutzes, der ihm scheinbar auch sehr wichtig war, verhielt es sich ähnlich. Die Umwelt zu schützen erschien Thore eine ehrenwerte Eigenschaft von Menschen zu sein. Im Bereich Mülltrennung und Müllsammeln am Strand hatte sich womöglich mal eine Kombination als passend für ihn ergeben. Wenn er an der Ostsee Müll sammelte und ihn dann in den entsprechenden Behältern am Strand entsorgte, fiel es nicht so auf, wenn er aus dem Müll etwas anderes mitnahm. Pfandflaschen oder andere Hinterlassenschaften von Urlaubern waren sicher so manches Mal für ihn zu gebrauchen. Das Sammeln von Müll am Strand war ein regelmäßiges Unterfangen von Thore bei jedem unserer Strandbesuche. Jedoch immer nur ein einziges Mal und meist zu Beginn unseres Aufenthaltes. Dabei konnte er dann sicher jedes Mal einen Blick in den Mülleimer werfen, um seiner Gier nach etwas, was er gebrauchen könnte, zu entsprechen.

Bei einem unserer Strandbesuche, an dem es sich so ergab, sammelten wir zusammen zwei Beutel voll mit Leergut ein. Dabei fühlte Thore sich nicht sehr wohl. Er hatte Bedenken, dass jemand anderes uns dabei sehen könnten. Ich verstand dies nicht, weil wir ja nichts Verbotenes taten und ich mir auch nicht zu schade war, Leergut aus dem Müll mitzunehmen. Die Flaschen standen sogar daneben, weil der Mülleimer schon zu voll war. Später sagte Thore mir, dass er über fünf Euro Pfandgeld dafür bekam. Ich hatte einst das Gefühl, dass er dies nicht zum ersten Mal getan hatte.

Als Thore sich dann endlich mal eine Zahnbürste mitbrachte und diese in meinem Bad deponierte, stellte er auch einen kleinen Kasten Bier in meine Speisekammer. Nachdem der Kontakt zu ihm dann endgültig abgebrochen war, stand nun der Kasten noch immer fast voll dort. Ich begann das Bier aufzubrauchen und dabei entdeckte ich, dass in dem Kasten ganz viele verschiedene Sorten standen. Einige waren im Haltbarkeitsdatum längst abgelaufen und andere waren kurz davor. Ich fragte mich nun natürlich, woher er diese Bierflaschen wohl hatte. Thore schrieb mir einst, dass er Zahnbürste und Zahnpasta nun endlich bekam, was ich schon seltsam fand. Diese Dinge konnte man überall und zu jedem Zeitpunkt käuflich erwerben, denn es gab keinen Notstand dafür. Auch zum Erwerb des Bierkastens, schrieb er mir an diesem Tag, dass er ihn besorgt hatte. Frisch gekauft war das Bier jedoch ganz sicher nicht. Das wurde mir inzwischen klar. Mutmaßen wollte ich jedoch nicht, aber ganz sicher gab es auch dafür einen ungesunden Hintergrund.

Die von mir als Liebesmitbringsel gedeuteten Sachen, die es bei jedem Besuch von ihm gab, hatte ich als solches richtig eingeschätzt. Doch dass es um die Liebe toxischen Ursprungs geht, kam mir dabei nicht in den Sinn. Wieder geht es auch bei diesem Handeln darum, sich als Gutmensch zu präsentieren. Meine Reaktionen auf seine Geschenke nährten ihn zusätzlich mit positiven Emotionen, wie Freude und Dankbarkeit. Doch ich fütterte ihm damit auch wieder seine Grandiosität. Vielleicht hätte ich ihm immer sagen sollen, wie bezaubernd seine schönen Hände und starken Arme für mich erscheinen. Ich bedaure es ein wenig, ihm diese Bewunderung nicht gegeben zu haben. Womöglich wäre dann bei unserer Begrüßung und vielleicht auch zwischendurch mal eine Umarmung mit diesen Händen und Armen drin gewesen.

Thore brachte mir mal zwei neue Küchenmesser mit, weil meine angeblich nicht gut genug waren. Es war nachdem er bei mir Kartoffeln geschält hatte, weil ich dafür selbst keine Zeit mehr fand. Doch Thore nahm sich einfach nur ein ungünstiges Messer aus meiner Küchenschublade heraus. Da ich jedoch auch gut funktionierende hatte, sah ich seine Neuanschaffung als unnötig an. Nach meinen wenigen Worten über die Sinnlosigkeit seines Kaufes versuchte Thore die Situation schnell abzutun. Ich sollte die Messer dann behalten, ohne ihm das dafür investierte Geld zurückzugeben. Nun hatte ich mich wieder mal falsch verhalten und ihm nicht die notwendige Anerkennung und Ehrung für seine großartige Tat gegeben. Deshalb sollte ich nun schnell schweigen.

Eine gespielte Hilfsbereitschaft machte Thore sich auch in anderer Hinsicht zunutze. Oft ließ er mich wissen, wer noch alles auf seine Hilfe angewiesen war. Ob es seine Mutter, ihre Freundin, seine Ex-Freundin, Mieter des Hauses oder ein Bekannter von ihm waren. Alle hatten sie für ihn etwas gemeinsam. Er brauchte auch etwas von ihnen. Mir sollte dieses Schauspiel der Hilfsbereitschaft zusätzlich vermitteln, dass er unglaublich gebraucht wurde. Zu seinem Heiß-Kalt-Spiel gehörte diese Strategie und bewirkte, dass ich mich gedulden musste bis ich an der Reihe war. Schließlich waren so viele Menschen immer mal wieder sehr auf ihn angewiesen.

Dieses Heiß-Kalt-Spiel, um mich zu konditionieren, war besonders an den Feier- und Geburtstagen sehr wirksam. Ich wünschte mir ein Zusammensein mit ihm, wie es für viele Menschen an solchen Tagen eigen ist. Doch Thore sabotierte dieses Zusammensein jedes Mal. Schnell verstand ich im Nachhinein, weshalb der Geburtstag eines anderen Menschen ihm nichts bedeutete. An solch einem Tag stände mit Sicherheit nicht er im Mittelpunkt, was für ihn unerträglich sein würde. Deshalb interessierte er sich an meinem Geburtstag auch nicht für mich. Seine Aufmerksamkeit fiel genauso karg aus wie zu anderen Zeiten auch. Die anschließend großzügig ausfallenden Geschenke hatten dieselbe Stellung, wie seine Liebesmitbringsel. Sie sollten mir seine toxische Liebe beweisen und ihn als großzügigen Menschen darstellen.

Man könnte nun annehmen, dass er sich an seinem eigenen Geburtstag so richtig hochleben lassen würde. Seine unrealistische Erwartungshaltung geht sogar sehr stark davon aus, dass ihm dann eine angemessene Würdigung zusteht. Doch so, wie man es sich vorstellen mag mit einer Feier und vielen Gästen, würde Thore überfordert sein. Selbst wenn er im Mittelpunkt stehen würde, entsprach dies nicht seiner Natur. Er könnte mit zu vielen Menschen nicht all die vielen Rollen spielen. Dann würde er in seiner inneren Leere verharren und keinerlei Spaß dabei haben. Das war auch der Grund für sein schüchternes Verhalten, als Sara und Ron mit uns zusammen, anlässlich seines Geburtstages, Torte aßen. Er wusste einfach nicht, welche Rolle für uns drei passte, um in seinem Spiel mit mir nicht aufzufliegen. Als Sara und Ron nach unserer gemeinsamen Kaffeemahlzeit verschwanden, verhielt Thore sich wieder so aufgeschlossen, wie ich ihn kannte. Das Auspacken seiner Geschenke zelebrierte er dann anschließend mit mir alleine, um sich noch lange dieses grandiose Gefühl zu erhalten. Mit meinem

Sudoku Block hatte ich ihm etwas geschenkt, woran er sich für eine längere Zeit ergötzen konnte. Nicht nur die Herausforderung an sich selbst, diese Aufgaben zu lösen, gab ihm ein grandioses Gefühl, sondern nun auch das Wechselspiel mit mir im Duell. In einem Rausch der Grandiosität durch Sieg und Spiegelung hatte ich ihm das allerschönste Geschenk an diesem Tag gemacht.

Als ich nach Thores Geburtstag bei ihm wieder mal zu Besuch war, schaute ich mir seine Geburtstagsgeschenke an. Ich las die Glückwunschkarte seiner Mutter. Die Wünsche darin ließen auf einen in allen Bereichen erfolgreichen Menschen schließen, an den diese Karte gerichtet war. Ihre Worte waren herzlich und warm, doch sie verschleierten die Wirklichkeit. Hochgreifende berufliche Erfolge und erstaunliche persönliche Ziele zu erreichen, wünschte sie ihm. Ich empfand die Worte als sehr unrealistisch, doch ließ ich mich von den gut gewählten Worten blenden. Inzwischen tat sich für mich der Gedanke auf, dass in der Familie bezüglich des Grandiositätsdenkens auch eine ungesunde Dynamik herrschte. Doch vielleicht wusste seine Mutter auch nur zu gut, was ihren Sohn am glücklichsten machte.

Immer wieder fragte ich mich, ob er oder jemand aus seiner Familie etwas von einer Persönlichkeitsstörung wusste. Thore selbst könnte diese als solches natürlich nicht erkennen und schon gar nicht anerkennen. Es sei denn, er würde in irgendeiner Weise mit solchen Eigenschaften als etwas Besonderes gelten. Kritisch oder gar abwertend diese Störung anerkennen zu müssen, würde in seiner nicht selbstreflektierten Denkweise kaum funktionieren.

Als ich Thore schrieb: „Es fehlten Zärtlichkeit und Engagement. Das gehört auch zur reinen Sexbeziehung dazu. Küssen kannst du gar nicht! Alles ist viel zu mechanisch und unsensibel", lautete seine

Antwort: „Was kann ich dafür, dass sich keine Gefühle für dich aufbauten! Da küsst man auch nicht gerne. Schon mal daran gedacht?" Hier wird von ihm eine Schuldumkehr benutzt, um Kritik von sich abzuwenden. Ich sollte doch nicht solche Ansprüche haben, wenn ich es selbst nicht schaffte ihm ein Gefühl zu injizieren, was ihn gut küssen lässt. Nicht nur die Schuldumkehr benutzte Thore, um mich immer wieder zu manipulieren, sondern er wiederholte gewisse Dinge mehrfach und eindringlich. „Wenn wir uns besser kennen" oder auch: „Das ist mir noch zu früh", dienten dem Zweck, dass ein mögliches in Fragestellen seiner Persönlichkeit abgewendet werden konnte. Auf gar keinen Fall durfte ich den richtigen Blick für seine innere Leere bekommen.

Mit Worten, die Thore auch sehr gerne benutzte, wie: „Du kannst doch nicht meine Zeit verplanen", „Du bist ungeduldig", oder „Du bist unzufrieden", wollte er mich nicht nur abwerten. Er hatte mich inzwischen so stark manipuliert, dass meine Bedürfnisse nicht mehr meinem eigenen Selbst entsprachen. Doch diese Worte spiegelten auch seine eigene Bedürftigkeit wieder. Er selbst konnte in sich keine Geduld, keinen Frieden und auch keine Toleranz finden.

Immer wenn Thore sich in seinem Wortsalat unterbrochen fühlte und somit glaubte, dass ich ihn nicht genug würdigte, sagte er: „Du hörst mir gar nicht richtig zu". Das verunsicherte mich meist enorm. Mir jedoch hatte er nur zugehört, wenn es um ihn ging und ich mit Fürsorge, Bewunderung und Anerkennung aufwartete. Für manipulative Zwecke benutzte er dann sein plötzlich entspringendes Interesse an mir. Wenn nach der Kältephase er mir wieder kleine Happen hinwarf, fragte er mich beispielsweise oft etwas nach meinem Chor oder zeigte für andere Dinge, die mich betrafen plötzlich Interesse. Doch wenn ich daraufhin begann, darüber die zu sprechen, wurde sein Interesse schnell weniger und er gab dazu auch keinen Kommentar ab. Sein inszeniertes Interesse sollte immer nur für die entsprechende Konditionierung ausreichen, mich an ihn zu binden. Es ging niemals um mich. Wie mein Arbeitsalltag war, was in der Kita ablief oder wer meine Kollegen sind, waren Dinge über die ich nie mit ihm sprach. Es interessierte ihn nicht einmal, wie es mir gesundheitlich ging und ob ich gut schlafen konnte.

Obwohl ich wusste, dass Thore nicht gut für mich war, fühlte ich etwas anderes. Ich wollte ohne ihn nicht mehr sein und möglicherweise hätte ich ihn sogar geheiratet, wenn er das schnell genug angeleiert und selbst auch gewollt hätte. Seinetwegen fuhr ich den Kontakt zu meiner Familie und meinen Freunden immer mehr zurück. Später verhielt ich mich sogar feindselig meiner Familie gegenüber und wollte nichts mehr von ihnen wissen. Plötzlich konnte ich Streitereien meiner Eltern nicht mehr ertragen und dachte tatsächlich über einen Kontaktabbruch nach. Meine Schwester beleidigte ich mit äußerst abweisenden WhatsApp Nachrichten. Kontakte zu Freunden, die sich auch nicht mehr meldeten, weil ich ihnen nicht antwortete, brachen ab. Mein komplettes Bild zu meiner Umwelt hatte sich verändert. Diese Auswirkungen waren noch viele Monate nach der Trennung von Thore äußerst wirksam. Erst als ich mir darüber bewusst wurde, konnte ich dagegen steuern.

Der Hormoncocktail hatte nicht nur Suchterscheinungen gezeigt, sondern auch meine gesamte Wahrnehmung verändert. Ich hatte mir von dem Wein, den Thore aus Hessen mitgebracht hatte selbst einen Karton vom Weingut schicken lassen, weil ich ihn einst als einmalig im Geschmack empfand. Als ich ihn in der Vorweihnachtszeit trank, fand ich ihn seltsamerweise eher durchschnittlich schmackhaft, wie jeden anderen Wein auch. Da fiel mir zum ersten Mal meine veränderte Sinneswahrnehmung bewusst auf. Diese bezog sich hauptsächlich auf den Geschmackssinn, aber auch auf andere Sinne. Bezüglich des Geruches, den ich mit dem Zusammensein mit Thore verband, stellte sich später für mich heraus, dass es mein eigenes Parfüm war und nichts mit ihm zu tun hatte. Anfangs mied ich es. Später konnte ich es wieder als einen meiner Lieblingsdüfte erfahren. Bewusst kostete ich später noch von weiteren Speisen, die einst für mich unglaublich delikat erschienen. Das Grillfleisch und auch Gerichte in Gaststätten, schmeckten ohne seinen toxischen Einfluss ganz normal, wie in jeder anderen guten Zubereitung auch.

Besonders am Anfang unserer Beziehung bemerkte ich oft bei Thore Widersprüchlichkeiten in der Körpersprache. Er sagte etwas anderes, als er mir mit seiner kompletten Haltung vermittelte. Ich ordnete das als Unsicherheit ein. Damit hatte ich mich nicht geirrt, doch diese Besorgnis entsprang aus dem anfänglichen neuen Spiel, was er für mich nun mit der geeigneten Rolle besetzen musste. Ich bekam auch manchmal das Gefühl, dass Thore sich ungern allein und aus einer gewissen Entfernung von mir fotografieren ließ. Da hatte er sicher auch das Problem, mit dem Spiel der geeigneten Rolle. Sein Spiegel war dann zu weit weg oder nicht vorhanden, in dem er seine Rolle erkennen konnte. Auf solchen Fotos schaute er hilflos oder abwesend. Dass ein Bild andere Betrachter haben würde, als nur den Fotografen, ist offensichtlich. Wenn er selbst diese Fotos verwalten würde, könnte er sie immer passend zu jedem Spiel einsetzen. Doch nun hatte ich auf meiner eigenen Kamera diese Fotos gemacht. Womöglich könnte dieser Ausdruck darauf anderen ein unerwünschtes Bild von ihm zeigen, was seiner Vorstellung von Grandiosität nicht entsprach. Vielleicht aber auch nur die falsch gespielte Rolle für den jeweiligen Mitspieler zeigen und das wäre eine

Gefahr, dass er auffliegen könnte mit seiner inneren Leere.

So manches Mal während meiner Aufarbeitungsphase dachte ich, dass ich selbst starke narzisstische Züge hätte. Doch ich lernte, dass auch dies nur Ergebnisse der Projektion von Thore waren. All die Verwirrungen durch seine Manipulationen ließen meine eigene Selbstreflexion nicht normal funktionieren. Ich hatte mich selbst aufgegeben. Nur mein Suchtmittel Thore bestimmte mein Leben und zerstörte mich langsam. All seinen inneren Müll hatte er auf mich projiziert.

Epilog

Eine Reise in ein anderes Land, für eine längere Zeit oder sogar für immer, ist verbunden mit dem Kennenlernen einer anderen Kultur, sowie der jeweils anderen Sprache. Wie ein Neuling, der das andere Land betritt, will man die interessante Kultur mit allen Fassetten kennenlernen. Manchmal fällt es leicht, sich offen und in einem fördernden Maße gegenseitig kennenzulernen und sich somit im passenden Tempo anzunähern. Doch in diesem Ausland gab es keine eigene Kultur. Hier hat niemand etwas selbst gestaltetes oder geschaffenes hervorgebracht. Es wurde lediglich versucht eine Kultur, speziell für den Gast zu initiieren. Wie ein trojanisches Pferd konnte ein gewaltiges Konstrukt der List mit der Inschrift: „Herzlich willkommen im Land der Liebe", vorgegaukelt werden. Im schillernden Ausland fühlte man sich trotz der Zweifel angenommen und hoffte darauf, diese liebevolle Kultur nun nicht nur zu entdecken, sondern auch mit ihr zu leben. Liegt es doch so nahe, dass daraus ein wirklich liebevolles und wertvolles Bündnis entstehen könnte. Gefangen in der Lüge dieses Spiels, ließ die Suche nach dieser Liebe einen Kampf in der Arena entfachen. Mit unterschiedlichen Spielregeln, die der andere nicht verstand oder anerkannte, endete dieser Kampf in einem Desaster und natürlich auch mit einer Flucht zurück in die Heimat. Selbst dieser Weg gestaltete sich dann schwierig.

Das toxische Spiel mit der anderen Kultur verursachte viele Schäden in der Mentalität des Reisenden. Nur langsam konnte, im Schutz der Heimat, das Ausmaß der durch diesen Kampf verursachten Beraubung eigener Ressourcen aufgedeckt werden. Ein Durchstöbern des Wissenslexikons in der eigenen Sprache brachte mühselig brauchbare und auch weniger nutzbringende Erkenntnisse. Mit zunehmendem Kennenlernen des Trojaners in der Fremde mit samt seiner Aufschrift, konnte nun ein wirkliches Kennenlernen der anderen Kultur möglich machen. So erkannte man nun auch die unterschiedlichen Spielregeln. Bald verstand man die dahintersteckenden Wirkmechanismus, die die Kultur zu verschleiern versucht hatte. Sogar die Bedeutung der anderen Sprache konnte nun entschlüsselt werden. Die Worte des Trojaners, die etwas von Liebe versprachen, konnten nach der Auseinandersetzungsphase erstmals richtig verstanden werden.

In der Heimat wird die Liebe mit Akzeptanz, Achtsamkeit, Glück, Freude, Dankbarkeit und Wertschätzung in gebendem und nehmendem Maße in Verbindung gebracht. Die andere Kultur hat eine ähnliche Vielfalt von Bedeutungen für das Wort Liebe. Jedoch geht deren Substanz mit einem kompletten Ungleichgewicht im Geben und Nehmen einher. Der Gast allein sollte doch diese kulturellen Werte der Liebe mitbringen und so das eigene Land mit Akzeptanz, Achtsamkeit, Glück, Freude und Wertschätzung anreichern. Dankbarkeit sollte der anderen Kultur für ihr schillerndes Dasein entgegengebracht werden. Nur allein das, lässt klar erkennen, dass ein Bündnis beider Kulturen unmöglich ist.

Druck:
Customized Business Services GmbH
im Auftrag der
KNV Zeitfracht GmbH
Ein Unternehmen der Zeitfracht - Gruppe
Ferdinand-Jühlke-Str. 7
99095 Erfurt